MEIROVITZ | JACOBS

Fitnesstraining für Denker

Marco Meirovitz
Paul I. Jacobs

Fitnesstraining für Denker

Ein Programm zur Verbesserung
Ihres Denkvermögens durch Spiele

DuMont

Die Originalausgabe erschien unter dem Titel »The Muscles of the Mind Program. A practical Method to improve thinking« bei Trillium Press, New York.
Aus dem Englischen von Hans Sommer

Gedruckt auf säurefreiem und chlorfrei gebleichtem Papier
Druck und Verarbeitung: fgb • freiburger graphische betriebe • www.fgb.de
Printed in Germany

ISBN-10: 3-8321-7647-0
ISBN-13: 978-3-8321-7647-1

Inhalt

Einleitung

Fitneßtraining für Denker ist ein internationales Programm für das Lehren von Denkfähigkeiten, die im Alltagsleben von größter Bedeutung sind – Logik, Strategie, Erinnerungsvermögen, Kreativität, Problemlösungen, Planung und Kommunikation. Indem es als hauptsächliches Unterrichtsmittel Spiele benutzt, die alle Aktivitäten des Lebens widerspiegeln, sorgt das Programm für eine gute Motivierung der Schüler. Da es als interdisziplinäres Programm für Kinder und Erwachsene angelegt ist, erfordert das *Fitneßtraining für Denker* keine Vorkenntnisse oder spezielle Ausrüstung. Das Programm hat die folgenden Zielsetzungen:

- Effiziente, systematische und produktive Denkgewohnheiten zu entwickeln und zu stärken.
- Unser natürliches intellektuelles Potential anzuregen und weiter zu entwickeln sowie das Selbstbewußtsein zu heben.
- Die Verbesserung von Lehr- und Lernmethoden zu fördern, um Schülern, Eltern und Lehrern das Leben zu erleichtern.
- Es den Menschen zu ermöglichen, sich leichter auf rasche technologische Veränderungen einzustellen, und sie in die Lage zu versetzen, mit allen Situationen in der Schule, zu Hause und bei der Arbeit besser fertig zu werden.

Das Programm sollte in jeder Schule und in jeder Gemeinschaft als Turnhalle für den Verstand gebraucht werden, um den Menschen zu helfen, ihr natürliches intellektuelles Potential voll auszuschöpfen, genauso wie eine normale Turnhalle den Menschen hilft, ihr körperliches Potential voll auszuschöpfen.

Marco Meirovitz (der Erfinder des Spiels MASTERMIND) hat das Programm in den Vereinigten Staaten, Frankreich, Deutschland, England, Australien, Japan und Israel entwickelt, erprobt und vervollkommnet.

Dieses Buch beinhaltet einen Kurs sowohl für (a) die Personen, die ihre *eigenen* Denkfähigkeiten verbessern wollen, als auch für (b) die Lehrer und Eltern, die *anderen* helfen wollen, ihre Denkfähigkeiten zu verbessern.

a) Wenn Sie Ihre eigenen Fähigkeiten verbessern wollen, sollten Sie sich vielleicht eine oder mehrere gleichgesinnte Personen suchen, die bei vielen Spielen und Aktivitäten des Kurses mitmachen. Sie können die im Kurs erwähnten Aktivitäten der »Klasse« entsprechend der Größe Ihrer Gruppe abändern.

b) Um Ihnen zu helfen, die Denkfähigkeiten anderer zu verbessern,

- erklärt dieser Kurs die pädagogischen Methoden beim Unterrichten von Denkfähigkeiten,
- gibt er ihnen Musterlektionen für das Unterrichten dieser Fähigkeiten an die Hand,
- werden Techniken zum Umgang mit der Klasse beim Unterrichten von Denkfähigkeiten aufgeführt,
- schlägt der Kurs Spiele als Hausaufgaben und für zusätzliche Übungen vor,
- gibt es Beispiele dafür, wie die Spielprinzipien auf neue Situationen im Alltagsleben übertragen oder dort angewendet werden.

Sie können den Kurs in diesem Buch benutzen, um ihre eigenen Denkfähigkeiten zu trainieren oder auch um das Lehren von Denkfähigkeiten in den normalen schulischen, akademischen oder beruflichen Unterricht zu integrieren.

Die Gliederung dieses Buchs

Das 1. Kapitel behandelt den allgemeinen Hintergrund und die pädagogischen Aspekte des *Fitneßtrainings für Denker.* Im 2. Kapitel wird erklärt, wie das Programm im Klassenzimmer oder in einem anderen Rahmen anzuwenden ist. Die folgenden acht Kapitel bieten detaillierte Musterlektionen zur Verbesserung der Denkfähigkeiten in bezug auf

Deduktive Logik (Verarbeitung und Nutzung von Informationen),
Induktive Logik (Erkennen von Regeln),
Planung (Strategie),
Erinnerungsvermögen,
Kreativität,
Psychomotorische Aktivität,
Visuelles Denken,
Kommunikation (Ausdrucksfähigkeit).

Sie können diese Kapitel in beliebiger Reihenfolge durcharbeiten, brauchen also nicht von der deduktiven Logik über die induktive Logik zur Planung usw. weiterzugehen.

Das 11. Kapitel zeigt Ihnen (und Ihren Freunden, Schülern und Kindern), wie man sich die Prinzipien der Spiele in einem allgemeinen Problemlösungsprozeß zunutze machen kann und wie sie in anderen Situationen anzuwenden sind. Weiterhin zeigt dieses Kapitel, wie man Spiele und Denkaufgaben spezifischen Gegenständen anpassen kann.

Vielleicht möchten Sie auch noch zwei andere Bücher zu Rate ziehen, die auf dem *Fitneßtraining für Denker* aufbauen. Das eine ist *Brain Muscle Builders: Games To Increase Your Natural Intelligence,* das sich mit den wichtigen Fähigkeiten Logik, Strategie und Kreativität im Zusammenhang mit abstraktem Denken beschäftigt. Das andere ist *Visual Thinking: Entertaining Activities To Increase Intelligence.* Beide Bücher werden demnächst in deutscher Übersetzung erhältlich sein. *Visual Thinking* hilft bei der Schulung und Verbesserung des *visuellen* Denkvermögens. Es beschäftigt sich mit Logik, Strategie, Erinnerungsvermögen, Kreativität, Problemlösungen usw. und macht sich dabei so interessante Materialien wie Mosaiken, Puzzles, Tangrams, Polynominos und Labyrinthe zunutze.

Aufbau des *Fitneßtrainings für Denker*

Das Fitneßtraining für Denker (FfD)
Die Notwendigkeit – das Programm – seine pädagogischen Aspekte

Der Unterricht im Klassenzimmer oder in einem anderen Rahmen

Musterspiele und -lektionen
für wichtige Denkfähigkeiten

Deduktive Logik
(Verarbeitung von Informationen)

Induktive Logik
(Erkennen von Regeln)

Planung (Strategie)

Erinnerungsvermögen

Kreatives Denken

Psychomotorische Aktivität

Visuelles Denken

Kommunikation

Übertragung und Anwendung

Problemlösungen im Alltagsleben

Lehren spezifischer Inhalte durch Spiele

1. Kapitel

Aufbau des Fitneßtrainings für Denker

Denkfähigkeiten durch Spiele lehren

- Die Notwendigkeit eines neuen Programms
- Entstehung des Programms
- Hypothesen des Programms
- Zielsetzungen des FfD
- Spiele als fundamentales Hilfsmittel

Beschreibung des Programms

- Der allgemeine pädagogische Ansatz
- Die Bedeutung des Kontextes
- Die Art der Spiele
- Die »Muskeln« des Verstandes
- Pädagogische Aspekte
- Bewertung
- Verschiedene Gesichtspunkte

Denkfähigkeiten, die geübt und verbessert werden

- Deduktive Logik (Verarbeitung von Informationen)
- Induktive Logik (Erkennen von Regeln)
- Planung (Strategie)
- Erinnerungsvermögen
- Kreatives Denken
- Psychomotorische Aktivität
- Visuelles Denken
- Kommunikation
- Problemlösungen

Denkfähigkeiten durch Spiele lehren

Weitblickende Erzieher sind sich klar darüber, daß das meiste von dem, was sie heute lehren, schon bald überholt sein wird. Sie sehen eine schnellen Veränderungen unterworfene technisierte Welt und verstehen, daß es für die Menschen wichtiger ist, zu lernen, wie man Tatsachen erkennt, wie man kreativ denkt, wie man Informationen sammelt, klassifiziert, analysiert und bewertet, wie man Prioritäten setzt, Entscheidungen fällt und Probleme löst, als einfach nur Fakten zu lernen. Kurz gesagt, sie betrachten es als wichtiges Ziel der Erziehung, den Schülern Hilfsmittel für effektives Denken an die Hand zu geben, statt ihnen lediglich bei der Aneignung von mehr Wissen zu helfen.

Sie erkennen weiterhin, daß einige grundlegende Denkfähigkeiten den meisten – wenn nicht allen – Berufen gemeinsam sind. Beispielsweise machen der Arzt, der Automechaniker und der Küchenchef im Restaurant gleichermaßen von deduktiver Logik Gebrauch, wenn sie herausfinden wollen, was in einer gegebenen Situation nicht in Ordnung ist. Der besser ausgebildete Fachmann wird Informationen schneller analysieren und gewisse Möglichkeiten rascher ausschließen, wird geringere Kosten verursachen und andere Personen kleineren Risiken aussetzen.

Indem man jemanden lehrt, die geeigneten Denkwerkzeuge zu benutzen und die allgemein am meisten gebrauchten Denkfähigkeiten anzuwenden, kann man ihr oder ihm helfen, intellektuelles Potential zu entwickeln, die eigene Leistung zu verbessern und neues Wissen leichter und mit größerem Verständnis zu erwerben.

Unsere Absicht ist es, den Menschen behilflich zu sein, systematische und effektive Denkgewohnheiten anzunehmen. Wir müssen Schüler darauf vorbereiten, in zehn oder mehr Jahren in Berufszweige einzutreten, deren Charakteristika wir heute noch gar nicht abschätzen können. Wir können die Zeitdauer, die für die berufliche Ausbildung erforderlich ist, verkürzen, wenn wir in der Lage sind, die wichtigsten Denkfähigkeiten auf direkte, konzentrierte und pädagogisch effiziente Art und Weise zu lehren.

Die Notwendigkeit eines neuen Programms

Eltern erwarten von den Schulen oft, daß sie ihren Kindern wichtige Denkfähigkeiten und Vorgehensweisen beim Lösen von Problemen beibringen. Die meisten Schulen sind dazu jedoch nicht imstande. Es mangelt ihnen an geeigneten Lehrplänen und entsprechend ausgebildeten Lehrern, um die Denkfähigkeiten ihrer Schüler zu verbessern. Weiterhin haben sich die Unterrichtsmethoden seit Hunderten von Jahren nicht wesentlich verändert. Man lehrt die Schüler immer noch, passiv Wissen aufzunehmen, Prüfungen zu bestehen und dem Lehrer zu gefallen. Der Unterricht ist auf den Durchschnittsschüler ausgerichtet: Die besseren Schüler langweilen sich, die weniger begabten kommen nicht mehr mit.

Das *Fißneßtraining für Denker* erfüllt das Bedürfnis nach einem geeigneten Lehrplan, indem es die Hilfsmittel zur Verfügung stellt, die Lehrer benutzen können, um aus den Möglichkeiten jedes Schülers das Beste zu machen. Gleichzeitig hilft das Programm den Schülern, sich selbst besser kennenzulernen. Sie kommen ihren Stärken und Schwächen auf die Spur und erhalten Gelegenheit, verborgene Talente und noch nicht angezapftes intellektuelles Potential zu entdecken.

Entstehung des Programms

Im Jahr 1965 rief der Erfinder Marco Meirovitz das Lehren von Denkfähigkeiten durch Spiele ins Leben, indem er vorschlug, in jeder Schule eine ›Turnhalle des Verstandes‹ einzurichten. Obgleich viele Erzieher der Idee Widerstand entgegensetzten, blieb Meirovitz beharrlich. Seine pädagogischen Methoden stützten sich auf beträchtliche praktische Erfahrungen beim Unterrichten von Kindern, beim Schulen von Technikern in Workshops und bei Demonstrationsvorführungen in der ganzen Welt.

Meirovitz' Erfindung des Spiels *Mastermind* war bei der Entwicklung des *Fitneßtrainings für Denker* ein großer Schritt nach vorn. Mit diesem Spiel stand ein einfaches, aber wirksames und vergnügliches Werkzeug zum Lehren deduktiver Logik zur Verfügung. *Mastermind* traf auf überwältigende Akzeptanz und wurde das am drittbesten verkaufte Spiel dieses Jahrhunderts. Gleichzeitig haben Spiele im allgemeinen in den meisten Schulen einen Platz als Lehrmittel gefunden.

Meirovitz' Ziel war es, ein Programm zu entwerfen, das folgendermaßen aussehen sollte:

- **einfach,** so daß Lehrer, Eltern und Schüler ohne Schwierigkeiten damit umgehen konnten;
- **anpassungsfähig,** so daß man es in jedem Alter und in allen Bereichen und Berufen anwenden konnte;
- **flexibel,** so daß man es auf verschiedenen Niveaus und in einem vom Schüler selbst bestimmten Zeitrhythmus benutzen konnte;
- **vergnüglich,** so daß Lernende gut motiviert werden sollten, sich mit den Spielen und Übungen zu befassen.

Das Programm wurde in den Vereinigten Staaten, Frankreich, Deutschland, England, Australien, Japan und Israel weiterentwickelt, erprobt und verbessert. Somit entstammt es nicht theoretischen Grübeleien, sondern ausgiebigen praktischen Erfahrungen.

Hypothesen des Programms

Das *Fitneßtraining für Denker* geht davon aus, daß alle Menschen mit der Gabe geboren werden, zu lernen und ihre Denkfähigkeiten zu verbessern. Die Verbesserung kann erleichtert werden, wenn die Menschen ihre Denkfähigkeiten in einer geeigneten Atmosphäre sowie unter richtiger pädagogischer Anleitung und mit entsprechenden Hilfsmitteln schulen.

Zielsetzungen des *Fitneßtrainings für Denker*

Das *Fitneßtraining für Denker* hat sich zum Ziel gesetzt,

- effiziente, systematische und produktive Denkgewohnheiten zu entwickeln und zu stärken,
- das natürliche intellektuelle Potential zu stimulieren und zu entwickeln,
- das Selbstbewußtsein zu heben,
- die Verbesserung von Lehr- und Lernmethoden zu fördern, um Schülern, Eltern und Lehrern das Leben zu erleichtern,
- es den Menschen zu ermöglichen, sich schnellen technologischen Veränderungen leichter anzupassen,
- sie so vorzubereiten, daß sie mit allen Situationen in der Schule, zu Hause und bei der Arbeit besser fertig werden.

Das Programm versucht nicht, ›Supermänner‹ oder Meisterspieler hervorzubringen. Aber es hilft Schülern, ihr individuelles Potential weitgehend auszuschöpfen und bereitet besser auf das Leben vor.

Spiele als fundamentale Hilfsmittel zur Verbesserung der Denkfähigkeiten

Spiele, Rätsel, Aktivitäten und Übungen stehen im Mittelpunkt des *Fitneßtrainings für Denker.* Sie werden hauptsächlich als Hilfsmittel zur Entwicklung der Fähigkeiten eingesetzt. Dies sind ihre Vorzüge:

1. Spiele machen *Spaß* und motivieren zum Spielen. Viele Leute verbringen oft aus eigenem Antrieb ihre Freizeit mit Spielen. Jedes Spiel stellt eine Herausforderung dar und bietet Gelegenheit zu Erfolgserlebnissen, über die man sich freut.
2. Spiele *spiegeln das Leben wider.* Sie beinhalten all die wesentlichen Fähigkeiten, die wir in unserem Alltagsleben benötigen – Erinnerungsvermögen, Strategie, Logik, Kreativität, Kommunikation und Problemlösen.
3. Spiele verlangen, daß man seine Denkfähigkeiten *aktiv* in einem reagierenden, dynamischen Umfeld einsetzt. Genau wie man nicht gut Tennisspielen lernen kann, indem man darüber redet oder liest, kann man seine

Denkfähigkeiten nicht entwickeln, wenn man sie nicht tatsächlich anwendet.

4. Spiele können – wie körperliche Aktivitäten – mit unterschiedlichen Schwierigkeitsstufen gespielt werden, angepaßt an die Möglichkeiten der Spieler. Jeder kann sich an Spielen beteiligen und seine Freude daran haben. Der oder die Lernende beginnt ein Spiel auf einer ihm oder ihr angenehmen Stufe und geht allmählich, während sein oder ihr *Selbstbewußtsein* wächst, zu höheren Stufen über.
5. Spielen ist ein sozialer Prozeß, bei dem man lernt, zu kommunizieren, zu kooperieren und mit anderen zu konkurrieren *wie im wirklichen Leben,* und bei dem man sein Interesse an der Welt entwickelt.
6. Forschungen haben den Wert von *Spielen zu Lernzwecken* aufgezeigt. Die meisten Schulen und Universitäten setzen heute *Simulationsspiele* als effektive Unterrichtsmethode ein.
7. Spiele fördern den Gebrauch der Phantasie und das Ausprobieren von *neuen Rollen.*
8. Durch Spiele wird die Lebenserfahrung vergrößert und die eigene *Persönlichkeit* entwickelt.

Beschreibung des Programms

Der allgemeine pädagogische Ansatz

Im wesentlichen bietet das *Fitneßtraining für Denker* einen Satz von Spielen in einer Weise an, die beim Lernenden den *Wunsch* zu spielen hervorruft, die ihm hilft, zu lernen, *wie* man spielt, und die dem Lernenden praktische Möglichkeiten gibt, das bei den Spielsituationen Gelernte in anderen Lebenssituationen *anzuwenden.* Der Mensch verändert sich durch Erfahrungen. Da Spiele Situationen des Lebens simulieren, wird man durch sie besser fähig sein, mit den sich ständig ändernden Bedingungen, denen wir alle uns gegenübersehen, fertig zu werden und sich ihnen anzupassen.

Spiele sind das beste und praktischste Hilfsmittel zur Verbesserung der Denkfähigkeiten, weil die Schüler spielen *wollen* und deshalb bereitwillig die Übungen auf sich nehmen. Weil der Spielverlauf immer anders ist, werden die Übungen nicht langweilig.

Natürlich können Schüler Spiele viele Male spielen, ohne daß sich eine Verbesserung feststellen läßt. Nur wenn sie im Rahmen eines organisierten, pädagogisch vernünftigen Programms spielen, werden sie sich in kurzer Zeit verbessern und ihre Denkfähigkeiten leicht und wirksam weiterentwickeln.

Um sicherzugehen, daß Spiele in pädagogisch angemessener Weise eingesetzt werden, muß der Lehrer

- das richtige Spiel für das richtige Alter wählen,
- das richtige Spielniveau für jeden Schüler wählen,
- fortschreitend schwierigere Situationen präsentieren, wenn die Schüler das bisher Gelernte beherrschen,
- den Ablauf der Spiele und die angewandten Denkprozesse analysieren,
- Schlüsse ziehen, was wirklich bei den Spielen gelernt worden ist,
- die Anwendung der Spielprinzipien auf andere Situationen diskutieren.

Die Rolle des Lehrers beim *Fitneßtraining für Denker* ist demnach die eines Führers: Er muß sicherstellen, daß jeder Schüler stets das in diesem Moment zweckmäßigste Spiel auf dem richtigen Niveau spielt, er muß das Spielen koordinieren und Diskussionen leiten. Der Lehrer hat die gleiche Aufgabe wie ein Trainer beim Sport: Er zeigt den Schülern, wie sie üben müssen, damit sie sich verbessern und die höchste Stufe erreichen, zu der sie fähig sind.

Manche Menschen gehen Spielen aus dem Wege, weil sie zu kompliziert zu sein scheinen. Aber selbst ein ›kompliziertes‹ Spiel baut auf einfachen, leicht zu lernenden Elementen auf. Der Lehrer leitet den Schüler an, mit der einfachen Version eines Spiels zu beginnen, so daß er oder sie die Regeln leicht begreift und sofort Freude beim Spielen hat. Erst wenn der Schüler die einfache Version gemeistert hat, bringt der Lehrer Komplikationen ein – beispielsweise zusätzliche Spielsteine, ein größeres Spielfeld, komplexere Regeln.

Natürlich verfolgt das Programm nicht den Zweck, einfach nur neue unterhaltsame Spiele einzuführen. Es lehrt vielmehr einige allgemeine Prinzipien dieser Spiele, die die Denkfähigkeiten verbessern werden, und zeigt dem Lernenden, wie diese Prinzipien auf Situationen im realen Leben zu übertragen sind. Die psychologische Literatur weist darauf hin, daß die Menschen Hilfe brauchen, um das, was sie in einer Situation gelernt haben, auch in anderen Situationen anwenden zu können. Der Lehrer spielt deshalb eine Schlüsselrolle, indem er den Schülern hilft, die erlernten Denkfähigkeiten bei anderen Gelegenheiten anzuwenden – Situationen in ihrem eigenen Leben inbegriffen. Die Schüler schulen diese Fähigkeiten unter diversen unterschiedlichen Gesichtspunkten. Dies erleichtert es ihnen, die allgemeinen Prinzipien zu verstehen und sie auf andere Situationen zu übertragen.

Die Bedeutung des Kontexts beim Lernen für den Transfer

Oft lernen wir ein Prinzip in einem speziellen Kontext und können es dann nicht aus diesem Kontext lösen und in anderen Situationen anwenden. Aus diesem Grunde sieht das *Fitneßtraining für Denker* Übungen für jede allgemeine Denkfähigkeit in einer Reihe von Spielen, Rätseln und anderen Aufgaben vor, macht es Gebrauch von unterschiedlichen Elementen wie Zahlen, Buchstaben, Formen und Bildern und spricht dabei unterschiedliche Arten des Lernens an – visuelles, verbales, abstraktes und motorisches Lernen.

Die Art der Spiele

Das Programm verwendet Spiele, bei denen es auf *Denken* und nicht auf Zufall oder Glück ankommt. Sowohl alte Spiele, die schon Menschen in vielen Zivilisationen unterhalten haben, wie auch neue Spiele sind in pädagogische Form gebracht und dem Programm angepaßt worden.

Das *Fitneßtraining für Denker* greift neben Spielen auch noch auf andere Mittel zurück: Denkaufgaben, Übungen und Experimente.

Die »Muskeln« des Verstands

Die englische Ausgabe dieses Buches heißt wörtlich übersetzt »Programm für die Muskeln des Verstandes«. Das Wort ›Muskeln‹ versucht dabei ganz bewußt, eine Analogie heraufzubeschwören: Geistige Funktionen können genauso wie körperliche Funktionen durch entsprechendes ›Training‹ verbessert werden. Man sollte an dieser Stelle die Beobachtung des Anthropologen Caillois (1961) erwähnen: »Im weiteren Sinn ist Spielen wie die Erziehung des Körpers, Charakters oder Geistes ... Es lehrt nämlich keine Fakten, sondern entwickelt vielmehr Begabungen.«

Pädagogische Aspekte

Das *Fitneßtraining für Denker* hat folgende pädagogische Merkmale:

1. Alle Spiele sind darauf ausgerichtet, *Spaß* zu machen, so daß die Lernenden gut motiviert werden.
2. Das Programm hilft den Menschen, die *wichtigsten* Denkfähigkeiten zu entwickeln und zu schulen, die man auch im täglichen Leben anwendet.
3. Alle Aufgaben gibt es in *verschiedenen Anspruchsgraden* von leicht bis schwierig. Man geht für höhere Anforderungen zu einer schwierigeren Stufe über, oder zu einer niedrigeren, wenn die Aufgabe zu schwierig ist. Jeder kann nach seinen eigenen Bedürfnissen üben.
4. Manche Menschen lernen besser, wenn die Instruktionen in abstrakter Form gegeben werden, während andere die visuelle Form und noch andere die verbale Form vorziehen. Das Gesamtprogramm bietet etwas für jeden Typ.
5. Die Spieler üben jede wichtige Fähigkeit in unterschiedlichen Spielen und Aufgaben aus unterschiedlichen Blickwinkeln, so daß sie die Denkprozesse besser verstehen.
6. Die Spieler lernen, wie sie die Prinzipien und Vorgehensweisen der Spiele anwenden müssen, um Probleme des Alltagslebens zu lösen. Dies nennt man Transfer (Übertragung).

7. Bei diesen Spielen zur Schulung des Verstands entwickeln die Spieler effektive *Denkgewohnheiten.* Gutes Denken wird so automatisch wie Fahrrad- oder Autofahren. Die Spieler gewöhnen sich an, ihre Denkfähigkeiten auf die effektivste und produktivste Art und Weise einzusetzen. Sie werden mit intellektueller Arbeit vertraut.
8. Die pädagogische Form hilft den Menschen, ihre ›Furcht vor dem Denken‹ oder das Widerstreben, ihren Verstand zu üben, zu überwinden, und läßt sie ihr natürliches intellektuelles Potential maximal ausnutzen.
9. Lehren und Lernen werden durch *Aktivität, Erkennen* und *Diskussion* bewerkstelligt. Die Schüler lernen durch ihre eigenen Erfahrungen und Fehler und durch die anderer.
10. Man braucht für das Training keine besonderen *Vorkenntnisse.*
11. Das Programm ist interdisziplinär, kann allen schulischen Themen und beruflichen Tätigkeiten *angepaßt* und dabei *angewandt* werden.
12. Die Spiele gestatten es jedem – Kindern wie auch Erwachsenen –, Spaß zu haben und Nutzen daraus zu ziehen. Die ganze Familie zusammen, Gruppen, Einzelpersonen – sie alle können sich des Programms bedienen.
13. Das Programm kann benutzt werden, um die *Intelligenz* einer Person unter höchst motivierenden Bedingungen festzustellen. Es erlaubt eine *dynamische* Sichtweise von Intelligenz und Persönlichkeit und kann als Ergänzung zum statischen IQ-Test herangezogen werden.

Bewertungsmaßstäbe des Programms

Von den ersten Lektionen an können wir verfolgen, wie die Spieler mit Selbstvertrauen zu höheren Stufen übergehen und das, was sie gelernt haben, in neuen Situationen anwenden. Sie ändern ihre Denkweisen und erwerben gute Denkgewohnheiten. Ihr Denken wird nicht mehr blockiert. Auch sie erkennen ganz klar die Fortschritte, die sie gemacht haben. Da die Verbesserung ihrer Fähigkeiten offensichtlich ist, ist zur Bewertung des Programms keine ausführliche statistische Studie erforderlich.

Alter der Schüler

Generell können Denkfähigkeiten durch geeignete Methoden in jedem Alter verbessert werden. Praktisch gesehen eignet sich das *Fitneßtraining für Denker* am besten für Schüler ab neun Jahren bis hin zu Erwachsenen. Der Denkprozeß läuft in jedem Alter gleich ab, nur die Spielmaterialien oder die Probleme, die behandelt werden, sind für die verschiedenen Altersstufen unterschiedlich.

Lehrerschulung

Jede größere Neuerung bei den Lehrplänen erfordert eine ausführliche Schulung der Lehrer, damit sie erfolgreich sein kann. Das *Fitneßtraining für Denker* vermindert dieses Erfordernis, indem es die Rolle des Lehrers auf die eines Führers durch die Spiele beschränkt und ihm nicht die eines Meisterspielers zuweist. Lehrer werden durch dieses Buch, durch Workshops und durch Videobänder geschult. Das Programm bietet darüber hinaus in einigen Ländern Computer-Software, die es den Schülern ermöglicht, allein zu spielen und zu üben, ohne daß die Überwachung durch einen Lehrer nötig wäre.

Die Rolle des Wettbewerbs

Manche Erzieher sagen, daß Spiele zu stark den Wettbewerbsgeist fördern könnten, wenn sie häufig in der Klasse gespielt werden. Wettbewerb ist jedoch ein inhärenter Bestandteil des Sports in unserer Gesellschaft – und auch unserer Gesellschaft selbst. Außerdem lehren auch Wettbewerbsspiele kooperative Werte: Man lernt, nach den Regeln zu spielen, man lernt, wie man ein großzügiger Sieger und Verlierer wird, man wird ermuntert, einen Konsens anzustreben, wenn man die Regeln ändern will, und vor allem lernt man, mit anderen auf sozial akzeptable Art und Weise zu kommunizieren.

Die Denkfähigkeiten

Das *Fitneßtraining für Denker* konzentriert sich auf die folgenden wichtigen Fähigkeiten:

Deduktive Logik (Verarbeitung und Nutzung von Informationen)
Wie man voneinander unabhängige, aber in Beziehung zueinander stehende Fakten zusammenfügt, irrelevante Informationen eliminiert und zu einer Schlußfolgerung gelangt, die notwendig so ausfallen muß.

Induktive Logik (Erkennen von Regeln)
Wie man Regeln erkennt, indem man sorgfältig beobachtet, was bei einer Vielzahl von Ereignissen ähnlich und unterschiedlich ist.

Planung (Strategie)
Wie man Pläne macht, Ereignisse voraussieht und effizient organisiert, um weitgesteckte Ziele zu erreichen und tägliche Aufgaben zu bewältigen.

Erinnerungsvermögen
Wie man sich an das erinnert, was man gelernt hat und was man in Erinnerung behalten will.

Kreatives Denken

Wie man neue und andersartige Ideen entwickelt.

Psychomotorische Aktivität

Wie man seine Körperbewegungen kontrolliert und mit dem Denken koordiniert.

Visuelles Denken

Wie man räumlich sieht, sich die Veränderungen räumlicher Beziehungen vorstellt, zweidimensionale Bilder auf drei Dimensionen überträgt und sorgfältig beobachtet.

Kommunikation

Wie man eine klar verstandene Mitteilung weitergibt und wie man Mißverständnisse und Fehlinterpretationen vermeidet.

Problemlösungen

Wie man durch kritisches Denken und Logik neue Ideen hervorbringt und geeignete Entscheidungen fällt, um Probleme des Alltagslebens zu lösen.

Für die meisten dieser Fähigkeiten stellt das Programm *abstrakte, visuelle* und *verbale* Spiele bereit, um jedem Typ von Lernendem helfen zu können.

Beim *Fitneßtraining für Denker* konzentriert sich der Schüler separat auf jede einzelne Fähigkeit, genauso wie man vielleicht zur Verbesserung seines Tennisspiels getrennt den Aufschlag, die Vorhand und die Rückhand trainiert. Natürlich stehen diese Denkfähigkeiten in Beziehung zueinander: Beispielsweise macht man von seinem Erinnerungsvermögen Gebrauch, wenn man deduktiv denkt, und man benutzt Logik, wenn man strategisch plant.

Schüler erwerben durch das *Fitneßtraining für Denker* aber auch noch viele andere Fähigkeiten wie Entscheidungen treffen, Vorausschauen, Prioritäten setzen, Risiken eingehen, Vorhersagen, Geduld und Reaktionsschnelligkeit, auch wenn es nicht für jede dieser Fähigkeiten speziell auf sie abgestimmte Lerneinheiten gibt.

Wenn das Programm in erster Linie auch darauf abzielt, *kognitive* Fähigkeiten zu verbessern, so bringt es gleichzeitig doch in sozialer Hinsicht Nutzen. Zum einen fördert der Umgang mit anderen während des Spielens die Fähigkeit zu zwischenmenschlichen Beziehungen. Zum anderen können die Menschen durch die Verbesserung ihrer kognitiven Fähigkeiten in sozialen Situationen leichter ihre Verhaltensweise ändern: Indem sie kreativer und logischer vorgehen und besser planen, können sie eine Situation klarer erkennen, andere Gesichtspunkte in Betracht ziehen, zusätzliche Alternativen ins Auge fassen und abschätzen sowie bessere Lösungen für ihre eigenen Probleme und die der Gesellschaft finden.

2. Kapitel

Gebrauch des FfD-Kurses

Allgemeine Hinweise zum Gebrauch des Programms

- Wozu benutzt man das Programm?
- Erforderliche Zeit
- Benötigtes Material
- Die Spieler
- Besondere Eigenschaften des Lehrers
- Die Rolle des Lehrers

Wichtige Teilschritte beim Unterrichten einer Denkfähigkeit durch Spiele

- Der Lehrer erklärt die Fähigkeit
- Der Lehrer erklärt ein Spiel, durch das man die Fähigkeit lernt
- Die Klasse spielt und diskutiert das Spiel
- Die Klasse spielt und diskutiert unterschiedliche Schwierigkeitsgrade und Variationen des Spiels
- Die Klasse arbeitet die allgemeinen Prinzipien heraus, die sie aus den Spielen gelernt hat
- Die Klasse wendet allgemeine Prinzipien in neuen Situationen an
- Wiederholung mit anderen Spielen

Lektionen und Umgang mit der Klasse

- Vorbereitung der Lektionen
- Die Lektion
- Rückblick
- Aufwärmen
- Die Schüler einbeziehen
- Sich selbst einbeziehen
- Eingehen auf individuelle Unterschiede
- Bearbeitung anderer Spiele für das Programm
- Zusätzliche Lernmöglichkeiten
- Rückblick und Zusammenfassung

Dieses Kapitel zeigt, wie das *Fitneßtraining für Denker* zu benutzen ist. Es wendet sich an

- Lehrer, die mit ihren Schülern arbeiten,
- Eltern mit ihren Kindern
- den Beauftragten oder Gruppenleiter eines Clubs und dessen Mitglieder
- eine Einzelperson mit Freunden.

Sie lernen allgemeine Prinzipien zum Gebrauch des Programms, die Sie Ihren speziellen Gegebenheiten anpassen können.

In diesem Kapitel beginnen wir mit einigen allgemeinen Überlegungen zum Gebrauch des *Fitneßtrainings für Denker.* Danach gehen wir im einzelnen auf die wichtigen Teilschritte beim Unterrichten einer Denkfähigkeit durch Spiele ein. Abschließend skizzieren wir das Gerüst einer Lektion und diskutieren einige Aspekte des Umgangs mit der Klasse.

Allgemeine Hinweise zum Gebrauch des Programms

Wozu benutzt man das Programm?

Sie können das Programm in *Schulen* aller Art benutzen: Grundschulen, Realschulen, Gymnasien und Berufsschulen.

Als Lehrer können Sie das Programm benutzen, um der Klasse *Hausaufgaben* zu geben, die *Spaß* machen.

Sie können es auch im Rahmen anderer Ausbildungen benutzen: in der *Wirtschaft,* in der *Industrie* und bei der *beruflichen Weiterbildung.*

Sie können es in *Workshops* für Lehrer und Eltern über die Verbesserung der Denkfähigkeiten von Kindern anwenden.

Sie können es auch außerhalb des üblichen Schul- und Ausbildungsbereichs benutzen, beispielsweise in *Ferienlagern* und *Freizeitclubs.*

Schließlich können alle Familien, die gemeinsam zu Hause spielen, Eltern, die ihre Kinder anleiten, und Einzelpersonen, die ihre Fähigkeiten verbessern wollen, das Programm benutzen.

Erforderliche Zeit für das Programm

Diese hängt von den Begleitumständen und dem Zweck ab, dem das Programm dienen soll.

- Ein Workshop, in dem Lehrern die Grundlagen vermittelt werden, die sie zur Anwendung des Programms in ihrer Klasse benötigen, erfordert 32 Stunden.
- Bei regelmäßigem Gebrauch in der Schule empfehlen wir drei oder vier Stunden wöchentlich für einen Zeitraum von sechs Monaten.

- Ein gründlicher Heimkurs erfordert 64 Stunden.
- Wenn das Programm zur Unterhaltung oder Entspannung in Clubs benutzt wird, kann die benötigte Zeit je nach Situation variieren.

Die genannten Zeiten gelten für die *Darstellung* des Grundmaterials des Kurses. Zusätzliche Zeit wird zum *Üben* benötigt, genau wie die beim Schwimm-, Tennis- oder Klavierunterricht aufgewandte Zeit durch individuelles Üben ergänzt werden muß. Der Umfang der benötigten zusätzlichen Übungszeit wird von Schüler zu Schüler verschieden sein.

Benötigtes Material für das Programm

Die Grundmaterialien für alle Übungsspiele des Programms sind Alltagsgegenstände wie Papier, Bleistifte, Lineale, Kreide, Schere, Pappe, gewöhnliche Spielkarten, Münzen, Knöpfe, Uhren, Streichholzschachteln, Zeitungen und Zeitschriften.

Wir haben viele der Spiele für Spielkarten eingerichtet, um die Kosten möglichst gering zu halten und sowohl Kindern als auch Erwachsenen überall in der Welt vertrautes Material an die Hand zu geben. Kartenspiele können nahezu alle Tätigkeiten des täglichen Lebens simulieren, die Denken erfordern.

Die meisten Spiele benutzen die folgende Grundausstattung:

- 64 Zahlenkarten (gewöhnliche Spielkarten)
- 64 Buchstabenkarten
- 64 Mosaikplättchen
- 64 Bilderkarten
- 64 Figuren- und Farbkarten
- ein Spielbrett

Auf dem Brett ist jede in dem Gitter von oben nach unten laufende Reihe mit 1, 2, 3 ... 8 bezeichnet, jede von links nach rechts laufende Spalte mit A, B, C ... H. Diese Zahlen und Buchstaben sind die *Koordinaten,* die wir benutzen, um über einzelne Felder zu sprechen. Zum Beispiel steht in Feld B 5 unten ein ›X‹ (Abbildung 1).

In jedem Spiel erfahren Sie in einem Abschnitt mit der Überschrift ›Benötigtes Material‹ die Größe des Gitters, das Sie gegebenenfalls brauchen. Manche Spiele benötigen das gesamte 8 × 8-Gitter, andere nur einen Teil davon, beispielsweise ein 3 × 3-Gitter. Wenn Sie ein Gitter brauchen, das kleiner ist als 8 × 8, dann markieren Sie die Grenzen des Gitters mit Spielmaterial, für das Sie in diesem Spiel keine Verwendung haben. Abbildung 2 zeigt ein 3 × 4-Gitter, das mit schwarzen Mosaikplättchen abgeteilt ist.

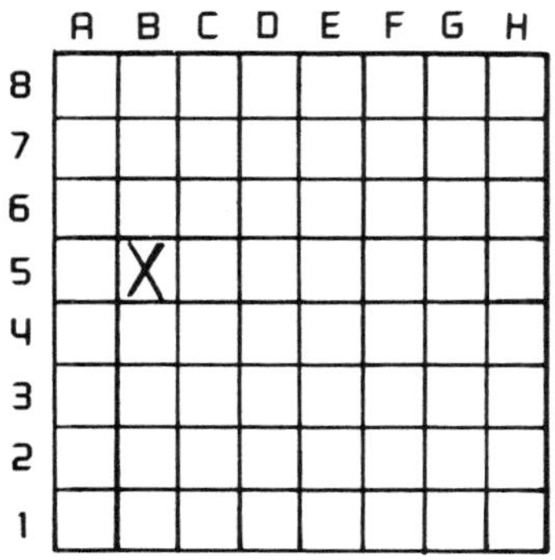

Abbildung 1

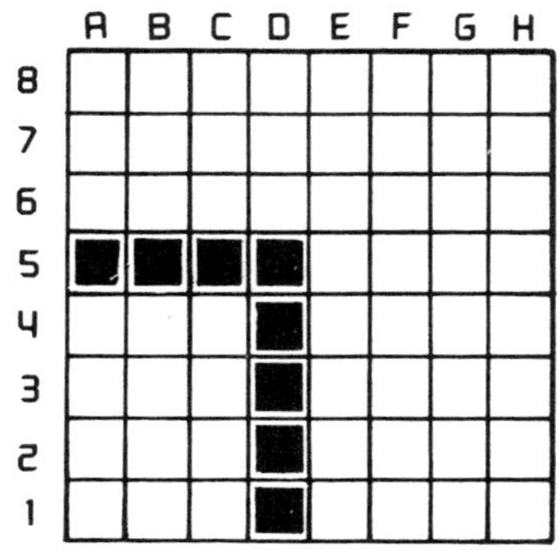

Abbildung 2

Wenn Sie ein kleineres Gitter als 8 × 8 nehmen, fangen Sie immer in der linken unteren Ecke an (Feld A 1). Dann stimmen die Koordinaten des Bereichs, den Sie benutzen, stets mit den Koordinaten unserer Beschreibung und Analyse des Spiels überein.

Sie können die Ausstattung preiswert kaufen oder leicht selbst herstellen. Am Ende des Buchs finden Sie ein Spielset mit perforierten Karten, die Sie vorsichtig trennen können. Als zusätzliche Übungsmöglichkeiten sind Computerprogramme denkbar, mit denen die Schüler ihre Schwächen abstellen und zu höheren Schwierigkeitsgraden vordringen können. Der Computer kann auch helfen, Lehrer auf den Unterricht mit dem *Fitneßtraining für Denker* vorzubereiten.

Die Spieler

Die Spiele des Programms können gespielt werden:

- vom Lehrer gegen die ganze Klasse. Wie Sie noch sehen werden, führt der Lehrer auf diese Weise ein neues Spiel in die Klasse ein.
- von Spielergruppen (zwei oder mehr) gegeneinander in der Klasse. So ist jeder Schüler aktiver beteiligt, als wenn der Lehrer gegen die ganze Klasse spielt.
- vom Schüler allein – bei vielen der Spiele. Dies gestattet Übung ohne Zeitdruck.
- vom Schüler als Hausaufgabe, gegen Klassenkameraden, Freunde und Familienmitglieder.

Besondere Eigenschaften des Lehrers

Um dieses Programm mit Schülern effektiv zu nutzen, brauchen Sie dieselben Eigenschaften wie ein guter Lehrer bei irgendeinem anderen Programm:
- Sie müssen ein gutes Grundlagenwissen von dem haben, was Sie lehren.
- Sie müssen sensibel für die Herkunft, das Leistungsvermögen und die Persönlichkeiten Ihrer Schüler sein.
- Sie müssen wissen, wie man den Unterricht angenehm gestaltet, wie man die Schüler motiviert und Langeweile vermeidet.

Sie brauchen aber selbst *kein* Meisterspieler oder Superdenker zu sein. Bei diesem Programm ist der Lehrer wie ein Trainer im Sport. Sie leiten die Schüler an und helfen ihnen, ihr volles Potential selber auszuschöpfen.

Die Rolle des Lehrers

Wie ein Führer durch das Programm
- weisen Sie jedem Spieler genau das Spiel auf der passenden Niveaustufe zu, das ihm bei denjenigen Fähigkeiten, die einer Verbesserung bedürfen, am besten hilft,
- führen Sie Gespräche mit den Schülern, um deren eigenes Denken anzuregen, und analysieren gemeinsam mit ihnen den Denkprozeß,
- helfen Sie den Schülern, die gelernten Prinzipien zu einem *Ganzen zusammenzufügen, Schlußfolgerungen daraus zu ziehen* und Möglichkeiten zu erkennen, diese Prinzipien in ähnlichen Situationen ihres eigenen Lebens anzuwenden.

Wichtige Teilschritte beim Unterrichten einer Denkfähigkeit durch Spiele

Bei jeder Denkfähigkeit in diesem Programm (*deduktive Logik, induktive Logik, Planung* usw.) gehen Sie in derselben Reihenfolge vor:

a) Der Lehrer erklärt die Fähigkeit.
b) Der Lehrer erklärt ein Spiel, das die Fähigkeit schult.
c) Die Klasse spielt und bespricht das Spiel.
d) Die Klasse spielt und diskutiert unterschiedliche Schwierigkeitsgrade und Variationen des Spiels.
e) Die Klasse arbeitet allgemeine Prinzipien, die sie bei dem Spiel gelernt hat, heraus.
f) Die Klasse wendet allgemeine Prinzipien in neuen Situationen an.
g) Der Ablauf (b–f) wird mit anderen Spielen, die dieselbe Fähigkeit zum Gegenstand haben, wiederholt.

Nicht alle diese Schritte werden bei *jeder* Lektion oder Unterrichtsstunde durchgeführt werden. In einigen Unterrichtsstunden werden Sie zum Beispiel keine neue Fähigkeit vorstellen, weil die Klasse die Arbeit mit einer bereits bekannten fortsetzt. In manchen Stunden wird sich das Augenmerk mehr auf *Spielübungen* unter Anleitung des Lehrers richten, in anderen auf *Diskussionen* oder *Anwendungen.*

Werfen wir nun einen Blick auf die Einzelheiten. Später werden wir sehen, wie sich eine Lektion oder Unterrichtsstunde aufbaut.

Der Lehrer erklärt die Fähigkeit

Erklären Sie, *was* die Fähigkeit ist, *warum* sie innerhalb und außerhalb der Schule bedeutsam ist und *wieso* das Spiel oder die Aufgabe, die Sie als nächste vorstellen werden, diese Fähigkeit fördert.

Der Lehrer erklärt ein Spiel, durch das man die Fähigkeit lernt

Wenn Sie das Spiel vorstellen, gehen Sie auf die folgenden Punkte ein:

- die Fähigkeit, die geübt werden soll
- das Ziel des Spiels
- die Anzahl der Spieler
- das benötigte Material
- die Vorbereitungen
- die Durchführung des Spiels

Führen Sie der Klasse ein Musterspiel vor, wobei Sie selbst der eine Spieler und ein Schüler oder die ganze Klasse der andere Spieler sind. Demonstrieren Sie alle Spielzüge an der Wandtafel oder mit Hilfe eines Projektors.

Stellen Sie fest, ob es noch irgendwelche Fragen zu den Regeln gibt, nachdem Sie das Spiel einmal vorgespielt haben. Weisen Sie auf jede wichtige Situation hin, die unter verschiedenen Umständen bei dem Spiel auftreten könnte, oder führen Sie ein weiteres Musterspiel vor, bei dem Sie es zu dieser Situation kommen lassen.

Die Klasse spielt und diskutiert ein Spiel

Spielpraxis. Lassen Sie die Schüler unter sich spielen. Üblicherweise spielen sie paarweise. Manchmal ist es sinnvoll, die Klasse in Vierergruppen aufzuteilen. Dies hat den Vorteil, daß die Klasse weniger aufgesplittert ist und Sie als Lehrer einfacher hin und her gehen und jede Gruppe beobachten können. Ein weiterer Vorteil liegt darin, daß in jeder Gruppe zwei Schüler spielen und die anderen zwei zusehen. Die beiden Spieler können dann den Zuschauenden sagen, warum sie gemacht haben, was sie gemacht haben, und die beiden Zuschauer können diskutieren, was sie beobachtet haben, und andere Vorschläge dazu machen.

Punktevergabe. Ein Punktesystem für ein Spiel hilft sowohl den Schülern als auch dem Lehrer, Fortschritte festzustellen. Bei den meisten Spielen können Sie eine Methode finden, Pluspunkte für gute Züge und Minuspunkte für Fehler zu verteilen. Bauen Sie das Punktesystem nach den Vorschlägen in diesem Buch oder aufgrund eigener Erfahrungen auf.

Beobachtung. Gehen Sie zu jeder Gruppe, und beobachten Sie genau, was die Schüler tun und was sie sagen. Lernen Sie ihre Denkweise kennen, damit Sie ihnen besser helfen können, ihre Fähigkeiten zu entwickeln.

Sammeln Sie Hinweise auf die Denkweise der Schüler, die Sie später sowohl bei der Diskussion der Spielprinzipien und ihrer Anwendung als auch bei der Vermittlung des Lehrstoffs an die Schüler verwerten können.

Manche Lernende fühlen sich wohler bei visuellem, andere bei verbalem, wieder andere bei abstrakterem Arbeitsmaterial. Versuchen Sie, die Präferenzen jedes Schülers herauszufinden. Wenn möglich gestatten Sie jedem Schüler, beim Üben einer neuen Fähigkeit mit seinem bevorzugten Lernmittel zu beginnen. Wenn der Schüler dann Fortschritte macht, lassen Sie ihn mit anderen Materialien arbeiten, die dieselbe Fähigkeit entwickeln. Je größer die Vielfalt von Materialien ist, durch die der Schüler eine Fähigkeit kennenlernt, desto leichter kann er die Fähigkeit auf andere Situationen übertragen.

Verteilen Sie keine Zensuren, wenn Sie zu den einzelnen Gruppen gehen. Denken Sie daran, daß es Ihr Ziel ist, Denkfähigkeiten zu entwickeln, nicht die Schüler zu bewerten. Wenn Sie Noten in den Vordergrund stellen, wird aus dem Spiel Ernst, und Sie verderben die Atmosphäre, in der die Schüler ungezwungen Fehler machen und aus ihnen lernen können. Auf diese Weise würden Sie einen wichtigen Motivationsvorteil dieses Programms aus der Hand geben.

Bleiben Sie beim Hinundhergehen nicht stehen, um bei jeder Gruppe mitzuspielen. Dies könnte die Spieler stören. Ihre wesentliche Rolle sollte die eines Beobachters sein. Geben Sie nur dann Anleitungen, wenn man Sie darum bittet oder wenn es unbedingt notwendig ist.

Diskussion. Zur Vertiefung dessen, was die Schüler beim Spielen gelernt haben, analysieren Sie mit ihnen ihre Entscheidungen im Spiel. Finden Sie heraus, was jeder Spieler gedacht hat und welche Fehler gemacht worden sind. Daraus können Sie folgern, was funktioniert hat und was nicht.

Die Diskussion sollte so viel wie möglich von den Denkweisen, Gedanken und Schlußfolgerungen der Schüler ans Licht bringen. Die Schüler sollen zwar auch ihren Spaß an den Spielen haben, aber der Hauptzweck des Spielens ist doch, ihre Fähigkeiten zu schulen, ihre Denkweisen zu verstehen und diese, wo erforderlich, zu korrigieren und zu verbessern.

Beginnen Sie die Diskussion, wenn die Schüler bei einem neuen Spiel einige Erfahrungen gesammelt haben. Unterbrechen Sie das Spielen der einzelnen Gruppen, und gehen Sie zum Klassenunterricht über. Lassen Sie zwei Schüler das Spiel spielen, wobei die ganze Klasse zusieht. Lassen Sie sie ihre Spielweise und die Denkprozesse, die ihren Handlungen zugrunde liegen, analysieren. Bitten Sie die Schüler, den Denkprozeß bei jedem einzelnen Zug zu erklären.

Hier folgen einige der Fragen, die Sie stellen können:

- Warum hast du diesen Zug gemacht?
- Welche anderen Züge hast du erwogen, aber verworfen?
- Hast du in Betracht gezogen, was dein Gegenspieler als nächstes tun könnte?

Helfen Sie den Schülern, Schlußfolgerungen aus dem zu ziehen, was sie bei dem Spiel gelernt haben. Sie können fragen:

- Was hat sich für dich als vorteilhaft erwiesen, so daß du es wiederholen wirst, wenn du das Spiel noch einmal spielst?
- Was hat sich für dich nicht als vorteilhaft erwiesen, so daß du es nicht mehr tun wirst, wenn du dasselbe Spiel noch einmal spielst?
- Was hat sich für dich als vorteilhaft erwiesen, das du auch in einem *anderen* Spiel anwenden kannst?
- Was hat sich für dich nicht als vorteilhaft erwiesen, das du nun auch in einem *anderen* Spiel vermeiden wirst?
- Welche anderen Spieltaktiken gibt es?
- Welche Prinzipien hast du aus dem Spiel gelernt?
- Wie bist du auf diesen Gedanken gekommen?
- Wie würdest du vielleicht die Regeln dieses Spiels ändern?

Geben Sie die Diskussion für Kommentare und Reaktionen der anderen Klassenmitglieder frei.

- Hat jemand einen besseren Zug gefunden?
- Wäre jemand an die Sache anders herangegangen?
- Hat jemand ein anderes Prinzip aus dem Spiel gelernt?

Versuchen Sie, alle Schüler an der Diskussion zu beteiligen.

Machen Sie sich Notizen, wenn die Schüler etwas sagen. Dies hilft Ihnen, anschließend zusammenzufassen, was sie gesagt haben, und die Notizen könnten Sie auf neue Ideen für spätere Lektionen bringen.

Wenn die Schüler das Spiel wieder aufnehmen, ermutigen Sie sie, nach jedem Spiel untereinander zu diskutieren. Jeder Spieler erklärt die Entscheidungen, die er während des Spiels getroffen hat, und wägt die Vorteile und Nachteile dessen ab, was er getan hat und was er statt dessen hätte tun können. Auf diese Weise lernt jeder Spieler sowohl aus seinen eigenen Erfahrungen als auch aus denen anderer.

Nutzen Sie im weiteren Verlauf des Kurses die Diskussionsphase, um festzustellen, wie gut der Unterricht bei den Schülern ankommt. Ihre Reaktionen enthalten oft wertvolle Informationen. Regen Sie die Schüler zu Vorschlägen, Ideen und Kommentaren in bezug darauf an, wie sie in dem Kurs lernen. Fragen Sie die Schüler, was ihrer Ansicht nach stärker betont werden sollte (mehr Beispiele, mehr Gelegenheiten, ein bestimmtes Spiel zu spielen, usw.). Fragen Sie, was verstanden worden ist und was nicht.

Die Klasse spielt und diskutiert unterschiedliche Schwierigkeitsgrade und Variationen

Um die Übertragung von Spielprinzipien auf neue Situationen zu erleichtern, lassen Sie die Schüler

- ein Spiel in mehreren Schwierigkeitsstufen in derselben Gruppe spielen,
- eigene Spielvariationen erfinden,
- Problemsituationen und Rätsel für ihre Klassenkameraden entwerfen,
- die von ihren Klassenkameraden ausgedachten Rätsel etc. lösen.

Wechselnde Schwierigkeitsstufen. Die Spiele des *Fitneßtrainings für Denker* sind in Gruppen angeordnet. Alle Spiele einer Gruppe haben dieselben Grundregeln, aber unterschiedliche Schwierigkeitsgrade.

In jeder Klasse sind verschiedene Schüler von Anfang an unterschiedlichen Schwierigkeitsstufen gewachsen. Aus praktischen Gründen sollten Sie die ganze Klasse mit derselben, sehr einfachen Stufe beginnen lassen und dann

- diejenigen, die diese Stufe schnell beherrschen, zu höheren Stufen derselben Gruppe von Spielen übergehen lassen,
- denjenigen, die auf der Anfangsstufe Schwierigkeiten haben, zusätzliche Übungszeit, Unterstützung und Anleitung geben. Vielleicht sehen Sie sich sogar veranlaßt, die ›einfache Stufe‹ noch weiter zu vereinfachen, um es auch den langsamsten Lernenden möglich zu machen, ein Spiel dieser Gruppe zu meistern.

Weisen Sie einem Schüler eine höhere Stufe zu, sobald er oder sie mit der gegebenen Stufe gut fertig wird.

Vielleicht müssen Sie sogar dann eingreifen, wenn jeder Schüler genau auf der richtigen Niveaustufe spielt. Schüler beginnen sich zu langweilen, wenn sie dasselbe Spiel zu oft hintereinander spielen. Falls es dazu kommt, müssen Sie denen, die sich langweilen, etwas anderes zu tun geben.

Lassen Sie die Schüler jedes Spiel zuerst ohne Zeitlimit spielen, bis sie mit den Regeln vertraut sind. Führen Sie dann ein Zeitlimit ein, so daß die Schüler üben, wie im realen Leben Entscheidungen unter Zeitdruck zu treffen.

Varianten. Lassen Sie die Schüler eigene Varianten der Spielregeln entwerfen. Dies regt ihre Kreativität an, läßt sie aktiver bei der Sache sein und steigert ihr Interesse am Spielen.

Die meisten Spiele des *Fitneßtrainings für Denker* sehen bereits einige Varianten vor. Teilen Sie diese mit. Erklären Sie den Schülern dann einige allgemeine Merkmale eines jeden Spiels, die sie ändern könnten, um neue Varianten zu schaffen:

- Die Ausgangspositionen:
  Karten offen, Karten verdeckt, Karten aneinandergelegt, Karten ausgebreitet usw.
- Die Größe des Spielfelds:
  Gitter 4 x 4, 6 x 6, 8 x 8, die Tischplatte, das Klassenzimmer, das Schulgebäude usw.
- Die Anzahl der Spieler:
  einer, zwei, drei, vier, zwei Mannschaften usw.
- Die Anzahl der Karten oder Spielsteine:
  4, 8, 12, 20 usw.
- Die Art der Karten:
  Zahlen, Buchstaben, Mosaikplättchen, Bilder, Formen, Farben
- Die Art, wie die Spielsteine (Karten) gezogen werden:
  in alle Richtungen, nur diagonal; durch Überspringen der gegnerischen Steine, durch Überspringen der eigenen Steine, jeweils ein Feld weiter, so weit, bis der Stein blockiert wird, usw.
- Die Wahlmöglichkeiten, die jeder Spieler hat:
  Raten, Passen, Wegnehmen von einer oder zwei Karten, Wegnehmen von einer, zwei oder drei Karten usw.
- Möglichkeiten des Schlagens:
  durch Überspringen, durch Ziehen auf dasselbe Feld, durch Einschließen usw.
- Das Zufallselement:
  kein Zufall, Zufall bei jedem vierten Zug, zufällig gezogene Karten, zufällig gemachte Züge, zufällig ausgewählte Regeln usw.
- Zählweise:
  10, 20 oder 50 Punkte bedeuten den Sieg, fünf Punkte für einen Treffer, Abzug von zehn Punkten für einen Fehlversuch, ein Fehler bedeutet Niederlage usw.
- Wann man gewonnen hat:
  den letzten Stich machen oder gerade nicht machen, Gegner blockieren, Erinnerung an alle Glieder einer Folge, Finden des längsten Wegs usw.
- Zeitlimits:
  30 Sekunden, eine Minute, zwei Minuten usw.

Zuerst müssen Sie den Schülern einige Beispiele geben, wie man mit diesen Elementen neue Varianten erfinden kann.

In diesem Buch werden wir gelegentlich ein Spiel darstellen, in dem zwei Arten von Karten (beispielsweise *Zahlen* und *Buchstaben*) benutzt werden. Um zu gewährleisten, daß die Schüler den einem Spiel zugrunde liegenden Denkprozeß verstehen, ist es wichtig, daß sie auch mit anderen Arten von Karten spielen. Wo es sinnvoll erscheint, sollten Sie dafür Sorge tragen, daß die Schüler auch die anderen Kartenarten (Mosaiken, Bilder, Formen, Farben) bei jedem Spiel verwenden. Geben Sie, wenn nötig, das Spielen mit verschiedenen Karten als Hausarbeit auf.

Problemsituationen und Denkaufgaben. Lassen Sie die Schüler sich auch Problemsituationen und Denkaufgaben ausdenken, die auf den Spielen aufbauen: Die Schüler beschreiben eine Spielsituation, die auftreten könnte, und fragen, wie man sich am besten verhalten sollte. Sich gegenseitig selbst ausgedachte Aufgaben zu stellen, ist eine ausgezeichnete Möglichkeit für die Schüler, die gerade zu lernende Fähigkeit zusätzlich zu schulen. Und Sie als Lehrer können sich anhand der Qualität der Aufgaben der Schüler eine Vorstellung davon machen, wie gut sie die Denkfähigkeit verstehen und anzuwenden wissen.

In späteren Kapiteln werden wir einige Beispiele für neue Variationen, Problemsituationen und Rätselfragen geben.

Die Klasse arbeitet die allgemeinen Prinzipien heraus, die sie aus den Spielen gelernt hat

Die Schüler haben bereits bestimmte Spiele besprochen und analysiert und sind sich gewisser Spielprinzipien bewußt geworden. Jetzt werden sie durch Diskussionen zu allgemeineren Folgerungen aus diesen Prinzipien kommen, so daß sie sie in neuen Situationen anwenden können.

Im 4. Kapitel, das sich mit Planung (Strategie) beschäftigt, lernen die Schüler beispielsweise in dem Spiel »Einen oder zwei wegnehmen«, daß sie, wenn sie dem Gegenspieler drei Steine übrig lassen, später gewinnen werden (das heißt, den letzten Stein wegnehmen). Sie lernen ebenfalls, daß sie, wenn sie dem Gegenspieler erst einmal sechs Steine übrig lassen, ihm später auch genau drei Steine lassen und schließlich gewinnen können. Durch die Diskussion gelangen sie zu der Erkenntnis, daß es in gewissen Situationen *Zwischenziele* gibt. Dies ist ein kraftvolles Prinzip, das sie auch anderweitig anwenden können.

Die Klasse wendet allgemeine Prinzipien in neuen Situationen an

Durch Diskussionen kommen die Schüler nun dazu,

- sich einen Überblick über die allgemeinen Prinzipien, die sie im Zusammenhang mit den Spielen gelernt haben, zu verschaffen,
- die Prinzipien in *neuen Situationen* anzuwenden, wo
  a) die Anwendungsmöglichkeit ziemlich offensichtlich ist (Wir werden auf einige dieser Situationen in späteren Kapiteln eingehen),

b) die Anwendungsmöglichkeit *nicht* so offenkundig ist,

- sich an Situationen in ihrem eigenen Leben zu erinnern, in denen sie von den Prinzipien Gebrauch gemacht haben oder die Möglichkeit dazu gehabt hätten,
- neue Situationen vorzuschlagen, in denen die Prinzipien angewandt werden können,
- die Prinzipien in neuen Situationen sowohl in der Schule als auch privat außerhalb der Schule anzuwenden und der Klasse anschließend darüber zu berichten, was sie getan haben und was dabei herausgekommen ist.

Mit ausreichender Praxis gewöhnen sich die Schüler daran, diese Prinzipien jedesmal anzuwenden, wenn sie sich einem Problem gegenübersehen.

Erkennen einer Analogie. Um ein Spielprinzip in einer neuen Situation einzusetzen, muß der Schüler eine Analogie zwischen der Spielsituation und der neuen Situation erkennen. Das bedeutet, der Schüler muß sehen, daß beide Situationen gewisse wesentliche Elemente gemeinsam haben, selbst wenn sie sich in anderer Beziehung unterscheiden.

Sehen wir einmal, wie Sie Schülern helfen können, eine Analogie zwischen einem Spiel mit *Verarbeitung von Informationen* (beschrieben im nächsten Kapitel) und einer Detektivgeschichte aufzubauen. Sie helfen dem Schüler,

- zu erkennen, was eine Detektivgeschichte mit anderen Geschichten gemeinsam hat und was sie von ihnen unterscheidet,
- allgemeiner zu beschreiben, was das Wesentliche an einer Detektivgeschichte ist,
- zu erkennen, daß das Wesentliche an einer Detektivgeschichte dasselbe ist wie das Wesentliche an einem Spiel mit *Verarbeitung von Informationen.*

Nehmen wir an, daß Sie die Klasse gefragt haben, was eine Detektivgeschichte ist. Dann könnte folgender Dialog entstehen:

Erster Schüler:	Es ist eine spannende Geschichte über ein Verbrechen.
Ihre Antwort:	Ja, es ist eine spannende Geschichte über ein Verbrechen. Aber in Zeitungen stehen oft spannende Geschichten über Verbrechen, ohne daß es sich um Detektivgeschichten handelt. Deine Definition ist unvollständig.
Zweiter Schüler:	Es kommt ein Detektiv darin vor. Ein Verbrechen wird begangen, und der Detektiv klärt es auf.
Ihre Antwort:	Das ist schon besser. Aber es fehlt noch, daß die Geschichte fiktiv ist. Und es ist nicht geklärt, was ›Aufklärung des Verbrechens‹ bedeutet.
Dritter Schüler:	Eine fiktive Geschichte, in der viele Leute ein Verbrechen begangen haben könnten und in der der Detektiv herausfinden muß, wer es wirklich getan hat.
Ihre Antwort:	Ja, das ist richtig. Genau das ist eine Detektivgeschichte. Könnt ihr mir nun ganz allgemein sagen, was der Detektiv *tut?*

Schließlich werden Sie einen der Schüler zu dem Schluß bringen, daß eine Detektivgeschichte wie eine Rätselfrage mit Hinweisen ist: Zuerst gibt es viele Möglichkeiten, und der Detektiv geht so vor, daß er Untersuchungen anstellt, Informationen bekommt, diese Informationen benutzt, um die Vielzahl der Möglichkeiten einzuschränken, weitere Untersuchungen anstellt, die Möglichkeiten abermals einschränkt usw., bis nur noch eine einzige Möglichkeit übriggeblieben ist.

Andere Schüler werden erkennen, daß man in den Spielen aus dem Kapitel *Verarbeitung von Informationen (Deduktive Logik)* genauso vorgeht: Zuerst kann die geheime Karte eine von vielen sein, und der Spieler geht so vor, daß er Untersuchungen anstellt, Informationen bekommt, diese Informationen benutzt, um die Vielzahl der Möglichkeiten einzuschränken, weitere Untersuchungen anstellt, die Möglichkeiten abermals einschränkt usw., bis nur noch eine einzige Möglichkeit übriggeblieben ist.

Da sowohl diese Spiele als auch die Detektivgeschichte dieselben wesentlichen Elemente aufweisen, kann man den Spielen entnommene Prinzipien in der Situation der Detektivgeschichte anwenden.

Im nächsten Kapitel *Verarbeitung von Informationen (Deduktive Logik)* werden wir besprechen, wie diese Prinzipien aussehen, und im einzelnen aufzeigen, wie sie benutzt werden können.

Suchen nach Analogien. Im Unterrichtsgespräch können Sie den Schülern helfen, zu erkennen, daß auch medizinische Forschungen nach Heilmethoden für eine Krankheit ganz allgemein so beschrieben werden können, daß man aus vielen Möglichkeiten eine noch unbekannte herausfindet. Auch diese Situation verlangt die Fähigkeit *Verarbeitung von Informationen (Deduktive Logik),* und dieselben Spielprinzipien können angewandt werden.

Sie müssen den Schülern helfen, jedesmal, wenn sie mit einer Entscheidung oder einem Problem konfrontiert werden oder sich ihnen eine unerwartete Gelegenheit bietet, aktiv nach Analogien zwischen den Spielsituationen und anderen Situationen zu suchen. In allen späteren Kapiteln werden wir Lehrhinweise geben, so daß Sie Ihren Schülern helfen können, Anwendungssituationen durch Analogie zu finden.

Mit Ihrer Hilfe können die Schüler auch Wege finden, Spielprinzipien zum Verstehen und Lernen des schulischen Unterrichtsstoffs zu benutzen.

Damit Ihre Schüler aus dem *Fitneßtraining für Denker* den größten Nutzen ziehen, müssen sie ständig üben. Ermutigen Sie sie, dies zu tun – sowohl in Zusammenarbeit mit anderen Schülern als auch allein für sich.

Wiederholung mit anderen Spielen

Das *Fitneßtraining für Denker* sieht für jede Denkfähigkeit verschiedene Gruppen von Spielen und Aufgaben vor. Dadurch, daß Sie Spiele und Aufgaben aus vielen Gruppen, die auf dieselbe Fähigkeit abzielen, verwenden, können Sie den Kontext, in dem das Lernen stattfindet, erweitern. Wenn Sie eine Fähigkeit unter vielen unterschiedlichen Aspekten vermitteln, wird der Schüler die Fähigkeit nicht nur mit einem einzigen Kontext verbinden, sondern sie eher auch anderweitig anwenden.

Lektionen und Umgang mit der Klasse

Wir haben Ihnen Einzelheiten der wichtigsten Schritte beim Unterrichten einer Denkfähigkeit durch Spiele genannt und darauf hingewiesen, daß üblicherweise in einer Lektion nicht alle diese zum Tragen kommen. Nun wollen wir sehen, was in jeder einzelnen Lektion geschieht. Anschließend wollen wir einige Aspekte des Umgangs mit der Klasse bei der Benutzung des *Fitneßtrainings für Denker* betrachten.

Vorbereitung der Lektionen

Als Lehrer wissen Sie, wie wichtig Planung und Vorbereitung vor jeder neuen Lektion sind. Bei der Benutzung des *Fitneßtrainings für Denker* müssen Sie einige spezielle Vorbereitungen treffen.

Spielen Sie das neue Spiel selbst durch, bevor Sie vor die Klasse treten. Wenn das Spiel für zwei Personen gedacht ist, übernehmen Sie beim Spielen die Rollen *beider* Spieler. Überlegen Sie sich, welche Regelfragen gestellt werden könnten.

Nehmen wir beispielsweise an, in den Regeln heißt es, daß der Spieler bei jedem Zug eine oder zwei Karten nehmen darf. Eine mögliche Frage könnte sein: »Wenn ich beim ersten Zug *zwei* Karten nehme, muß ich dann bei *allen* meinen Zügen zwei Karten nehmen?«

Überprüfen Sie, ob Ihre Darstellung so klar wie möglich ist. Anderenfalls verlieren Sie bei dem Versuch, sich aus dem Stegreif etwas auszudenken, Zeit und gehen das Risiko ein, die Aufmerksamkeit der Klasse zu verlieren. Wenn Sie Übungen benutzen wollen, die auf dem Spiel aufbauen, überlegen Sie sich diese zusammen mit den Lösungen vorher. Denken Sie über Fragen nach, die zu diskutieren sind, wenn Sie das Spiel für die Klasse analysieren. Wenn Sie irgendwelche Materialien benötigen, dann halten Sie sie bereit. Ganz allgemein gesagt: Seien Sie sich über Ihr Vorgehen im Unterricht im klaren.

Dieses Buch enthält detaillierte *Vorschläge* für die Lektionen, aber es steht Ihnen frei, eigene Spiele, Fragen und Aufgaben hinzuzufügen oder ersatzweise anzubieten. Stellen Sie nur sicher, daß das, was Sie vorhaben, richtig geplant und vorbereitet ist.

Sie sollten auch darauf vorbereitet sein, die von der Klasse zu benutzenden Materialien griffig aufzubewahren, zu verteilen und wieder einzusammeln. Zur Verfügung stehen sollten

- Schachteln, um alle Kartenarten separat aufzubewahren (mit Gummibändern, so daß jeder Kartensatz in der Schachtel von den anderen getrennt werden kann),
- Regale für die Schachteln,
- Würfel und Drehscheiben (gebastelt aus Pappe und Metallklammern), um, falls erforderlich, Zufallselemente in Spiele einbringen zu können,
- Füller, Bleistifte, Papier.

Die Lektion

Führen Sie sich immer vor Augen, daß es in der Hauptsache darum geht, das Denken beizubringen, und nicht darum, gute Spieler heranzubilden. Benutzen Sie den größten Teil der Unterrichtszeit dazu, Denkprozesse beim Spielen, die Prinzipien hinter den Spielen und ihre Anwendung in neuen Situationen zu besprechen. Sie können immer zusätzliche Spielzeiten durch Hausaufgaben erreichen.

Jede Unterrichtsstunde sollte mit einem Rückblick und einem geistigen Aufwärmen beginnen sowie mit einer Zusammenfassung enden.

Bei der allerersten Lektion gibt es natürlich keinen Rückblick. Sie erklären, daß es das Ziel des *Fitneßtrainings für Denker* ist, den Schülern zu helfen, besser zu denken, und daß sie im Verlauf des Kurses Spiele spielen und sich anderen Tätigkeiten widmen werden.

Jede Lektion hat die folgenden Elemente: Hintergrundmaterial, Lernziele, neues Instruktionsmaterial und praktische Übungen für die Schüler. Leser, die mit dem Lektionsschema Madeline Hunters (Hunter und Russell, 1977) vertraut sind, werden erkennen, daß die Schritte ihres Systems (vorausschauender Aufbau, Lernziele, Vorführung, Prüfung des Verständnisses, praktisches Arbeiten unter Anleitung, eigenständiges Arbeiten) in unsere Lektionen aufgenommen worden sind.

Manchmal müssen Sie eine Lektion beenden, um zu etwas anderem überzugehen, obwohl die Schüler hochmotiviert und im Begriff sind, Einsichten in das Prinzip eines Spiels zu gewinnen. Wenn dies geschieht, lassen Sie die Schüler sich Notizen machen, so daß sie nach der Schule oder in der nächsten Unterrichtsstunde wieder an den erreichten Stand anknüpfen können. Erinnern Sie die Schüler, die Sie unterbrechen müssen, daran, daß die meisten

Spiele und ihre Analyse nach der Schule von jedem Schüler allein oder mit Klassenkameraden, Freunden und Familienangehörigen fortgesetzt werden können.

Nehmen Sie sich am Ende jedes Kapitels, das eine bestimmte Fähigkeit behandelt – und alle 6 bis 8 Unterrichtsstunden –, die Zeit, auf das, was gemacht und gelernt wurde, zurückzublicken und die Fortschritte im Hinblick auf die Zielsetzungen des Kurses zusammenzufassen.

Rückblick

Fordern Sie die Schüler zu Beginn jeder Lektion des *Fitneßtrainings für Denker* (mit Ausnahme der ersten) auf, ihre Erfahrungen beim Anwenden der Ideen aus der letzten Lektion zu beschreiben. Fragen Sie, was sich ereignet hat, ob die Anwendung erfolgreich war, was sie vielleicht anders hätten machen können. Ermuntern Sie die Schüler, etwas zu den Berichten der anderen zu sagen.

Bitten Sie jemanden, über ein Problem zu berichten, bei dem keine Idee des Programms nutzbar oder eine Rolle zu spielen schien. Fragen Sie andere nach Kommentaren und Vorschlägen von Ideen, die relevant gewesen sein könnten. Geben Sie selbst Kommentare ab.

Bitten Sie jemanden, neue Ideen mitzuteilen, die er seit der letzten Lektion gehabt hat, selbst wenn diese für das Programm unwichtig zu sein scheinen.

Gehen Sie die Ergebnisse von Hausaufgaben durch, wenn Sie solche aufgegeben haben.

Aufwärmen

Veranstalten Sie vor der Einführung neuer Teile des Programms ein geistiges Aufwärmen. Damit wird bezweckt, eine freundliche, entspannte Atmosphäre zu schaffen und die Schüler ans Denken zu bringen. Wählen Sie von den folgenden Möglichkeiten für jede Lektion eine oder zwei aus:

- eine kurze Diskussion über irgendein aktuelles Ereignis, mit dem die Klasse durch Zeitung, Radio oder Fernsehen vertraut ist,
- einen Witz, zu dem die Klasse die Pointe beisteuern muß,
- ein Rätsel, das die Klasse lösen soll,
- eine Karikatur, zu der die Klasse eine Textzeile finden oder die Absicht des Zeichners deuten muß,
- irgendeine Denkaufgabe (mit Bildern, Zahlen, Buchstaben, Wörtern oder Formen), zum Beispiel:
  - eine Zahlenaufgabe: Wie oft kommt die Ziffer 7 vor, wenn man alle Zahlen von 1 bis 100 aufschreibt?

- ein Anagramm: Finde drei Worte, die du aus den Buchstaben ERSTEN bilden kannst.
- eine einfache arithmetische Denkaufgabe: Kombiniere die Ziffern 1 bis 6 per Addition, Subtraktion, Multiplikation und Division so, daß man so nah wie möglich an die Zahl 27 herankommt. Du brauchst nicht alle sechs Ziffern zu benutzen, darfst aber jede nur einmal verwenden.
  Mögliche Lösungen:
  $(6 \times 5) - 3 = 27$
  $(6 \times 4) + 3 = 27$
  $(1 + 2 + 6) \times 3 = 27$
  Sie können dasselbe Spiel mit größeren Zielzahlen wie etwa 100 spielen – je nach dem Niveau Ihrer Schüler.

Die letzten beiden Denkaufgaben eignen sich besonders gut, weil es für sie viele Lösungen gibt. Jeder kann ›Sieger‹ sein. Ganz allgemein sollten Sie stets bedenken, daß Übungen mit vielen Lösungen selbst die fähigsten Schüler anregen. Machen Sie beim ›Aufwärmteil‹ der Lektion oft von ihnen Gebrauch.

Indem Sie durch Aufwärm-Aktivitäten die Atmosphäre für das Spielen und Lernen vorbereiten, tragen Sie dazu bei, daß Ihr Unterricht ein angenehmes, geselliges Ereignis wird!

Die Schüler einbeziehen

Hier folgen Tips, wie Sie eine stärkere Beteiligung der Schüler erreichen:

- Jedes Spiel hat einen Sieger, und in vielen Spielen gibt es Regeln für die Vergabe von Punkten. Veranstalten Sie Wettbewerbe für Einzelspieler oder Mannschaften mit der höchsten Punktzahl oder die häufigsten Sieger, sowohl in einem speziellen Spiel als auch in einer Serie von Spielen, die sich auf alle Fähigkeiten erstrecken. Die Sieger können Preise oder besondere Privilegien und Vergünstigungen erhalten.
- Verteilen Sie Gutscheine für gutes Spielen oder herausragende Beiträge beim Diskutieren der Spiele und ihrer Anwendung. Diese Gutscheine können jeden Monat oder am Ende des Kurses gegen Preise oder Privilegien eingelöst werden.
- Besonders jüngere Kinder freuen sich über Aufgaben, die ihnen unter ihren Klassenkameraden einen Sonderstatus verleihen. Ernennen Sie Assistenten, die beim Verteilen bzw. Einsammeln der Materialien, beim Führen von Ergebnislisten usw. behilflich sind. Wählen Sie zuerst die schüchternsten oder diejenigen aus, die beim Spielen irgendwelche Hemmungen zeigen. Sorgen Sie wöchentlich für eine Rotation der Aufgaben, damit jeder beteiligt wird.
- Die Schüler werden sich stärker für den Kurs engagieren, wenn sie Selbstvertrauen entwickeln. Bauen Sie deshalb ihr Selbstvertrauen auf, indem

Sie mit Aufgabenstellungen beginnen, für die es viele Lösungen gibt (siehe *Aufwärmen*). Helfen Sie jedem Schüler, die richtige Schwierigkeitsstufe für sein Spielen zu finden: eine, die Herausforderungen mit sich bringt, aber keine allzu großen Enttäuschungen. Dadurch können die Angst vor dem Denken vermindert und die Risikobereitschaft gefördert werden.

- Führen Sie sich vor Augen, daß man am besten lernt, indem man etwas selbst entdeckt. Wenn Sie den Schülern Gelegenheit geben, selbst zu Erkenntnissen zu kommen, erhöhen Sie ihre Beteiligung und Motivation. Wenn ein Schüler bei der Beantwortung einer Ihrer Fragen zögert, geben Sie die richtige Antwort nicht gleich selbst. Lassen Sie dem Schüler Zeit, nachzudenken und auf den richtigen Gedanken zu kommen.
- Sie werden vielleicht feststellen, daß es einigen Schülern schwerfällt, sich an den Spielen zu beteiligen. Dies sind oft die Schüler, die bei allen Aktivitäten der Klasse Zurückhaltung an den Tag legen. Wenden Sie Ihre gewohnten Techniken an, um diese Schüler aus der Reserve zu locken.

Sich selbst einbeziehen

Es ist hilfreich für Sie, wenn Sie von Zeit zu Zeit bei den Spielen selbst mitmachen. Ihre direkte Beteiligung kann den Schülern als Vorbild dienen. Aber hier sind einige Warnungen:

- Manchmal wollen Lehrer nur die Spiele spielen, die ihnen gefallen oder bei denen sie sich wohl fühlen. Schüler kommen dieser Einstellung schnell auf die Spur und ahmen sie nach, was sie davon abhält, die Spiele zu spielen, die ihre Schwächen trainieren.
- Widerstehen Sie der Versuchung, sich zu stark für den Inhalt der Spiele zu engagieren. Denken Sie daran, daß die Spiele nur ein Medium zur Verbesserung des Denkprozesses sind. Das *Fitneßtraining für Denker* bezweckt nicht, die Schüler (oder ihre Lehrer!) zu Meisterspielern zu machen, sondern soll vielmehr ihr intellektuelles Potential entwickeln.
- Schämen Sie sich als Lehrer (oder Elternteil) nicht, bei einem Spiel von einem Kind besiegt zu werden. Es kann sein, daß ein Kind schneller denkt oder ein besseres Gedächtnis hat als ein Erwachsener. Ein Kind kann noch freier von den stereotypen Denkweisen sein, die einem älteren Menschen oft die Augen verschließen.

Eingehen auf individuelle Verschiedenheiten

Lernen Sie die Schüler als Individuen kennen: Dies gilt sowohl für ihre Persönlichkeiten als auch für ihre Denkfähigkeiten. Beobachten Sie, wie sie spielen, wie sie ihr Spiel analysieren und diskutieren. Wenn Sie ihre Emotionen und

Persönlichkeitsmerkmale (umgänglich, nervös, impulsiv, stur, Führereigenschaften, Risikobereitschaft) kennen, können Sie sie beim Entwickeln ihrer Begabungen besser führen.

Achten Sie darauf, wie Sie Spiele oder andere Aktivitäten am besten einsetzen können, um den Bedürfnissen jedes Schülers zu entsprechen. Schüler müssen diejenigen Fähigkeiten mehr üben, in denen sie schwächer sind. Es brauchen nicht alle Schüler zur selben Zeit dieselben Spiele zu spielen: Sie können verschiedenen Schülern unterschiedliche Spiele zuweisen, je nachdem, wo ihre Schwächen liegen. Außerdem können Sie den Schülern mehr Hausarbeit und Übungszeit für die Fähigkeiten verordnen, die sie nur schlecht beherrschen.

In jeder Klasse werden sich große Unterschiede darin zeigen, wie gut gespielt wird. Sie können den Einfluß dieser Unterschiede einschränken, indem Sie das Zufallselement im Spiel stärker zur Geltung bringen. Benutzen Sie Würfel oder Münzwürfe, um Zufälle einzubauen, die auch den schwächeren Schülern eine Siegchance geben.

Manchmal können Sie den besseren Spielern auch ein Handicap auferlegen. Wenn Sie dies tun, müssen Sie von Zeit zu Zeit überprüfen, ob die Handicaps wieder aufgehoben werden sollten. Schwächere Schüler verbessern sich, während sich bei ›besseren‹ Spielern mitunter herausstellt, daß sie doch nicht so gut sind.

Bearbeitung anderer Spiele

Sie können den Ansatz des *Fitneßtrainings für Denker* nahezu bei jedem Spiel anwenden:

a) Analysieren Sie, welche Fähigkeiten hauptsächlich nötig sind, um das Spiel zu spielen (und damit auch, welche Fähigkeiten durch das Spiel entwickelt werden können).
b) Variieren Sie die Regeln des Spiels flexibel – von leicht bis schwer –, so daß jeder ein angenehmes Niveau finden kann, auf dem er beginnt.
c) Spielen Sie das Spiel auf verschiedenen Niveaus mit der Absicht, die höchstmögliche Stufe zu erreichen.
d) Analysieren Sie die verschiedenen Situationen, zu denen es beim Spielen des Spiels kommt, um zu verstehen, warum und wie Denkfähigkeiten einzusetzen sind.
e) Erfinden und spielen Sie Varianten des Spiels.
f) Denken Sie sich neue Übungen oder Problemstellungen aus, die auf dem Spiel basieren.
g) Übertragen Sie schließlich die Prinzipien des Spiels auf verschiedene Probleme des Alltagslebens.

Natürlich können Sie nicht einfach *irgendein* Spiel nehmen, die Schüler damit *ohne Organisation* herumspielen lassen und erwarten, daß ein erzieherisch wertvolles Ergebnis dabei herauskommt. Wählen Sie geeignete Spiele aus, die beim Spielen Spaß machen und aus denen man Denkfähigkeiten lernen kann, und setzen Sie sie in pädagogisch korrekter Art und Weise ein.

Zusätzliche Lernmöglichkeiten

Das *Fitneßtraining für Denker* erlaubt es Ihnen, neben der Entwicklung der Denkfähigkeiten auch andere erzieherische Zielsetzungen in Ihre Lektionen einzuarbeiten:

- Geben Sie den Schülern für die nächste Lektion eine Hausaufgabe auf, bei der sie sich auch mit dem normalen Unterrichtsstoff beschäftigen müssen. Zum Beispiel: »Morgen werden wir ein Gedächtnisspiel spielen, das auf der Kenntnis von der Lage der Länder in der Welt beruht. Seht euch euren Atlas an . . .«
- Nutzen Sie jedes Spiel als Gelegenheit, sportliche Fairneß zu entwickeln, und vermeiden Sie, daß Unterlegenheits- oder Überlegenheitsgefühle entstehen.
- Lehren Sie die Schüler, nach den Regeln zu spielen (und nur dann ihre eigenen Regeln festzulegen, wenn sie dazu aufgefordert werden). Bringen Sie ihnen bei, die Regeln der Gesellschaft genauso zu respektieren, wie sie die ›Spielregeln‹ respektieren.
- Geben Sie den Schülern Gelegenheit, bei den Spielen als Anführer zu fungieren, um ihre Führungseigenschaften heranzubilden.

Zusammenfassung einiger wichtiger Unterrichtsvorgänge

Vorbereitung

- Spielen Sie jedes Spiel selbst.
- Seien Sie sich über die Regeln im klaren.
- Sorgen Sie für verständliche Erklärungen.
- Bedenken Sie Fragen der Schüler im voraus.
- Bereiten Sie Fragen, Übungen und Varianten vor.
- Beschaffen Sie alle erforderlichen Materialien.
- Planen Sie die Aufbewahrung, Verteilung und das Einsammeln der Materialien.

Abhalten einer Unterrichtsstunde

- Sorgen Sie für Aufwärm-Aktivitäten.
- Gehen Sie die Hausaufgaben durch.

- Weisen Sie jedem Schüler das geeignete Spiel auf dem richtigen Niveau zu
- Ändern Sie die Schwierigkeitsstufen nach Bedarf.
- Beziehen Sie alle Schüler dauerhaft ein.

Diskussionen leiten

- Spiele:
  Warum ist dieser Zug erfolgt?
  Was wäre auch möglich gewesen?
  Was war vorteilhaft?
  Was nicht?
- Spielprinzipien:
  Was habt ihr gelernt?
  Wie hätte man anders herangehen können?
  Welche Varianten gibt es?
- Anwendung der Prinzipien:
  Wo könnt ihr das anwenden?
  Inwieweit sind Situationen im Spiel und im Leben ähnlich?

3. Kapitel

Verarbeitung von Informationen

In diesem Kapitel finden Sie eine Einführung in die Denkfähigkeit der Informationsverarbeitung, drei Musterlektionen für den Unterricht sowie Regeln für zusätzliche Spiele, mit denen sich die Fähigkeit ausbilden läßt.

Die Fähigkeit der Informationsverarbeitung (Deduktive Logik)

In vielen Situationen ist irgend etwas nicht in Ordnung, und man muß Informationen einholen und mit ihnen herausfinden, wodurch das Problem verursacht wird. Einige Beispiele aus dem Berufsleben: Ein Arzt geht den Symptomen eines Patienten auf den Grund, ein Automechaniker prüft, warum ein Wagen nicht fährt, und ein Küchenchef versucht festzustellen, warum eine Speise mißlungen ist. Die Fähigkeit der *Informationsverarbeitung* erlaubt es, auf effiziente Art und Weise viele Möglichkeiten auf eine einzige zu reduzieren. Wie wir noch sehen werden, gewöhnt man sich beim Lernen dieser Fähigkeit ganz allgemein organisiertes, systematisches Denken an.

Lektionsübersicht

Erste Lektion

Sie stellen vier neue Spiele vor, die Sie zuerst selbst gegen die ganze Klasse spielen, danach lassen Sie die Schüler untereinander in Zweier- oder Vierergruppen spielen. Sie zeigen auf, wie man durch diese Spiele lernt, viele Möglichkeiten auf eine einzige zurückzuführen und in Ja/Nein-Situationen effizient zu raten, und dabei seine Fortschritte ständig verfolgen kann.

Zweite Lektion

Sie führen ein schwierigeres Spiel ein, mit dem die Schüler die in der 1. Lektion gelernten Fähigkeiten schulen und erweitern können. Sie besprechen mit ihnen, wie man in Situationen mit mehr als zwei möglichen Resultaten effektiv rät, und demonstrieren ihnen die Verbesserung ihrer Denkfähigkeiten, die sie bereits erreicht haben.

Dritte Lektion
Sie geben eine Reihe neuer Situationen vor, in denen die Schüler die gelernten Fähigkeiten anwenden können. Sie diskutieren mit ihnen die allgemeinen Denkfähigkeiten, die durch dieses Spiel verbessert werden. Dann fassen Sie zusammen und ziehen Schlußfolgerungen auf den Denkprozeß und das gelernte Gedankenbild oder Prinzip. Sie lassen die Schüler üben, diese allgemeinen Fähigkeiten auch noch in anderen Lebenslagen anzuwenden.

1. Lektion – Ja/Nein-Situationen

Hintergrund

Erklären Sie der Klasse, daß in vielen Situationen etwas nicht in Ordnung ist und man Informationen einholen und verarbeiten muß, um herauszufinden, wodurch das Problem verursacht wird. Bringen Sie dieses Beispiel:

> Mein Kassettenrecorder läuft nicht. Viele unterschiedliche Dinge können das Problem verursachen. Vielleicht ist die Batterie leer. Wenn ich die Batterie durch eine andere ersetze, von der ich weiß, daß sie in Ordnung ist, und der Kassettenrecorder immer noch nicht läuft, dann weiß ich, daß die Batterie nicht das Problem war. Ich versuche also etwas anderes.

Erklären Sie den Schülern, daß sie in dieser Lektion langsam lernen werden, wie man viele Möglichkeiten auf effiziente Art und Weise auf nur eine reduziert.

Lernziele

- Fortschritte laufend zu verfolgen.
- In einer Ja/Nein-Situation effizient zu raten.
- Alternativen zu klassifizieren und in Gruppen zu ordnen.
- Aus vielen Elementen ein unbekanntes herauszufinden.

Unterrichtsverfahren

In dieser Lektion stellen Sie der Klasse vier neue Spiele vor. Beginnen Sie mit dem folgenden einfachen Spiel:

Ein neues Spiel

DIE GEHEIME ZAHL

Ziel des Spiels:
Herausfinden der geheimen Zahl

Anzahl der Spieler:
Zwei

Benötigtes Material:
Papier und Bleistift

Spielablauf:
Spieler A schreibt eine Zahl von 1 bis 25 auf und hält sie verdeckt. Spieler B stellt eine Frage nach der geheimen Zahl, die mit »ja« oder »nein« beantwortet werden kann. Zum Beispiel: »Ist die geheime Zahl größer als 10?«

- Wenn die geheime Zahl zwischen 11 und 25 liegt, wird Spieler A mit »ja« antworten.
- Wenn die geheime Zahl zwischen 1 und 10 (10 eingeschlossen) liegt, wird Spieler A mit »nein« antworten.

Das Spiel setzt sich fort, indem Spieler B weitere Ja/Nein-Fragen stellt, bis die geheime Zahl gefunden wird. Dann tauschen die beiden Spieler die Rollen: Spieler B wählt eine geheime Zahl, und Spieler A muß sie herausfinden.

Der Spieler, der die geheime Zahl festgelegt hat, bekommt für jede Frage, die der andere Spieler gestellt hat, einen Punkt. Spielen Sie drei, fünf oder zehn Runden. Der Spieler mit der höheren Gesamtpunktzahl gewinnt.

Hinweise für den Unterricht

Spielen Sie dieses Spiel gegen die Klasse, wobei Sie als Spieler A und die ganze Klasse als Spieler B auftreten. Folgendermaßen könnte das Spiel verlaufen:

Sie schreiben die Zahl 14 auf.
- Ein Schüler fragt: »Ist die geheime Zahl größer als 10?«
- Sie sagen: »Ja.«

Die Schüler wissen nun, daß es 11, 12, 13, 14, 15, 16, 17, 18, 19, 20, 21, 22, 23, 24 oder 25 sein muß.

- Ein anderer Schüler fragt: »Ist die geheime Zahl größer als 18?«
- Sie sagen: »Nein.«

Es muß also 11, 12, 13, 14, 15, 16, 17 oder 18 sein.

- Ein anderer Schüler fragt: »Ist die geheime Zahl größer als 13?«
- Sie sagen: »Ja.«

Jetzt muß es 14, 15, 16, 17 oder 18 sein.

- Ein anderer Schüler fragt: »Ist die geheime Zahl größer als 15?«
- Sie sagen: »Nein.«

Sie wissen nun, daß es 14 oder 15 sein muß.

- Ein anderer Schüler fragt: »Ist es 15?«
- Sie sagen: »Nein.«

Die Schüler wissen nun, daß es 14 sein muß.

Zeigen Sie der Klasse ein einfaches Schema wie das nachstehende, mit dem man laufend verfolgen kann, was für Möglichkeiten es in diesem Spiel noch gibt. Zuerst notieren Sie alle möglichen Zahlen. Nach jeder Antwort auf eine Frage streichen oder radieren Sie alle jene Zahlen aus, die nicht mehr möglich sind.

---

1 2 3 4 5 6 7 8 9 10 11 12 13 14 15 16 17 18 19 20 21 22 23 24 25

Größer als 10? JA

11 12 13 14 15 16 17 18 19 20 21 22 23 24 25

Größer als 18? NEIN

11 12 13 14 15 16 17 18

Größer als 13? JA

14 15 16 17 18

Größer als 15? NEIN

14 15

Ist es 15? NEIN

14

Die geheime Zahl muß 14 sein.

Informationsschema für das Raten geheimer Zahlen

Achten Sie darauf, daß man auch andere Ja/Nein-Fragen stellen kann. Zum Beispiel:

- Ist es eine ungerade Zahl (1, 3, 5, 7 usw.)?
- Setzt sich die Zahl nur aus geraden Linien zusammen (1, 4, 7)?

Aus diesem Spiel kann man lernen, wie man effektiv rät. Machen Sie deutlich, daß eine effiziente Frage die Hälfte aller Möglichkeiten ausschließt, gleichgültig ob die Antwort nun »ja« oder »nein« lautet.

Praktische Übungen

Hier finden Sie einige Übungen für Ihre Schüler sowie einige Beispielantworten. *Andere Antworten, die die Hälfte aller Möglichkeiten ausschließen, gleichgültig ob die Antwort »ja« oder »nein« lautet, sind ebenfalls richtig.*

1. Was wäre eine effiziente Frage nach einer geheimen Zahl zwischen 101 und 200?
   Antwort: – Ist sie kleiner als 151?
   – Ist sie größer als 150?
   – Ist es eine gerade Zahl?
2. Was wäre eine effiziente Frage nach einem geheimen Buchstaben in der Gruppe A, B, C, D, E, F, G, H, I, J?
   Antwort: – Steht er im Alphabet vor dem F?
3. Was wäre eine effiziente Frage nach einem geheimen Buchstaben in der Gruppe C, D, E, F, H, J?
   Antwort: – Ist er unter den Buchstaben C, D und E?
   – Setzt er sich nur aus geraden Linien zusammen?
4. Was wäre eine effiziente Frage nach einer der Figuren aus Abbildung 1?
   Antwort: – Besteht sie aus vier oder mehr geraden Linien?

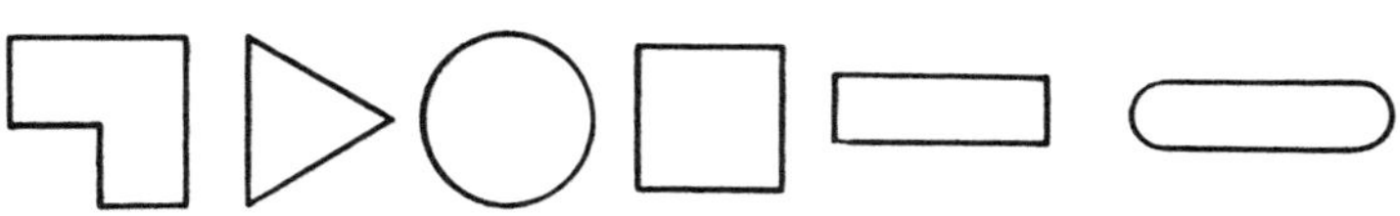

Abbildung 1
Was wäre hier eine effiziente Frage?

Das nächste Spiel lehrt ebenfalls die Fähigkeit, effizient zu raten. Statt einer geheimen Zahl muß jetzt ein geheimes Punktmuster, das eine der Ziffern von 0 bis 9 (siehe Abbildung 2a) bildet, gefunden werden.

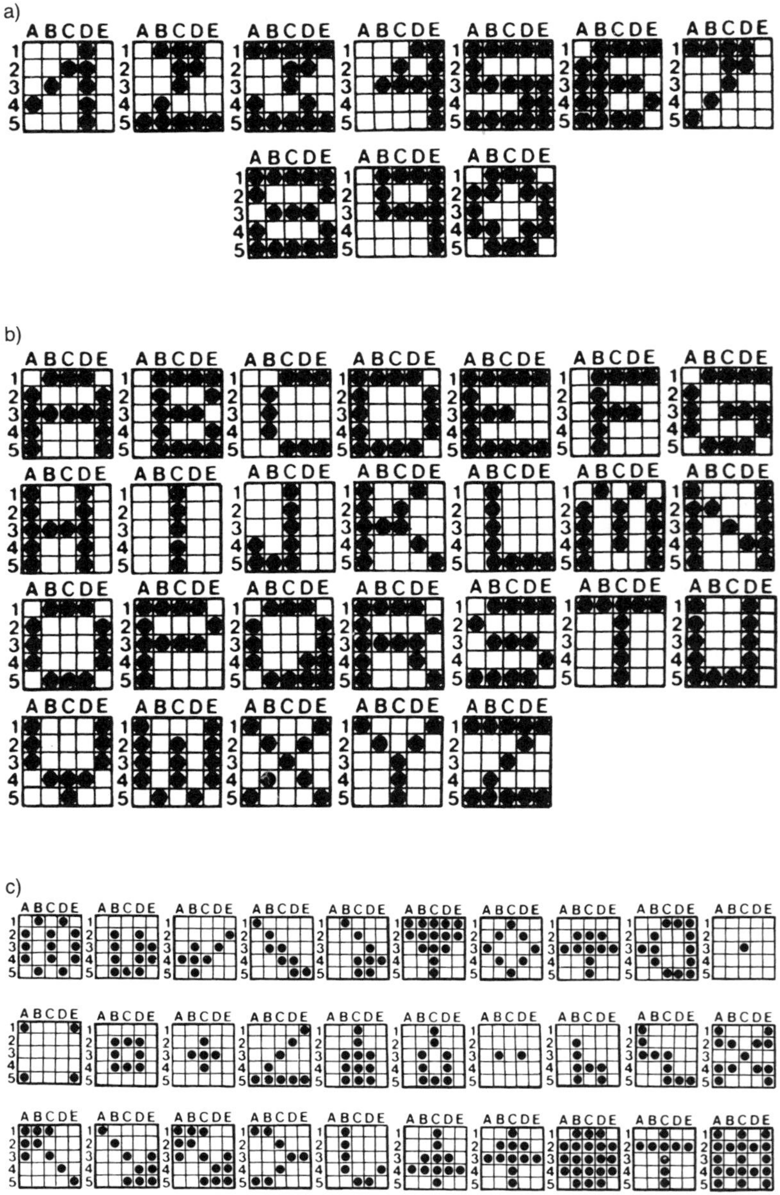

Abbildung 2

Geheime Computerzeichen

Ein neues Spiel

GEHEIME COMPUTERZEICHEN

Ziel des Spiels:
Herausfinden der geheimen Ziffer

Anzahl der Spieler:
Zwei

Benötigtes Material:
Papier und Bleistift, eine Kopie von Abbildung 2

Spielablauf:
Spieler A schreibt eine geheime Ziffer von 0 bis 9 auf. Spieler B fragt, ob ein bestimmtes Koordinatenfeld, so wie die Ziffer in Abbildung 2a dargestellt ist, einen Punkt enthält. Zum Beispiel: »Hat die geheime Ziffer in D 2 einen Punkt?«

- Wenn die geheime Computerzahl 0, 1, 2, 3 oder 7 ist, wird Spieler A mit »ja« antworten.
- Wenn die geheime Computerzahl 4, 5, 6, 8 oder 9 ist, wird Spieler A mit »nein« antworten.

Das Spiel setzt sich fort, bis Spieler B bis auf die geheime Ziffer alle anderen ausgeschlossen hat. Spieler A bekommt für jedes Koordinatenfeld, nach dem Spieler B gefragt hat, einen Punkt. Dann tauschen die beiden Spieler die Rollen, um eine Runde abzuschließen: Derjenige, der die geheime Ziffer gewählt hatte, muß sie nun herausfinden – und umgekehrt. Spielen Sie drei, fünf oder zehn Runden. Der Spieler mit der höheren Gesamtpunktzahl gewinnt.

Variante:
Spieler A wählt keine Ziffer, sondern einen geheimen Buchstaben, wie er in Abbildung 2b dargestellt ist.

Variante:
Spieler A wählt keine Ziffer, sondern ein geheimes Muster, wie es in Abbildung 2c dargestellt ist.

Variante:
Spieler A wählt entweder eine geheime Ziffer oder einen geheimen Buchstaben oder ein geheimes Muster aus den Abb. 2a, 2b und 2c.

Hinweise für den Unterricht

In diesem Spiel können Sie dasselbe einfache Schema wie zuvor benutzen, um die verbleibenden Möglichkeiten ständig zu übersehen: Zuerst notieren Sie alle möglichen Ziffern und streichen oder radieren nach jeder Antwort auf eine Frage jene Ziffern aus, die nicht mehr möglich sind.

Was wäre in diesem Spiel eine effiziente erste Frage? Das ist nicht so offensichtlich wie zuvor.

Sie müssen sich jedes Koordinatenfeld (A 1, A 2, A 3 usw.) ansehen, um festzustellen, welche Ziffern in dieser Position einen Punkt haben:

A 1: 3, 5, 7, 8	A 2: 5, 6, 8, 0,
A 3: 5, 6, 0	A 4: 1, 3, 6, 8, 0
A 5: 2, 3, 5, 6, 7, 8	B 1: 2, 3, 5, 6, 7, 8, 9, 0
B 2: 6, 9, 0	usw.

Sie suchen nach einem Feld, in dem fünf Computerziffern einen Punkt haben und die anderen fünf nicht.

Im Feld A 1 zum Beispiel haben vier Ziffern einen Punkt (3, 5, 7 und 8) und sechs nicht. Wenn Sie also fragen, ob die geheime Ziffer in A 1 einen Punkt hat, werden Sie nicht bei jeder Antwort die Hälfte aller Möglichkeiten ausschließen können. A 1 ist demnach keine effiziente erste Frage.

Aber A 1 könnte später eine effiziente Frage sein. Nehmen wir an, es sind bereits einige Fragen gestellt worden, und nur 1, 4, 5 und 7 bleiben als mögliche geheime Ziffern übrig. Nun wäre A 1 eine effiziente Frage, weil »5« und »7« einen Punkt in A 1 haben, »1« und »4« jedoch nicht.

Beachten Sie einen dynamischen Aspekt dieses Spiels: In manchen Situationen wäre A 1 keine effiziente Frage, in anderen jedoch sehr wohl. Das allgemeinere Prinzip ist hier, daß ein bestimmter Zug zu einem Zeitpunkt eines Spiels schwach sein kann, aber gut zu einem anderen Zeitpunkt.

Nun müssen wir eine effiziente erste Frage finden. A 4 wäre eine solche: Fünf verschiedene Ziffern haben in dieser Position einen Punkt, fünf haben keinen.

Um in dem Spiel *Die geheime Zahl* effizient zu raten, brauchte man einfach nur nach Zahlen zu fragen, die genau oder fast in der Mitte stehen. Das Spiel *Geheime Computerzeichen* jedoch erfordert einen zusätzlichen Schritt: Man muß abzählen, wie viele Ziffern auf einem bestimmten Feld einen Punkt haben. Man muß dies vielleicht sogar mehrmals tun, um eine Position zu finden, in der genau die Hälfte aller Zahlen einen Punkt hat. Wir sagen, daß *Geheime Computerzeichen* auf einem höheren Niveau in bezug auf *Verarbeitung von Informationen* steht als *Die geheime Zahl.*

Wenn Sie von *Geheime Computerzeichen* mit Ziffern zu demselben Spiel mit Buchstaben übergehen, begeben Sie sich *nicht* auf ein höheres Niveau. Sie haben es lediglich mit anderen Elementen (Buchstaben anstelle von Ziffern) und einer größeren Anzahl (26 statt 10) zu tun. Das Spiel und die beteiligten Denkfähigkeiten haben sich jedoch nicht wesentlich verändert.

Es ist von Nutzen, von Ziffern zu Buchstaben überzugehen, weil dieselbe Denkfähigkeit an verschiedenen Objekten geschult wird. Je unterschiedlicher die Materialien und Arbeitsweisen sind, mit deren Hilfe die Schüler eine Fähigkeit üben, desto leichter werden sie den Transfer dieser Fähigkeit in neue Zusammenhänge leisten.

Praktische Übungen

1. Nehmen wir an, Sie spielen *Geheime Computerzeichen* mit den Buchstaben und Zahlen der Abbildung 2, und einige sind bereits ausgeschlossen. Unten sind jeweils die noch verbliebenen Muster aufgeführt. Wie würde eine effiziente nächste Frage aussehen?

a) 1, 3, 6, 8, L, R, T, X
Antwort: Hat das geheime Zeichen einen Punkt in D 3 (oder D 4)?

b) 2, 3, 4, D, J, M, Y, Z
Antwort: Hat das geheime Muster einen Punkt in A 1 (oder E 1 oder D 2 oder A 4 oder D 5)?

c) 5, 7, B, E, H, K, N, P
Antwort: Hat das geheime Muster einen Punkt in E 1 (oder D 3 oder D 4 oder D 5)?

2. Lassen Sie die Schüler sich gegenseitig Aufgaben dieser Art stellen, und überprüfen Sie die jeweiligen Antworten. Von Fall zu Fall kann es mehr als eine oder auch gar keine effiziente Frage geben, durch die genau die Hälfte aller Möglichkeiten ausgeschlossen wird.

Es folgt ein neues Spiel, das einen weiteren Kontext für das Lernen effizienter Fragestellungen in Ja/Nein-Situationen bereitstellt.

Ein neues Spiel

DIE GEHEIME KARTE

Spieler A wählt aus den Zahlen-, Buchstaben- und Figurenkarten der Grundausstattung 16 Karten und legt sie aus. Spieler B stellt Ja/Nein-Fragen, um herauszufinden, welche die geheime Karte ist.

Hinweise für den Unterricht

Durchführung eines Musterspiels mit der Klasse:

1. Zeichnen Sie die Figuren der 16 Karten aus Abbildung 3a an die Tafel. Die Schüler können die Anordnung mit ihren eigenen Karten auf ihren Tischen nachmachen.
2. Zeichnen Sie eine dieser Figuren auf ein einzelnes Blatt Papier, das niemand sehen darf.
3. Die Klasse muß Ihre geheime Karte herausfinden, indem sie Fragen stellt, die allein mit »ja« oder »nein« beantwortet werden können. Sie darf die Karten nicht zu Gruppen zusammenschieben oder auf sie zeigen. Jede Frage muß klar in Worten ausgedrückt werden.
4. Nach jeder Antwort, die Sie gegeben haben, nehmen Sie (und die Schüler an ihren Tischen) alle jene Karten weg, die von weiteren Überlegungen ausgeschlossen werden können. Setzen Sie das Frage- und Antwortspiel fort, bis nur noch die geheime Karte übriggeblieben ist.

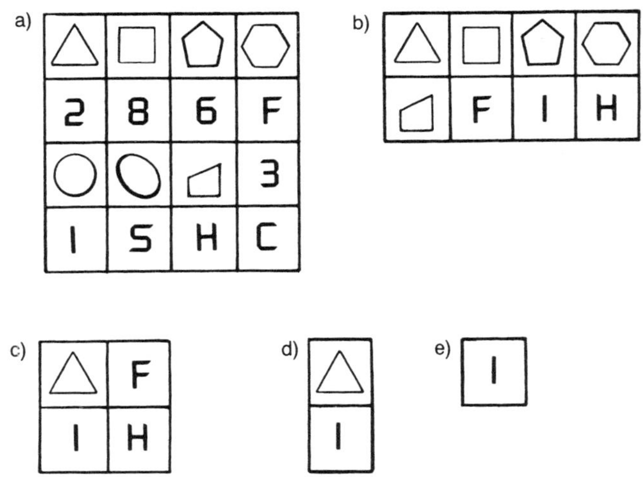

Abbildung 3
Die geheime Karte (Musterspiel)

In diesem Spiel wird die beste erste Frage die 16 Karten in zwei Achtergruppen teilen, so daß die Hälfte der Möglichkeiten ausgeschlossen wird, gleichgültig ob die Antwort »ja« oder »nein« lautet. Aber hier kann man nicht einfach wie im letzten Spiel Punkte zählen, um zu einer effizienten Frage zu kommen. Man muß seine Phantasie spielen lassen, um Kategorien zu schaffen, die die Karten in zwei gleichgroße Gruppen aufteilen.

Das Spiel könnte folgendermaßen ablaufen:
- Besteht die Figur auf der Karte aus geraden Linien?
- Ja. (Siehe Abbildung 3b)
- Besteht die Figur auf der Karte aus mehr als drei geraden Linien?
- Nein. (Siehe Abbildung 3c)
- Sind zwei Linien der Figur parallel?
- Nein. (Siehe Abbildung 3d)
- Ist die Figur ein Dreieck?
- Nein. (Siehe Abbildung 3e)
- Die Figur ist also der Buchstabe »I«.

Praktische Übungen

1. Lassen Sie die Klasse dieses Spiel paarweise spielen, und zwar unter Verwendung
   - der Zahlen-, Buchstaben- und Formenkarten,
   - der Zahlen, Buchstaben-, Formen- und Mosaikkarten,
   - der Bilderkarten,
   - aller Karten.
2. Lassen Sie jedes Klassenmitglied 16 Karten als Aufgabe für die anderen Schüler auswählen, eine effiziente erste Frage zu entwerfen.

Das wohlbekannte Spiel *20 Fragen* bietet noch einen weiteren Kontext, in dem effiziente Fragen in Ja/Nein-Situationen zu stellen geübt wird, und führt auf ein noch höheres Niveau.

20 FRAGEN

Spieler A denkt sich (und notiert) eine Person, einen Ort, einen Gegenstand, ein Ereignis usw. Spieler B muß es herausfinden, indem er Fragen stellt, die mit »ja« oder »nein« beantwortet werden können.

Hinweise für den Unterricht

Spielen Sie dieses Spiel mit der Klasse. Grenzen Sie den *Bereich (Grundmenge)* der Personen, Örtlichkeiten usw., an die Sie denken, ein, damit die Klasse es leichter hat, effiziente erste Fragen zu stellen, durch die die Hälfte aller Möglichkeiten ausgeschlossen werden, egal wie die Antwort lautet.

Hier folgen einige Beispiele:

1.
Spieler A: »Ich denke an einen Gegenstand in diesem Zimmer.«
Spieler B: (zieht von einer Ecke zur gegenüberliegenden eine gedachte Diagonale quer durch den Raum) »Befindet er sich auf dieser Seite (zeigt) des Zimmers?«
Kommentar: Diese Frage ist in unserem Sinn nur dann effizient, wenn sich in beiden Teilen des Zimmers gleich viele Gegenstände befinden.

2.
Spieler A: »Ich denke an einen Gegenstand in diesem Zimmer.«
Spieler B: Denkst du an einen Gegenstand auf der linken Seite des Zimmers?
Kommentar: Diese Frage ist nur dann effizient, wenn sich die Hälfte aller Gegenstände auf der linken Seite des Zimmers befindet.

3.
Spieler A: »Ich denke an ein wohlbekanntes Ereignis, das an einem berühmten Jahrestag stattgefunden hat.«
Spieler B: »Hat es in einem Jahr mit ungerader Jahreszahl stattgefunden?«
oder
Spieler B: »Hat es zwischen Januar und Juni stattgefunden?«

4.
Spieler A: »Ich denke an jemanden in dieser Klasse.«
Spieler B: »Denkst du an eine weibliche Person?«
Kommentar: Dies ist nur dann eine effiziente Frage, wenn die Hälfte der Klasse weiblich ist. Dieselbe Frage wäre jedoch *nicht* effizient, wenn Spieler A die Grundmenge durch die Aussage eingeschränkt hätte: »Ich denke an einen berühmten Fußballspieler.«

5.
Spieler A: »Ich denke an jemanden, der in diese Schule geht.«
Spieler B: »Befindet sich die Person, an die du denkst, jetzt in diesem Zimmer?«
Kommentar: Es ist unwahrscheinlich, daß sich die Hälfte der Grundmenge (jeder, der in diese Schule geht) im Zimmer befindet.

6.
Spieler A: »Ich denke an einen Gegenstand in diesem Zimmer.«
Spieler B: »Denkst du an einen Gegenstand auf dem Fußboden?«
Kommentar: Es ist unwahrscheinlich, daß sich die Hälfte der Grundmenge (alle Gegenstände im Zimmer) auf dem Fußboden befindet.

7.
Spieler A: »Ich denke an ein Land.«
Spieler B: »Befindet es sich in der nördlichen Hemisphäre?«
Kommentar: Der Äquator teilt den Globus in gleich große Gebiete, die nördliche und die südliche Halbkugel, aber es gibt viel mehr Länder auf der Nordhalbkugel. Dies ist also keine effiziente erste Frage. Hier erkennen Sie die Wichtigkeit von *Kenntnissen* bei der Anwendung von Denkfähigkeiten.

8.
Spieler A: »Ich denke an ein Land.«
Spieler B: »Beginnt sein Name mit einem Buchstaben zwischen ›A‹ und ›M‹?«
Kommentar: A bis M decken die erste Hälfte des Alphabets ab, aber beginnen die Namen der Hälfte der Länder in der Welt auch mit einem Buchstaben aus diesem Bereich? Tatsächlich trifft das für fast die Hälfte von ihnen zu. Dies wäre also eine ziemlich gute erste Frage. Wiederum sieht man die Bedeutung von Kenntnissen.

Wenn die Schüler mit Familienangehörigen oder Freunden spielen, können sie individuellere Grundmengen wählen, weil gemeinsames spezielles Wissen vorhanden ist.

9.
Spieler A: »Ich denke an einen entfernten Verwandten.«
Spieler B: »Auf der väterlichen Seite der Familie?«

10.
Spieler A: »Ich denke an jemanden, der ein enger Freund von dir und mir ist.«
Spieler B: »Hat die Person zwischen Juli und Dezember Geburtstag?«

Praktische Übungen

Lassen Sie die Klasse *20 Fragen* paarweise spielen, wobei sich abwechselnd jeder Spieler eine Person aus einem speziellen Gebiet (Sport, Geschichte, Politik, Film usw.) ausdenkt. Da man nicht alle Möglichkeiten auflisten kann, muß man sich effiziente *Gruppen* überlegen, nach denen man fragt, zum Beispiel:

Sport: Ist die Person ein Fußballspieler?
Ist die Person gegenwärtig ein aktiver Spieler?
Geschichte: Ist die Person in der europäischen Geschichte von Bedeutung?
Lebte die Person im neunzehnten Jahrhundert?

Politik: Ist die Person Staatsoberhaupt eines Landes?
Ist die Person ein Lokalpolitiker?
Film: Ist die Person Schauspieler?
Macht die Person gegenwärtig noch Filme?
Spielt die Person Komikerrollen?

Rückblick

Gehen wir diese Lektion noch einmal durch.

In allen bisherigen Spielen muß ein Spieler ein Element (Zahl, Computerzeichen, Figurenkarte, Person usw.) aus vielen herausfinden, indem er Fragen stellt, die mit »ja« oder »nein« beantwortet werden können. Eine effiziente Frage reduziert die Möglichkeiten um die Hälfte, wie auch immer die Antwort lautet.

Durch fortschreitende Gewöhnung an das Stellen effizienter Fragen führt jedes Spiel auf ein höheres Niveau der *Verarbeitung und Nutzung von Informationen.*

- DIE GEHEIME ZAHL. Zahlen sind der Größe nach geordnet. Man muß nur fragen, ob die geheime Zahl größer (oder kleiner) als die Zahl in der Mitte ist.
- GEHEIME COMPUTERZEICHEN. Man muß zuerst ein Feld finden, in dem die Hälfte der betrachteten Zeichen einen Punkt hat und die andere Hälfte nicht, bevor man eine effiziente Frage stellen kann. Man lernt, daß eine Frage, die zunächst nicht effizient ist, in einer späteren Phase sehr wohl effizient werden kann.
- DIE GEHEIME KARTE. Hier muß man einen Weg finden, die Karten zu Kategorien gleicher Größe zusammenzufassen, bevor man eine effiziente Frage stellen kann.
- 20 FRAGEN. In diesem Spiel kann man normalerweise nicht sofort alle möglichen Elemente auflisten oder erkennen. Man muß seine Phantasie und Kreativität in noch stärkerem Maße bemühen, um die Elemente so zu Kategorien gleicher Größe zusammenzufassen, daß effiziente Fragen möglich werden.

2. Lektion – Situationen mit mehr als zwei Resultaten

Hintergrund

In den Spielen *Die geheime Zahl, Geheime Computerzeichen* und *Die geheime Karte* konnte man alle möglichen Antworten (Zahlen, Ziffern, Buchstaben, Figuren und Karten) von Anfang an übersehen. Die Schüler haben gelernt, wie sie vorankommen können und daß durch eine effiziente Frage die Hälfte der Möglichkeiten ausgeschlossen wird, egal ob die Antwort »ja« oder »nein« lautet.

Im nächsten Spiel müssen die Schüler alle möglichen Antworten *entwickeln* (wie sie es im Spiel *20 Fragen* getan haben). Gleichzeitig müssen sie einen Weg finden, auf dem laufenden zu bleiben und effiziente Fragen zu stellen, wenn nicht alle Fragen einfach mit »ja« oder »nein« beantwortet werden.

Das nächste Spiel führt deshalb nochmals auf ein höheres Niveau.

Die Klasse muß herausfinden, welche zwei geheimen Buchstaben Sie ausgesucht haben. Die Schüler raten Buchstabenpaare, und Sie antworten, indem Sie sagen, wie viele Buchstaben in jedem geratenen Paar (0, 1 oder 2) zu den beiden gehören, die Sie gewählt haben.

Lernziele

- Alle Möglichkeiten systematisch aufzulisten.
- Sukzessive Fortschritte zu erzielen.
- Effiziente Fragen zu stellen, wenn sich mehr als zwei Resultate ergeben können.

Unterrichtsverfahren

Es folgen die Regeln des Spiels:

Ein neues Spiel

DIE SUCHE NACH ZWEI GEHEIMEN BUCHSTABEN

Ziel des Spiels:
Aus fünf Buchstaben zwei geheime herausfinden.

Anzahl der Spieler:
Zwei

Benötigtes Material:
Papier und Bleistift

Spielablauf:
Spieler A schreibt aus der Gruppe A, B, C, D, E verdeckt zwei verschiedene Buchstaben auf. Spieler B wählt zwei Buchstaben, über die er

Informationen haben will, und schreibt sie nebeneinander in eine Zeile. Spieler A macht für jeden der geheimen Buchstaben, den die Zeile enthält, ein X neben die Reihe. Wenn keiner der Buchstaben in der Zeile einer der geheimen ist, macht er einen kurzen waagerechten Strich (–) neben die Reihe.

Das Spiel geht weiter, indem Spieler B weitere Zeilen schreibt und Spieler A mit X und Strichen Informationen gibt, bis Spieler B die beiden geheimen Buchstaben herausgefunden hat.

Spieler A bekommt für jede Buchstabenreihe, die Spieler B gebraucht hat, einen Punkt. Anschließend tauschen die Spieler die Rollen: Spieler B schreibt die geheimen Buchstaben auf, Spieler A muß sie herausfinden. Nach einigen Runden gewinnt der Spieler mit der höheren Punktzahl.

Variante:
Spieler A wählt nicht zwei, sondern drei geheime Buchstaben, und zwar aus den Buchstaben von A bis J.

Hinweise für den Unterricht

Wenn Sie dieses Spiel der Klasse vorstellen, sagen Sie den Schülern, daß Sie ihnen ein weiteres neues Spiel zeigen werden. Verwenden Sie den folgenden Text (oder drücken Sie dieselben Gedanken mit Ihren eigenen Worten aus):

»Ich denke mir zwei Buchstaben aus der Gruppe A, B, C, D, E. Die beiden Buchstaben sind verschieden. Ich werde sie hier aufschreiben.«
(Schreiben Sie »C« und »E« auf ein Blatt Papier, so daß niemand sehen kann, was Sie schreiben, und drehen Sie das Blatt dann um.)
»Ich möchte, daß ihr herausfindet, welche Buchstaben ich mir gedacht habe. Um das zu schaffen, ratet ihr, wie meine Buchstaben lauten, und ich sage euch, inwieweit ihr richtig geraten habt.
Die Reihenfolge, in der ich die Buchstaben aufgeschrieben habe, spielt keine Rolle. Wenn ich beispielsweise ›AB‹ aufgeschrieben habe und ihr ›BA‹ ratet, dann wäre das richtig, genauso wie wenn ihr ›AB‹ geraten hättet.
Es darf nur einzeln nacheinander geraten werden, aber ihr könnt alle Informationen benutzen, die ich bis zu eurer Frage gegeben habe, um die Buchstaben, die ich aufgeschrieben habe, herauszufinden.
Versucht, so wenige Male wie möglich zu raten, um zum Ziel zu kommen. Also, wer will als erster zwei Buchstaben raten? Meldet euch.«

Rufen Sie einen Schüler auf, der sich gemeldet hat. Wenn sich niemand meldet, rufen Sie den ersten Schüler in der ersten Reihe auf.

Nachstehend führen wir alle möglichen ersten Rateversuche auf, die ein Schüler machen könnte, und sagen Ihnen, was Sie bei jedem erwidern sollten, falls Ihre geheimen Buchstaben »C« und »E« sind.

Schüler rät:	**Sie sagen:**
AB, AD, BA, BD, DA oder DB	*»Du hast beide Buchstaben falsch geraten.«*
AC, AE, BC, BE, CA, CB, CD, DC, DE, EA, EB oder ED	*»Du hast einen Buchstaben richtig geraten.«*
CE oder EC	*»Du hast beide Buchstaben richtig geraten!« Dann zeigen Sie der Klasse Ihr Blatt Papier.*
AA, BB, CC, DD oder EE	*»Du mußt zwei verschiedene Buchstaben raten. Rate noch einmal.«*

Wenn der Rateversuch andere Buchstaben als A, B, C, D oder E enthält, sagen Sie: »Wir benutzen jetzt nur die Buchstaben A, B, C, D und E. Bitte rate noch einmal.«

Nach dem ersten Rateversuch rufen Sie einen anderen Schüler auf, der weiterraten soll, es sei denn, beide Buchstaben wurden auf Anhieb richtig geraten. Halten Sie an der Tafel jeden Rateversuch und Ihre Antwort darauf fest. Benutzen Sie einen Strich (»–«), um anzuzeigen, daß beide Buchstaben falsch waren, und ein »X«, um anzuzeigen, daß genau ein Buchstabe richtig geraten wurde.

Beispiel:
Der erste Schüler hat »AB« geraten. Um den Rateversuch und das Resultat festzuhalten, schreiben Sie »AB –« an die Tafel:

1. AB –

Erklären Sie, daß der Strich bedeutet: Beide Buchstaben falsch geraten.

Jetzt rät der zweite Schüler »DE«. Schreiben Sie »DE X« unter das, was Sie vorher geschrieben haben. Erklären Sie, daß das »X« bedeutet: Entweder das »D« oder das »E« (aber nicht beide!) ist einer der zu erratenden Buchstaben. An dieser Stelle sieht das Protokoll so aus.

1. AB –
2. DE X

Setzen Sie das Spiel fort, indem Sie einen weiteren Schüler aufrufen, bis Ihre beiden Buchstaben (C und E) erraten worden sind.

Hier folgt ein Beispiel, wie ein vollständiges Protokoll zum Schluß aussehen könnte:

1. AB –	3. CD X	5. BC X	7. CE XX
2. DE X	4. AD –	6. AE X	

(Dies ist kein Beispiel für die beste Nutzung der Informationen.)

Zu diesem Zeitpunkt könnten Sie sagen: »In Ordnung, ihr habt bestimmt genug Informationen, so daß ihr wißt, daß ich C und E genommen habe.

Man kann es zum Beispiel so herausfinden: Die Fragen 1 und 4 zeigen, daß ich nicht an A, B oder D gedacht habe, so daß nur noch C und E übrigbleiben.

Noch eine Möglichkeit:

a) Frage 2 verrät, daß ich an ein D oder ein E gedacht haben muß, und Versuch 4 verrät, daß ich nicht an ein D gedacht habe – ich muß also an ein E gedacht haben.
b) Dann entnimmt man Frage 3, daß ich an ein C oder D gedacht haben muß, und Frage 4 verrrät, daß ich nicht an ein D gedacht habe – also muß ich an ein C gedacht haben.
c) Demnach muß ich an ein C und ein E gedacht haben.«

Fragen Sie die Klasse, ob es noch Fragen zum Spielablauf gibt. Gehen Sie auf die nachstehenden Punkte ein:

- Die Klasse muß versuchen, so wenig Fragen wie möglich zu brauchen, um herauszufinden, welche Buchstaben Sie sich ausgedacht haben.
- Die Klasse muß aufgrund der Informationen, die sie bekommt, erschließen, wie die Buchstaben lauten. Die Schüler müssen in der Lage sein, zu beweisen, daß sie recht haben.
- Es kann *mehr als einen Weg* geben, die Buchstaben herauszufinden.
- Um so wenige Versuche wie möglich zu machen, sollte man die Fragen sorgfältig planen und sich vergewissern, daß man die erhaltenen Informationen richtig ausnutzt.

Praktische Übungen

1. Fragen Sie die Schüler, ob sie noch auf anderen Wegen mit Hilfe des obigen Protokolls Ihre geheimen Zahlen herausfinden können.
2. Fragen Sie die Schüler, ob sie Ihre geheimen Zahlen allein aufgrund der Fragen 1, 5 und 6 erschließen können.
   1. AB –
   5. BC X
   6. AE X
3. Spielen Sie das Spiel abermals gegen die Klasse und verwenden Sie dabei Figuren oder Zahlenkarten. Erkundigen Sie sich wieder, ob Fragen bestehen.

4. Fordern Sie jetzt einen Schüler auf, die Rolle von Spieler A zu übernehmen, und rufen Sie Klassenkameraden auf, die raten sollen.
5. Teilen Sie die Klasse in Paare auf. Sie selbst sollten, falls ein Schüler keinen Partner bekommen hat, mit ihm oder ihr ein Paar bilden. Lassen Sie jedes Paar dieses Spiel zehnmal spielen. Die Schüler wechseln von Spiel zu Spiel die Rollen (Spieler mit Geheimnis, ratender Spieler) und spielen in jeder Rolle fünfmal. Fordern Sie jeden Schüler auf,
   - die geheimen Buchstaben mit so *wenigen* Versuchen wie möglich herauszufinden,
   - die Gesamtzahl der in den fünf Spielen benötigten Versuche festzuhalten,
   - diese Informationen auf einem Zettel an Sie weiterzugeben.

Hinweise für den Unterricht

Machen Sie sich anhand der eingesammelten Zettel ein Diagramm, das die Gesamtzahl der von den einzelnen Schülern benötigten Rateversuche in den fünf Spielen der letzten Lektion zeigt. Zeichnen Sie dieses Diagramm an die Tafel.

Wahrscheinlich werden Sie Ergebnisse bekommen, die den in Abbildung 4 gezeigten gleichen. Wenn das der Fall ist, weisen Sie auf die große Schwankungsbreite zwischen den meisten und den wenigsten Rateversuchen hin, und bitten Sie die Klasse um Kommentare. Sie können Bemerkungen über »Glück« und »Können« erwarten.

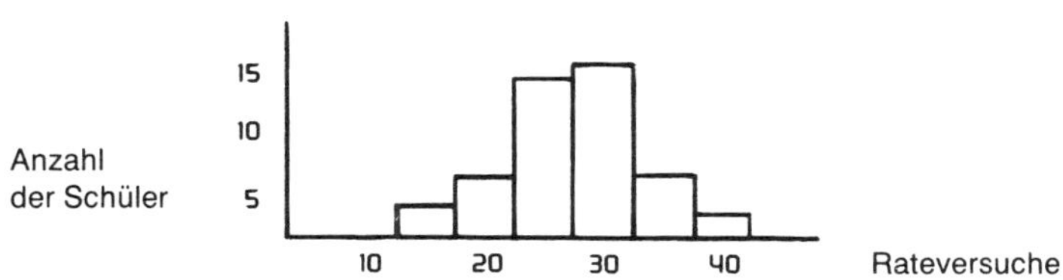

Abbildung 4
Diagramm der von den Schülern in fünf Spielen benötigten Rateversuche

Erklären Sie der Klasse, daß das Glück bei diesem Spiel zwar eine gewisse Rolle spielt, das Können jedoch eine viel größere. Die Schüler können ihre Fähigkeiten verbessern, wenn sie mehr spielen und zwei Techniken beachten:
1. Das Auflisten aller Möglichkeiten in *systematischer* Art und Weise.
2. Man finde eine bequeme Methode, mit der man seine Fortschritte laufend verfolgen kann.

Um den Schülern die *erste* Technik beizubringen, lassen Sie drei gleichzeitig an die Tafel kommen. Bitten Sie jeden Schüler, alle möglichen Paare aus den fünf Buchstaben A, B, C, D und E aufzuschreiben, die in dem Spiel »Die Suche nach zwei geheimen Buchstaben« gewählt werden können.

Es ist unwahrscheinlich, daß alle drei diese Aufgabe vollständig, zügig und mit Selbstvertrauen bewältigen werden. Ein Schüler, der nicht systematisch vorgeht, könnte anfangen, indem er sagt: »Ihre beiden Buchstaben könnten ein A und ein B sein, ein C und ein D, ein A und ein D oder ein B und ein D (oder habe ich B und D schon gesagt?)«

Vergleichen Sie die Aufstellung jedes Schülers mit denen der anderen und mit einer vollständigen Aufstellung (siehe unten). Weisen Sie auf die Unterschiede

- der Methoden, mit denen die drei Schüler an die Aufgabe herangegangen sind,
- der Resultate, die sie erreicht haben,
- der Zeit, die sie gebraucht haben,

hin.

Der Schlüssel zu Genauigkeit, Schnelligkeit und Selbstvertrauen ist *systematisches* Arbeiten. Sie können Ihren Schülern die folgende systematische Vorgehensweise vorführen:

»Stellt euch die beiden unbekannten Buchstaben nebeneinander vor, etwa so:

? ?

Nehmen wir an, der erste Buchstabe (der auf der linken Seite) ist ein A. Dann gehen wir das Alphabet durch, um alle möglichen Paare zu bekommen, die mit ›A‹ beginnen.

AB AC AD AE

(›AA‹ ist nicht möglich, weil die beiden Buchstaben *verschieden* sein müssen.)

Nun nehmen wir an, der erste Buchstabe ist ein ›B‹, und listen alle möglichen Paare auf, die mit ›B‹ beginnen. Anschließend setzen wir der Reihe nach als ersten Buchstaben ein ›C‹, ein ›D‹ und ein ›E‹ und erhalten schließlich alle Möglichkeiten für die beiden Buchstaben:

AB	AC	AD	AE
BA	BC	BD	BE
CA	CB	CD	CE
DA	DB	DC	DE
EA	EB	EC	ED

In den Regeln heißt es jedoch, daß die Reihenfolge der beiden Buchstaben keine Rolle spielt. Dies bedeutet für unser Vorhaben, daß ›BA‹ dasselbe ist wie ›AB‹ und daß ›CA‹ dasselbe ist wie ›AC‹.

Wir suchen alle Fälle, in denen zwei Paare für das Spiel gleich sind, und streichen oder radieren jeweils eines dieser Paare aus.

Dann bleiben noch zehn Möglichkeiten übrig:

AB	AC	AD	AE
	BC	BD	BE
		CD	CE
			DE

Wiederholen wir noch einmal, wie wir systematisch die Möglichkeiten aufgelistet haben.

- Wir sind davon ausgegangen, daß der erste Buchstabe ein ›A‹ ist, und haben dann alle Möglichkeiten für den zweiten Buchstaben aufgelistet.
- Anschließend haben wir der Reihe nach angenommen, daß der erste Buchstabe ein ›B‹, ein ›C‹, ein ›D‹ und ein ›E‹ ist, und haben in jedem Fall alle Möglichkeiten für den zweiten Buchstaben aufgeschrieben.
- Wenn zwei Buchstabenpaare bis auf ihre Reihenfolge gleich waren, haben wir ein Paar herausgeworfen.«

Praktische Übungen

In allen folgenden Übungen spielt die *Reihenfolge* für Elemente keine Rolle.

1. Wie sehen alle Möglichkeiten für zwei verschiedene Karten aus der Gruppe
   □ ■ ◨ ◪ ⊠ aus?
2. Wie sehen alle Möglichkeiten für zwei verschiedene Karten aus der Gruppe
   △ □ ⬠ ○ ⬯ aus?
3. Wie sehen alle Möglichkeiten für zwei Karten aus der Gruppe 1, 2, 3, 4, 5 aus, die gleich oder verschieden sein können?
4. Wie sehen alle Möglichkeiten für drei verschiedene Karten aus der Gruppe I, E, C, T aus?
5. Franz hat folgende Liste der Möglichkeiten für zwei verschiedene Karten aus der Gruppe A, 3, 7, N, 2 gemacht: 72 A7 7N A3 A2 N2 37 AN 32
   Welche eine Möglichkeit hat er ausgelassen?
   Antwort: 3N
6. Lassen Sie die Schüler sich gegenseitig Aufgaben stellen, die den vorigen fünf Beispielen ähnlich sind.

Hinweise für den Unterricht

Jetzt kommen wir zur *zweiten* Technik, einer bequemen Methode, die eigenen Fortschritte laufend zu verfolgen.

Erklären Sie der Klasse, daß die einfachste Methode, auf dem laufenden zu bleiben, die ist, jedes Buchstabenpaar zu streichen, das als Möglichkeit ausgeschlossen worden ist.

Arbeiten Sie ein Musterspiel durch, um den Schülern zu zeigen, wie dies gemacht wird. Hier haben wir als Beispiel das Protokoll eines Spiels, bei dem vier Rateversuche benötigt wurden:

1. AB X
2. CD X
3. EA –
4. AD X

»Wir beginnen (Technik 1) mit allen zehn Möglichkeiten für die beiden geheimen Buchstaben:

AB	AC	AD	AE
	BC	BD	BE
		CD	CE
			DE

Dann nutzen wir jede Einzelinformation, um Möglichkeiten auszuschließen.

1. Der erste Rateversuch ›AB‹ hat ergeben, daß ein Buchstabe richtig ist. Das heißt, entweder ist das ›A‹ oder das ›B‹ einer der geheimen Buchstaben, aber beide können es nicht sein.
   - Ihr könnt AB als Möglichkeit ausschließen, da es sowohl A als auch B enthält. Streicht AB also aus.
   - Ihr könnt auch CD, CE und DE ausschließen, da in keinem dieser Paare ein A oder B vorkommt. Streicht diese Paare aus. Es bleiben übrig:

     AC AD AE
     BC BD BE
2. Der zweite Rateversuch ›CD‹ hat ergeben, daß ein Buchstabe richtig ist.
   - Ihr könnt AE und BE ausschließen, da in keinem dieser Paare ein C oder D vorkommt. Streicht die Paare aus. Es bleiben übrig:

     AC AD
     BC BD
3. Im dritten Rateversuch ›EA‹ waren beide Buchstaben falsch. Das heißt, weder das ›E‹ noch das ›A‹ ist einer der geheimen Buchstaben.
   - Ihr könnt AC und AD ausschließen, da in beiden Paaren ein A vorkommt. Streicht sie aus. Es bleiben übrig:

     BC BD
4. Beim vierten Rateversuch ›AD‹ war wieder genau ein Buchstabe richtig.
   - Ihr könnt BC ausschließen, da in diesem Paar weder ein A noch ein D vorkommt. Streicht es aus. Es bleibt übrig:

     BD

Ihr habt alle Informationen systematisch benutzt und gefunden, daß ich mir die Buchstaben ›BD‹ ausgesucht haben muß.«

Hier ist eine einfache Zusammenfassung unseres Vorgehens von eben:

	A	B	C	D	E
A	--	AB	AC	AD	AE
B	--	--	BC	BD	BE
C	--	--	--	CD	CE
D	--	--	--	--	DE
E	--	--	--	--	--

	A	B	C	D	E
A	--	1	3	3	2
B	--	--	4	BD	2
C	--	--	--	1	1
D	--	--	--	--	1
E	--	--	--	--	--

Das Gitter auf der linken Seite zeigt alle möglichen Buchstabenpaare, mit denen wir begonnen haben. Im Gitter rechts geben die Zahlen in jedem Kästchen an, bei welchem Rateversuch man das zugehörige Paar eliminiert hat. Nach vier Versuchen ist nur ›BD‹ nicht ausgeschlossen worden. Dieses Paar ist die Lösung.

Fragen Sie die Schüler, ob sie noch irgendwelche Fragen zur vollständigen Liste der Möglichkeiten und zum Verzeichnen ihrer Fortschritte bei der schrittweisen Eliminierung von Möglichkeiten haben.

Fordern Sie einen Schüler auf, die Rolle des Spielleiters zu übernehmen, der geheim zwei verschiedene Buchstaben aus der Gruppe A, B, C, D und E auswählt und seine Klassenkameraden raten läßt. Bitten Sie einen zweiten Schüler, die Möglichkeiten an der Tafel festzuhalten und die Ergebnisse systematisch zu verfolgen.

Fragen Sie nochmals, ob noch Unklarheiten bestehen.

Lassen Sie die Klasse das Spiel (Herausfinden zweier unterschiedlicher Buchstaben aus einer Fünfergruppe, wobei die Reihenfolge keine Rolle spielt) noch einmal paarweise jeweils zehnmal spielen. Die Schüler wechseln von Spiel zu Spiel die Rollen (Spieler mit Geheimnis, ratender Spieler) und spielen in jeder Rolle fünfmal.

Fordern Sie jeden Schüler auf,

- die geheimen Buchstaben mit so *wenigen* Versuchen wie möglich herauszufinden,
- die Gesamtzahl der in den fünf Spielen benötigten Versuche festzuhalten,
- diese Informationen auf einem Zettel an Sie weiterzugeben.

Machen Sie sich anhand der eingesammelten Zettel ein Diagramm, das die Gesamtzahl der von den einzelnen Schülern benötigten Rateversuche in den fünf Spielen zeigt. Sie werden mit ziemlicher Sicherheit feststellen, daß die Anzahl der benötigten Rateversuche allgemein zurückgegangen ist. Bringen Sie dieses Diagramm an die Tafel.

Wenn die Schüler mit dem Spielen fertig sind, führen Sie ihnen die Verbesserung vor Augen und machen klar, daß dies eine Steigerung ihrer Fähig-

keiten demonstriert, erreicht durch die Anwendung der Techniken, die sie gelernt haben:
- Auflisten aller Möglichheiten,
- Herausfinden einer Methode, mit der man seine Fortschritte laufend verfolgen kann.

Praktische Übungen

Wir zeigen nun einige Protokolle abgeschlossener Partien des Spiels *Die Suche nach den geheimen Buchstaben.* Die Reihenfolge der Buchstaben spielt keine Rolle. In allen Fällen gilt es, die geheimen Buchstaben zu finden.

1. Zwei unterschiedliche Buchstaben aus der Fünfergruppe A, B, C, D, E.
   1. AB X
   2. CD X
   3. AE –
   4. BD X *Lösung:* BC
2. Zwei unterschiedliche Buchstaben aus der Fünfergruppe A, B, C, D, E.
   1. AB –
   2. CD X
   3. BD X *Lösung:* DE
3. Zwei Zahlen, die gleich oder unterschiedlich sein können, aus der Fünfergruppe 1, 2, 3, 4, 5.
   1. 12 X
   2. 34 –
   3. 15 – *Lösung:* 22
4. Zwei Formen, die gleich oder unterschiedlich sein können, aus der Fünfergruppe 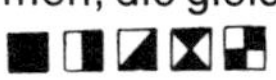
   1.  –
   2.  X
   3. 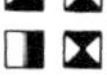 X
   4.  – *Lösung:* 

Hinweise für den Unterricht

Als nächstes müssen die Schüler lernen, wann man nicht alle Möglichkeiten auflisten sollte. Nehmen wir an, es wird eine Variante des Grundspiels dieser Lektion gespielt, in dem es gilt, drei geheime Zahlen aus acht (1, 2, 3, 4, 5, 6, 7, 8) herauszufinden, wobei die Zahlen gleich sein können. Zu Beginn gibt es 120 Möglichkeiten! Anstatt sie alle aufzulisten, sollten die Schüler eine *neue* Methode entwickeln, um die Informationen systematisch auswerten zu können.

Nehmen wir beispielsweise an, daß in diesem Spiel die folgenden Rateversuche gemacht worden sind:

1. 123 X
2. 456 –
3. 177 –
4. 222 XX

Die folgende Methode zur Auswertung der Informationen macht es nicht erforderlich, sich am Anfang alle 120 Möglichkeiten aufzuschreiben:

Zu Beginn könnte jede der geheimen Zahlen irgendeine der Zahlen von 1 bis 8 sein. Wir stellen diese drei geheimen Zahlen in Form von drei Kästchen in einer Reihe dar und schreiben dann die Zahlen von 1 bis 8 in jedes Kästchen:

12345678	12345678	12345678

Der erste Rateversuch sagt uns, daß entweder eine 1, eine 2 oder eine 3 eine der geheimen Zahlen ist. Für jede dieser Möglichkeiten legen wir eine Reihe mit drei Kästchen an.

1	1 45678	1 45678

Wenn es eine 1 ist, dann könnte jede der beiden anderen geheimen Zahlen eine 1, 4, 5, 6, 7 oder 8 sein, aber keine 2 oder 3.

2	2 45678	2 45678

Wenn es eine 2 ist, dann könnte jede der beiden anderen geheimen Zahlen eine 2, 4, 5, 6, 7 oder 8 sein, aber keine 1 oder 3.

3	345678	345678

Wenn es eine 3 ist, dann könnte jede der beiden anderen geheimen Zahlen eine 3, 4, 5, 6, 7 oder 8 sein, aber keine 1 oder 2.

(Dies ist einfacher, als alle noch verbleibenden 63 Möglichkeiten aufzuschreiben.)

Der zweite Rateversuch sagt uns, daß keine der drei Zahlen eine 4, 5 oder 6 ist. Wir können unsere Tabelle entsprechend verkleinern:

	1	1 78	1 78
oder	2	2 78	2 78
oder	3	3 78	3 78

Jetzt verbleiben noch 18 Möglichkeiten.

Der dritte Rateversuch sagt uns, daß weder eine 1 noch eine 7 zu den geheimen Zahlen gehören. Wir können unsere Tabelle abermals stutzen:

2	2 8	2 8

oder

3	3 8	3 8

Jetzt verbleiben noch sechs Möglichkeiten. Wir können sie niederschreiben als:

222	228	288
333	338	388

Der vierte Rateversuch sagt uns, daß zwei Zweien geheime Zahlen sind. Die einzige Möglichkeit, diese Bedingung zu erfüllen, ist:

2	2	8

Praktische Übungen

1. Unten finden Sie die Protokolle des ersten Rateversuchs in vier verschiedenen Partien des Spiels *Finde drei geheime Zahlen aus einer Achtergruppe.* In allen Fällen soll eine Drei-Kästchen-Tabelle benutzt werden, um die nach dem ersten Rateversuch erhaltenen Informationen festzuhalten.
   a) 1. 123 –
   b) 1. 123 XX
   c) 1. 445 XX
   d) 1. 667 X

   Lösungen:

a)

45678	45678	45678

b)

1	2	12 45678

oder

1	3	1 345678

oder

2	3	2345678

c)

4	4	1234 678

oder

4	5	123 5678

d)

6	12345 8	12345 8

oder

7	12345 78	12345 78

2. Hier finden Sie mehrere vollständige Protokolle dieses Spiels. Lassen Sie die Klasse in allen Fällen die geheimen Zahlen, Buchstaben oder Formen herausfinden.

a) Gruppe: 1–8
1. 123 X
2. 456 XX
3. 145 X
4. 356 X
Lösung: 246

b) Gruppe: 1–8
1. 678 X
2. 345 –
3. 126 X
4. 267 –
5. 113 X
Lösung: 188

c) Gruppe: A–H
1. AAB X
2. CDE X
3. FGH –
4. ACD X
5. BBD X
Lösung: BCC

d) Gruppe: ■ ◨ ◪ ⧗ ▚ ⧆ ○ △
1. ■ ■ ◨ X X
2. ◪ ⧗ ▚ –
3. ⧆ ○ △ X
4. ■ ◨ ○ X X
5. ■ ◨ △ X
Lösung: ■ ■ ○

3. Lassen Sie die Klasse das Spiel *Die Suche nach drei geheimen Zahlen aus einer Achtergruppe* (1, 2, 3, 4, 5, 6, 7, 8) spielen, wobei die Zahlen gleich oder verschieden sein können.

4. Lassen Sie die Schüler sich Aufgaben nach dem Vorbild von Übung 2 für ihre Klassenkameraden ausdenken.

5. Lassen Sie die Klasse alle Möglichkeiten suchen, die es bei der Suche nach drei geheimen Zahlen aus den fünf Zahlen 1, 2, 3, 4, 5 gibt.
Hier sind sie:

111	112	113	114	115	123	124	125	134	135	145
221	222	223	224	225	234	235	245			
331	332	333	334	335	345					
441	442	443	444	445						
551	552	553	554	555						

6. Lassen Sie die Schüler alle gebräuchlichen deutschen Wörter finden, die sich aus den Buchstaben ›A‹, ›M‹, ›S‹ und ›U‹ bilden lassen, ohne daß sich ein Buchstabe in einem Wort wiederholt.

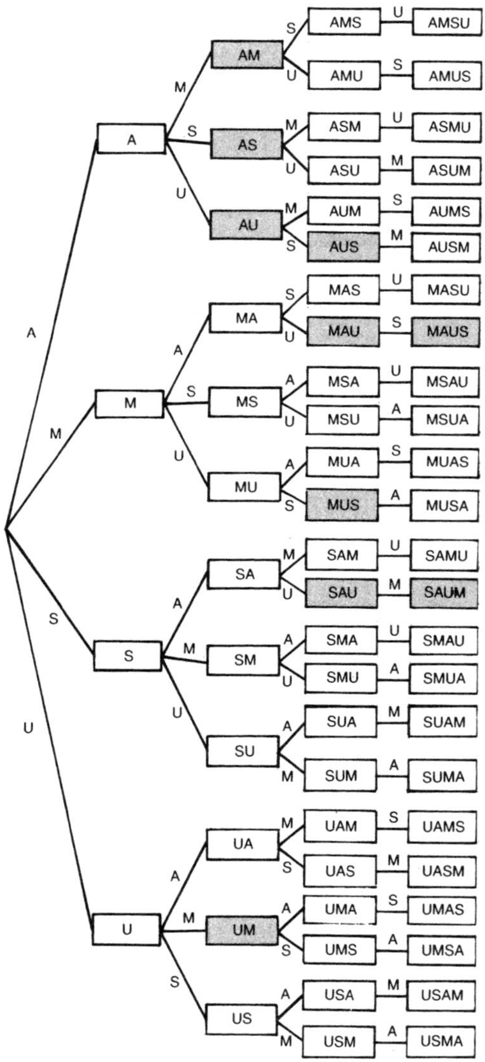

Abbildung 5

Alle möglichen Wörter aus den Buchstaben A, M, S und U, die jeweils höchstens einmal verwendet werden

Da es keine Wiederholungen gibt, kann jedes Wort nur zwei, drei oder vier Buchstaben lang sein. Abbildung 5 zeigt ein ›Baumdiagramm‹, mit dessen Hilfe sich alle Kombinationen systematisch aufführen lassen.

Der Baum beginnt auf der linken Seite. Jeder Hauptzweig führt zunächst zu den vier Einzelbuchstaben in einem Kästchen und dann weiter zu Wörtern, die mit dem jeweiligen Buchstaben beginnen.

Während man im Baum nach rechts wandert, teilt sich jeder Hauptzweig in Nebenzweige und Kästchen auf, in denen alle möglichen zwei-, drei- und vierbuchstabigen Wörter abzulesen sind.

Die Kästchen, in denen gebräuchliche deutsche Wörter stehen, sind hervorgehoben. (Einige Schüler entdecken vielleicht weniger gebräuchliche Wörter oder Abkürzungen wie z. B. ›USA‹, die nicht hervorgehoben sind.)

Die Schüler können mit Baumdiagrammen dieser Art alle möglichen Kombinationen von Zahlen, Formen, Farben usw. bilden.

Hinweise für den Unterricht

Die Schüler haben bereits gelernt, in Ja/Nein-Situationen so *wenige* Rateversuche wie möglich zu machen, um die geheimen Zahlen herauszufinden. Bei manchen Spielen wie *Die Suche nach drei geheimen Zahlen,* die wir in den vorigen Hinweisen für den Unterricht beschrieben haben, handelt es sich jedoch nicht um Ja/Nein-Situationen. In diesem Spiel hat jeder Rateversuch *vier* mögliche Resultate:

XXX = alle drei Zahlen richtig geraten,
XX = zwei Zahlen richtig geraten
X = eine Zahl richtig geraten,
– = alle drei Zahlen falsch geraten.

Weil es *mehr* als zwei mögliche Resultate gibt, kann man manchmal mehr erreichen, als nur die Hälfte aller Möglichkeiten bei jedem Rateversuch auszuschließen. Sehen wir einmal, wie dies geschieht:

Angenommen, es wird ein Spiel *Finde drei geheime Buchstaben* aus der Gruppe A, B, C, D, E gespielt, wobei die Buchstaben gleich oder unterschiedlich sein können. Am Anfang gibt es 35 Möglichkeiten.

Wenn es eine Ja/Nein-Situation wäre, würde man versuchen, eine erste Frage zu stellen, bei der 17 oder 18 Möglichkeiten ausgeschlossen werden können. Da dies nicht der Fall ist, kann man es besser machen, denn man erhält als Antwort auf eine Frage mehr Information als nur »ja« oder »nein«.

Nehmen wir an, der erste Rateversuch lautet AAB. Wir erhalten folgende Resultate:

1. AAB XXX schließt 34 Möglichkeiten aus – als einzige bleibt AAB übrig.
1. AAB XX schließt 27 Möglichkeiten aus. Es bleiben acht übrig:

AAA AAC AAD AAE
ABB ABC ABD ABE

1. AAB X schließt 19 Möglichkeiten aus – sechzehn bleiben übrig:
   ACC ACD ACE ADD
   ADE AEE BBB BBC
   BBD BBE BCC BCD
   BCE BDD BDE BEE
1. AAB – schließt 25 Möglichkeiten aus – zehn bleiben übrig:
   CCC CCD CCE CDD CDE
   CEE DDD DDE DEE EEE

Sagen wir, das Resultat lautet in der Tat 1. AAB –, und zehn bleiben übrig.

Wenn der zweite Rateversuch ABE oder CCC ist, muß man danach nur noch ein einziges Mal raten, gleichgültig, welche Antwort man erhält. Sehen wir uns das bei dem Versuch ›2. CCC‹ im Detail an.

Wenn XXX,	dann →	CCC		
Wenn XX,	dann →	CCD	→ 3. CCD	Wenn XXX, dann CCD
		CCE		Wenn XX, dann CCE
		CDD		Wenn XX, dann CEE
Wenn X,	dann →	CEE	→ 3. EEE	Wenn X, dann CDE
		CDE		Wenn –, dann CDD
		DDD		Wenn XXX, dann EEE
		DDE		Wenn XX, dann DEE
Wenn –,	dann →	DEE	→ 3. EEE	Wenn X, dann DDE
		EEE		Wenn –, dann DDD

Wenn der zweite Rateversuch aber CDE lautet, wird man mehr als drei Versuche benötigen, es sei denn, man hat Glück.

Praktische Übungen

In allen Fällen unten haben zwei Personen ein Spiel *Finde drei geheime Buchstaben* aus der Gruppe A, B, C, D und E gespielt, wobei die Buchstaben gleich oder unterschiedlich sein können. Aufgeführt sind die Möglichkeiten, die nach mehreren Rateversuchen noch verbleiben. Es gilt, einen nächsten Rateversuch so festzulegen, daß jede mögliche Antwort die geheimen Buchstaben enthüllt.

1. CCE CDE EEE
   Lösung: CCC
2. CCC CCD CDD DDD
   Lösung: CCC

3. CCC DDD EEE
Lösung: CCD
Andere Lösungen sind möglich.

3. Lektion – Anwendung der Fähigkeit Informationsverarbeitung in neuen Situationen

Hintergrund

Sie haben den Schülern bereits gezeigt, wie man Möglichkeiten systematisch auflistet, wie man die durch Rateversuche gewonnenen Informationen systematisch aufzeichnet und benutzt und wie man effiziente Fragen stellt. Jetzt werden Sie ihnen zeigen, wie sie diese Fähigkeiten in Situationen außerhalb des Spielzusammenhangs, in dem sie sie gelernt haben, anwenden können.

Lernziele

- Anwendung der Fähigkeiten, Möglichkeiten systematisch aufzulisten, Fortschritte zu verzeichnen und effiziente Fragen zu stellen, in neuen Zusammenhängen.

Neues Unterrichtsmaterial

Stellen Sie die Schüler vor diese neue Problemsituation:

> Ein neues Spiel
>
> **DAS WEGEPROBLEM**
>
> In Abbildung 6 sollen alle Wege gefunden werden, die von Punkt A nach Punkt B führen, ohne ein Wegstück zweimal zu durchlaufen.

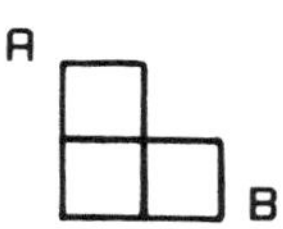

Abbildung 6
Finde alle Wege von A nach B, die kein Wegstück zweimal durchlaufen

Durch *systematisches* Vorgehen kann man sicher alle Möglichkeiten berücksichtigen. Erinnern Sie sich daran, wie Sie die Klasse angeleitet haben, eine Liste der Möglichkeiten bei der Wahl zweier Buchstaben aus der Gruppe A, B, C, D, E anzufertigen. Zuerst wurde überlegt, was der erste Buchstabe sein könnte. Für jeden ersten Buchstaben wurde dann überlegt, was der zweite Buchstabe sein könnte.

Um hier systematisch vorzugehen, muß man überlegen, welche möglichen ersten Züge es gibt. Nach jedem ersten Zug betrachtet man dann mögliche zweite Züge usw.

Abbildung 7 zeigt den Schülern ein ›Baumdiagramm‹: Bei Punkt A kommen zwei ›Zweige‹ in Frage.

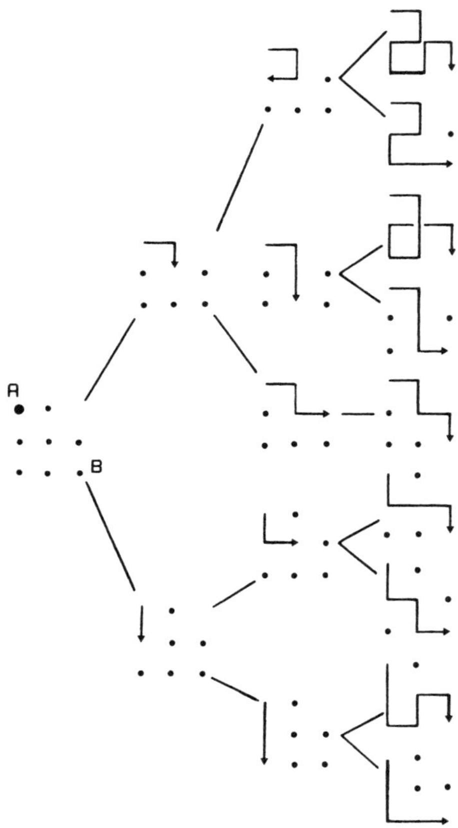

Abbildung 7
Baumdiagramm der Lösungen des Wegeproblems

1. Beginnen Sie, indem Sie jede Stelle, an der sich zwei oder mehr Linien treffen, durch einen kleinen Punkt ersetzen, wie in Abbildung 7 zu sehen.

A . .

. . .

. . . B

2. Von Punkt A aus sind zwei unterschiedliche erste Züge möglich:

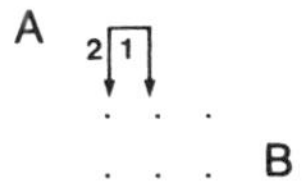

Beim ersten Zug, gezeigt im oberen »Zweig«, geht man nach rechts und dann nach unten, bevor man wieder zwischen drei Zügen wählen kann: links, noch einmal nach unten oder rechts.

Beim zweiten Zug, gezeigt im unteren Zweig, geht man zuerst nach unten und hat dann die Wahl zwischen zwei Zügen, noch einmal nach unten oder rechts.

Führen Sie sich vor Augen, daß diese visuelle Problemsituation sich sehr von der *Suche nach zwei geheimen Buchstaben* unterscheidet, daß jedoch der systematische Ansatz erfolgreich ist.

Überprüfen Sie, ob die Schüler die Analogie zwischen der Überlegung, was der erste Buchstabe in dem Buchstabenratespiel sein könnte, und der Überlegung, welches der erste Zug beim Wegeproblem sein könnte, erkennen.

Nachstehend folgt ein weiteres Problem.

Ein neues Spiel

DIE DREI FREUNDINNEN

Drei Freundinnen, Anja, Barbara und Carola, fahren Rad. Jede fährt auf dem Fahrrad der einen Freundin und trägt den Hut der anderen.

Das Mädchen, das Carolas Hut trägt, fährt mit Barbaras Rad. Wer fährt mit Anjas Rad?

Um dieses Problem zu lösen, listen wir zuerst die Möglichkeiten auf, wie nachstehend unter a) geschehen.

Da jedes Mädchen auf dem Rad einer Freundin fährt, muß

- Anja auf Barbaras Rad oder Carolas Rad fahren,
- Barbara auf Anjas Rad oder Carolas Rad fahren,
- Carola auf Anjas Rad oder Barbaras Rad fahren.

Da jedes Mädchen den Hut der anderen Freundin trägt,

- hat Anja Carolas Hut auf, wenn sie auf Barbaras Rad fährt,
- hat Anja Barbaras Hut auf, wenn sie auf Carolas Rad fährt.

In der folgenden Tabelle können wir diese Möglichkeiten festhalten. Der Einfachheit halber bezeichnen wir Anja als A, Barbara als B und Carola als C.

	Rad	Hut
A	B	C
	oder	
A	C	B
B	A	C
	oder	
B	C	A
C	A	B
	oder	
C	B	A

a)

	Rad	Hut
A	B	C
	oder	
~~A~~	~~C~~	~~B~~
B	A	C
	oder	
B	C	A
C	A	B
	oder	
C	B	A

b)

	Rad	Hut
A	B	C
	oder	
~~A~~	~~C~~	~~B~~
~~B~~	~~A~~	~~C~~
	oder	
B	C	A
C	A	B
	oder	
~~C~~	~~B~~	~~A~~

c)

Jetzt nutzen wir die Information aus, die wir besitzen: Das Mädchen, das Carolas Hut trägt, fährt auf Barbaras Rad. Wir sehen uns alle Reihen an und stellen fest, daß nur Anja Carolas Hut tragen und auf Barbaras Rad fahren kann. Wir streichen also die Möglichkeit, daß Anja auf Carolas Rad fährt und Barbaras Hut trägt, aus, wie in b).

Da Barbaras Rad und Carolas Hut also zu Anja gehören, können wir die Möglichkeiten, die eines dieser Dinge enthalten, ausstreichen, wie in c).

Wir haben nun eine vollständige Übersicht darüber, wer welchen Hut trägt und welches Rad fährt. Die Antwort auf die ursprüngliche Frage lautet: Carola fährt auf Anjas Fahrrad.

Sie haben gesehen, daß wir auch bei dieser Denkaufgabe dieselben Schritte unternommen haben wie bei dem Spiel *Die Suche nach zwei geheimen Buchstaben:*

- Auflisten der Möglichkeiten,
- sukzessive Auswertung der Informationen.

Ein neues Spiel

DIE TOURISTEN

Albert, Bernard, Charles und David aus Europa besuchen die Vereinigten Staaten. Einer von ihnen kommt aus Frankreich, einer aus Deutschland, einer aus Holland und einer aus Italien (nicht unbedingt in dieser Reihenfolge). Einer von ihnen hält sich gegenwärtig in Kalifornien auf, einer in Florida, einer in Hawaii und einer in New York.

1. Albert ist nach Kalifornien gereist.
2. Die Person aus Italien hält sich in New York auf.
3. Charles ist nach Hawaii gereist.
4. Bernard kommt aus Frankreich.
5. Albert kommt nicht aus Deutschland.

Welcher Besucher aus welchem Land hält sich gegenwärtig in welchem Staat der Vereinigten Staaten auf?

Es ist wichtig, eine systematische Methode zu finden, um diese unterschiedlichen Informationen zusammenzufügen. Abbildung 8a läßt alle Möglichkeiten zu: Jede Person kann aus jedem der vier Länder kommen und sich gegenwärtig in irgendeinem der amerikanischen Staaten aufhalten.

Nun wollen wir sehen, welche Möglichkeiten wir ausschließen können.

Wenn wir wissen, daß sich eine Person aus einem bestimmten Land in einem bestimmten Staat aufhält, halten wir diese Tatsache durch die Eintragung einer »1« im Netzgitter fest. Wenn wir wissen, daß sich eine Person aus einem bestimmten Land nicht in einem bestimmten Staat aufhält, werden wir dies mit einer »0« notieren.

1. Da Albert nach Kalifornien gereist ist, schreiben wir A im Diagramm dorthin (Abbildung 8b).
2. Da sich die Person aus Italien gegenwärtig in New York aufhält, setzen wir als nächstes in das Kästchen It-NY eine »1« (Abbildung 8c).
   Dies bedeutet, daß sich derjenige aus Italien *nicht* in Kalifornien, Florida oder Hawaii befindet. Deshalb notieren wir in It-Ka, It-Fl und It-Ha jeweils eine »0«.
   Es bedeutet weiterhin, daß sich die Leute aus Frankreich, Deutschland und Holland nicht in New York aufhalten. Also setzen wir jeweils eine »0« in Fr-NY, De-NY und Ho-NY ein.
3. Als nächstes halten wir die Tatsache, daß Charles nach Hawaii gereist ist, im Diagramm fest (Abbildung 8d).

	Fr	De	Ho	It	
Ka					?
Fl					?
Ha					?
NY					?

a)

	Fr	De	Ho	It	
Ka					A
Fl					?
Ha					?
NY					?

b)

	Fr	De	Ho	It	
Ka				0	A
Fl				0	?
Ha				0	?
NY	0	0	0	1	?

c)

	Fr	De	Ho	It	
Ka				0	A
Fl				0	?
Ha				0	C
NY	0	0	0	1	?

d)

	Fr	De	Ho	It	
Ka	0			0	A
Fl	1	0	0	0	B
Ha	0			0	C
NY	0	0	0	1	D

e)

	Fr	De	Ho	It	
Ka	0	0	1	0	A
Fl	1	0	0	0	B
Ha	0	1	0	0	C
NY	0	0	0	1	D

f)

Abbildung 8
Lösung des Touristenproblems mit Hilfe eines Netzgitters

4. Überlegen wir, wo sich Bernard gegenwärtig befinden könnte.
   - Er kann nicht in Kalifornien sein, weil sich Albert dort aufhält.
   - Er kann nicht in Hawaii sein, weil sich Charles dort befindet.
   - Er kann nicht in New York sein, weil er aus Frankreich kommt und sich die Person aus Italien in New York aufhält.

   Er muß also in Florida sein (Abbildung 8e).
   Wir schreiben eine »1« in Fr-Fl und jeweils eine »0« in Fr-Ka, Fr-Ha, De-Fl und Ho-Fl. Demnach muß sich David in New York befinden – wir schreiben dorthin ein D.
5. Albert kommt nicht aus Deutschland. Aus Abbildung 8e ersehen wir, daß er aus Holland kommen muß. Wir schreiben eine »1« in Ho-Ka und jeweils eine »0« in De-Ka und Ho-Ha (Abbildung 8f). Wir erkennen nun, daß Charles aus Deutschland kommen muß und sich gegenwärtig in Hawaii aufhält. Somit setzen wir in De-Ha eine »1« ein.

Praktische Übungen

1. Drei junge Leute, Leo, Markus und Norbert, besitzen je ein eigenes Auto. Einer hat einen Toyota, einer einen Honda und einer einen Ford. Einer parkt seinen Wagen in einer Garage, einer parkt auf der Straße und einer auf einem Parkplatz.
   - Leo parkt seinen Wagen auf einem Parkplatz.
   - Markus besitzt keinen Toyota.
   - Der Honda steht immer auf der Straße.
   - Der Ford parkt nicht in einer Garage.

   Wer parkt welchen Wagen wo?
   Lösung:

	G	S	P
T	1	0	0
H	0	1	0
F	0	0	1
	N	M	L

2. Christoph, Hans, Robert und Martin üben jeweils aktiv eine Sportart aus: Basketball, Fußball, Tennis oder Golf. Einer ist Anfänger, einer Durchschnittsspieler, einer Stadtmeister und einer Nationalspieler.
   - Christoph spielt Tennis.
   - Der Golfspieler ist Anfänger.

- Robert ist kein Nationalspieler.
- Der Tennisspieler ist kein Durchschnittsspieler.
- Hans spielt Basketball.
- Der Nationalspieler spielt Fußball.

Wer betreibt welchen Sport auf welcher Ebene?

Lösung:

	B	F	T	G
Anf	0	0	0	1
Dur	1	0	0	0
Stm	0	0	1	0
Nat	0	1	0	0
	H	M	C	R

Weitere Spiele

Hier einige zusätzliche Spiele, die während des Unterrichts von den Schülern allein gespielt oder als Hausaufgaben aufgegeben werden können.

In den vorangegangenen Spielen, bei denen es darum ging, einige Elemente aus vielen herauszufinden, spielte die Reihenfolge der geheimen Elemente keine Rolle. In dem Spiel *Die Suche nach zwei geheimen Buchstaben* beispielsweise war AB dasselbe wie BA. Im nächsten Spiel spielt die Reihenfolge jedoch eine Rolle.

Ein neues Spiel

EINIGE AUS VIELEN – UND IHRE POSITIONEN

Ziel des Spiels:
Herausfinden mehrerer geheimer Mosaikplättchen aus vielen (3 aus 5) und ihrer Positionen

Anzahl der Spieler:
Zwei

Benötigtes Material:
Die 88 Mosaikplättchen (fünf verschiedene Arten); rote und blaue Markierungssteine (oder zwei Sorten von Münzen oder Knöpfen)

Spielablauf:
Spieler A wählt drei unterschiedliche Mosaikplättchen als geheime Plättchen und legt sie verdeckt in einer Reihe aus. Spieler B wählt drei Plättchen, über die er Informationen haben will, und legt sie offen in einer Reihe unter den geheimen Plättchen aus. Spieler A legt für jedes Mosaikplättchen, das einem der geheimen Plättchen entspricht und sich an derselben Position wie das geheime Plättchen befindet (links, in der Mitte oder rechts) einen blauen Markierungsstein und für jedes Mosaikplättchen, das einem der geheimen Plättchen entspricht, sich aber nicht an derselben Position wie dieses befindet, einen roten Markierungsstein neben die Reihe von Spieler B.

In diesem Spiel spielt die Ausrichtung des Plättchens keine Rolle. So ist zum Beispiel ◪ dasselbe wie ◩.

Das Spiel setzt sich fort, indem Spieler B weitere Reihen wählt und Spieler A Informationen gibt, bis Spieler B herausfindet, wie die drei geheimen Mosaikplättchen aussehen und an welchen Positionen sie sich befinden. Spieler A bekommt einen Punkt für jede Reihe, über die Spieler B Informationen eingeholt hat. Dann tauschen die beiden Spieler die Rollen.

Das Spiel geht über drei, fünf oder zehn Runden. Der Spieler mit der höheren Gesamtpunktzahl gewinnt.

Variante:
Die drei geheimen Mosaikplättchen müssen *nicht* unterschiedlich sein.

Variante:
Anstatt der Mosaikplättchen werden andere Ausstattungsteile benutzt.

Hinweise für den Unterricht

Mit den folgenden Beispielen können Sie die Schüler an den Gebrauch der blauen und roten Markierungssteine in dieser komplizierteren Situation gewöhnen:

Geheime Plättchen: ■ ⊠ ◨ Erste Reihe: ■ ⧗ ◪ B	Hier zeigt der blaue Markierungsstein an, daß sich sowohl unter den geheimen Plättchen als auch in der ersten Reihe ein ■ befindet, beide in derselben Position (links).

Geheime Plättchen: ■ ⊛ ◨ Erste Reihe: ◪ ⧗ ■ R	Hier zeigt der rote Markierungsstein an, daß sich sowohl unter den geheimen Plättchen (links) als auch in der ersten Reihe (rechts) ein ■ befindet.
Geheime Plättchen: ■ ⊛ ◨ Erste Reihe: ⊛ ◪ ■ R R	Hier zeigen die beiden roten Markierungssteine an, daß sich sowohl unter den geheimen Plättchen als auch in der ersten Reihe ein ■ und ein ⊛ befinden, allerdings nicht in denselben Positionen.
Geheime Plättchen: ■ ⊛ ◨ Erste Reihe: ⊛ ◪ ◨ B R	Hier zeigen der eine blaue und der eine rote Markierungsstein an, daß sich sowohl unter den geheimen Plättchen als auch in der ersten Reihe das ⊛ und das ◨ befinden, wobei allerdings nur das ◨ in beiden Fällen dieselbe Position (rechts) hat.
Geheime Plättchen: ■ ⊛ ◨ Erste Reihe: ⊛ ■ ◨ B R R	Hier zeigen der eine blaue und die beiden roten Markierungssteine an, daß alle Plättchen in der ersten Reihe geheime Plättchen sind, wobei allerdings nur das ◨ in beiden Fällen dieselbe Position hat.

Nehmen wir an, wir spielen das Spiel, *Drei verschiedene Buchstaben* aus der Fünfergruppe A, B, C, D, E und ihre Positionen zu bestimmen. Wir werden ein »X« benutzen, um einen blauen Markierungsstein darzustellen, während eine »0« an die Stelle eines roten Markierungssteins tritt.

Zunächst gibt es 60 verschiedene Möglichkeiten. So viele wollen wir nicht vorher aufschreiben, sondern gleich einen Rateversuch machen:

1. ABC 0

Das Resultat verrät uns, daß entweder A, B oder C einer der geheimen Buchstaben ist, bei unserem Rateversuch aber nicht in der richtigen Position steht. Jetzt können wir die verbleibenden 12 Möglichkeiten auflisten:

Wenn A stimmt, dann DAE EAD DEA EDA.
Wenn B stimmt, dann BDE BED DEB EDB.
Wenn C stimmt, dann CDE CED DCE ECD.

Machen wir einen zweiten Rateversuch:

2. EAD 00

Wir sehen uns jede unserer 12 Möglichkeiten an und behalten sie nur, wenn sie genau *zwei* der Buchstaben E, A und D enthält, die an anderen Positionen als bei unserem zweiten Rateversuch stehen. Vier Möglichkeiten bleiben übrig:

BDE DEB CDE DCE

Versuchen wir es als nächstes mit einer dieser Kombinationen.

3. DEB XO

Das Resultat sagt uns, daß genau zwei der Buchstaben D, E und B zu den geheimen Buchstaben gehören und daß nur einer davon bei unserem dritten Rateversuch in der richtigen Position steht. In »CDE« und »DCE« sind genau zwei der Buchstaben D, E und B enthalten. Nur in »DCE« steht einer der Buchstaben des dritten Rateversuchs in der richtigen Position. Also sind »DCE« in dieser Reihenfolge die geheimen Buchstaben.

Praktische Übungen

1. Lassen Sie die Schüler *Finde drei verschiedene Elemente aus einer Fünfergruppe und ihre Positionen* spielen, wobei die Elemente verschiedenen Kartensätzen entnommen sind.
2. Lassen Sie die Schüler dasselbe Spiel spielen, allerdings unter der Maßgabe, daß die Elemente auch gleich sein können.
3. Wie sehen alle Möglichkeiten für zwei verschiedene Buchstaben in einer festen Reihenfolge aus der Fünfergruppe A, B, C, D, E aus?
4. Wie sehen alle Möglichkeiten für zwei Karten in fester Reihenfolge aus der Fünfergruppe A, B, C, D, E, die gleich oder verschieden sein können, aus?
5. Nachstehend folgen die Protokolle von zwei Partien des Spiels *Finde drei geheime Buchstaben und ihre Positionen* aus der Gruppe A, B, C, D, E, wobei die Buchstaben gleich oder verschieden sein können:

a)		b)	
1.	ABC X	1.	ABC 0
2.	CDE 0	2.	ADE 00
3.	BAB X	3.	DEA X0
		4.	DAB 00

Wie lauten in beiden Fällen die geheimen Buchstaben und in welchen Positionen stehen sie?

Lösung: DBD   *Lösung:* BED

Ein neues Spiel

DIE SUCHE NACH DER GRENZE

Ziel des Spiels:
Herausfinden der Grenze zwischen zwei Zonen des Gitters durch möglichst wenige Fragen

Anzahl der Spieler:
Zwei

Benötigtes Material:
Zwei 8 x 8-Gitter aus Quadraten auf Millimeterpapier, zwei Bleistifte, Lineal

Spielablauf:
Spieler A wählt in einem Gitter geheim eine waagerechte, senkrechte oder diagonale Reihe aus Quadraten, die das Gitter in zwei Zonen P und Q (Abbildung 9 a) unterteilt.

a) Spieler B nennt ein Gitterquadrat (beispielsweise C 7).
b) Spieler A gibt bekannt, ob das genannte Quadrat
   - in Zone P liegt,
   - in Zone Q liegt oder
   - in der Reihe liegt, die P und Q trennt.
c) Spieler B notiert das Resultat in seinem eigenen Netzgitter.
d) Spieler B kann versuchen, die Trennlinie zu erraten (z. B. »senkrechte Reihe C«, »waagerechte Reihe 6« oder »Diagonale von A 2 nach G 8«).
e) Spieler B stellt weitere Fragen nach anderen Gitterquadraten, bis er oder sie die Grenze zwischen den Zonen P und Q richtig erkannt hat.
f) Anschließend wechseln die beiden Spieler die Rollen. Der Spieler, der die Grenzreihe mit den wenigsten Fragen lokalisiert, gewinnt.

Variante:
Es werden zwei Quadratreihen festgelegt, um vier Zonen, P, Q, R und S (Abbildung 9 b), zu bilden.

Variante:
Es wird ein 10 x 10- oder 12 x 12-Gitter verwendet.

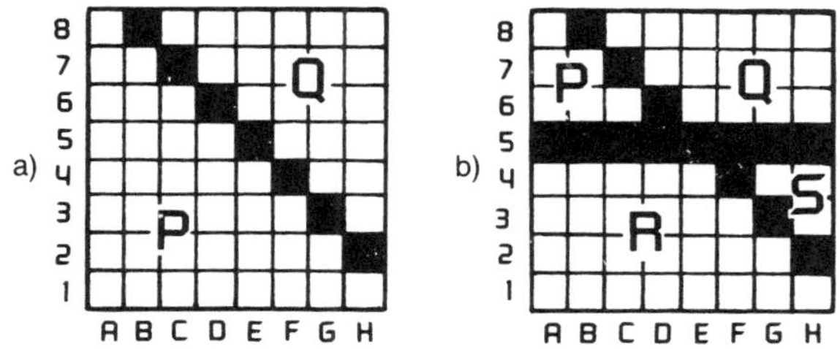

Abbildung 9

Die Suche nach der Grenze mit a) zwei Zonen und b) vier Zonen

Hinweise für den Unterricht

Inwieweit ist dieses Spiel den anderen Spielen, die wir in diesem Kapitel gespielt haben, ähnlich und inwieweit unterscheidet es sich von ihnen?

Es handelt sich um ein Spiel aus der Familie »Finde eines aus vielen«, das *visuelles* Material benutzt und bei jedem Rateversuch mehr als zwei mögliche Resultate zuläßt.

Anfänglich gibt es 38 Möglichkeiten für die Grenzreihe: sechs senkrechte Reihen, sechs waagerechte Reihen und sechsundzwanzig Diagonalen.

Hier ist das Protokoll eines Musterspiels:

Rateversuch:	*Antwort:*	
1. C 4	P	Dies bedeutet, wir haben Quadrat C 4 geraten und erfahren, daß es in Zone P liegt. Wir können nun vier mögliche Grenzreihen ausschließen, weil sie durch das Quadrat C 4 laufen: die senkrechte Reihe C, die waagerechte Reihe 4 sowie die Diagonalen A 2–G 8 und A 6–F 1.
2. E 5	Q	Danach bleiben nur noch die in Abbildung 10 gezeigten drei Möglichkeiten übrig: senkrechte Reihe D, Diagonale A 7–G 1 und Diagonale A 8–H 1.

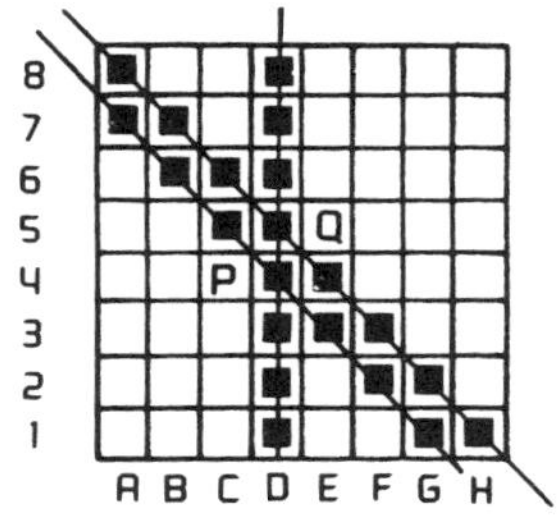

Abbildung 10

Die Möglichkeiten sind auf drei beschränkt worden

Jetzt benötigen wir einen letzten Rateversuch, der uns die Entscheidung zwischen diesen drei Möglichkeiten treffen läßt, gleichgültig, wie das Resultat lautet. B 7 ist ein solcher Rateversuch.

- Wenn dieses Quadrat in P liegt, dann ist die Grenze die senkrechte Reihe D.
- Wenn es in Q liegt, dann ist A 7–G 1 die Grenzreihe.
- Wenn es auf der Grenzreihe liegt, dann ist A 8–H 1 die Grenzreihe.

(Andere mögliche Rateversuche, die ebenfalls zum Erfolg führen würden, sind A 8, C 6, E 3, F 2 und G 1.)

Praktische Übungen

1. Jedes Diagramm in Abbildung 11 zeigt die zu einem bestimmten Zeitpunkt des Spiels bekannten Informationen. Es gilt in allen Fällen, einen effizienten nächsten Rateversuch zu machen.

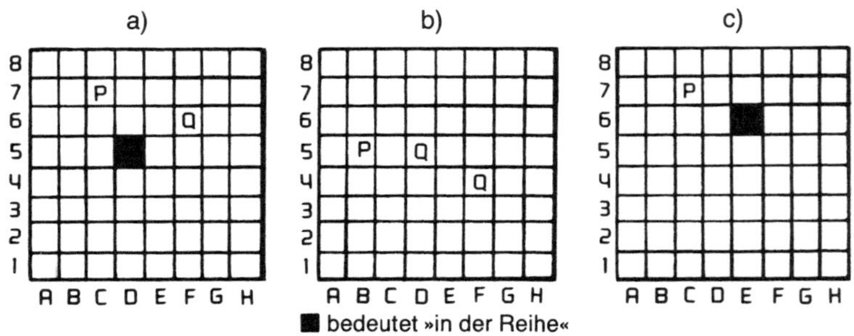

Abbildung 11
Finde jeweils einen effizienten nächsten Rateversuch

Lösungen: a) D 6, b) C 6, c) E 7. Andere Lösungen sind möglich.

2. Es folgen Aufzeichnungen vollständiger Partien des Spiels *Die Suche nach der Grenze.* Stellen Sie fest, wo die Grenzreihe jeweils verläuft:

a)
1. D 7 Q
2. F 4 P
3. D 5 Q
4. F 6 Q

Lösung: Diagonale B 1–H 7

b)
1. E 6 P
2. F 3 Q
3. C 5 P
4. H 2 Q
5. B 1 Q
6. G 7 P
7. C 4 auf der Grenze

Lösung: Reihe 4

c)
1. F 6 P
2. C 3 Q
3. E 5 Q

Lösung: Diagonale C 8–H 3

Hinweise für den Unterricht

Objekte können zu mehr als einer Kategorie gehören. Hunde gehören beispielsweise zur Kategorie *Tiere* und auch zur Kategorie Lebewesen. Aber nicht alle Lebewesen sind Tiere (einige sind Pflanzen), und nicht alle Tiere sind Hunde (einige sind Katzen, Pferde usw.).

Wir können Aussagen, bei denen es um Objekte geht, die zu mehr als einer Kategorie gehören können, mit einer speziellen Methode darstellen und verarbeiten.

Wenn eine Aussage eine Kategorie zu einer anderen in Beziehung setzt (»Alle Hunde sind Tiere; einige Tiere sind Katzen; keine Pflanzen sind Tiere; einige Lebewesen sind keine Tiere.«), zeichnen wir zwei sich überschneidende Kreise, um die beiden Kategorien darzustellen. Anschließend können wir Teile der Kreise so schattieren, wie die Aussage es ausdrückt (siehe Abbildung 12). Eine *gestreifte* Zone bedeutet, daß es *einige* Objekte gibt; eine *schwarze* Zone bedeutet, daß es *keine* gibt; und eine weiße Zone bedeutet, daß wir *keine Informationen* besitzen, um sagen zu können, ob es welche gibt. Diese Art von Diagramm wird Venn-Diagramm genannt.

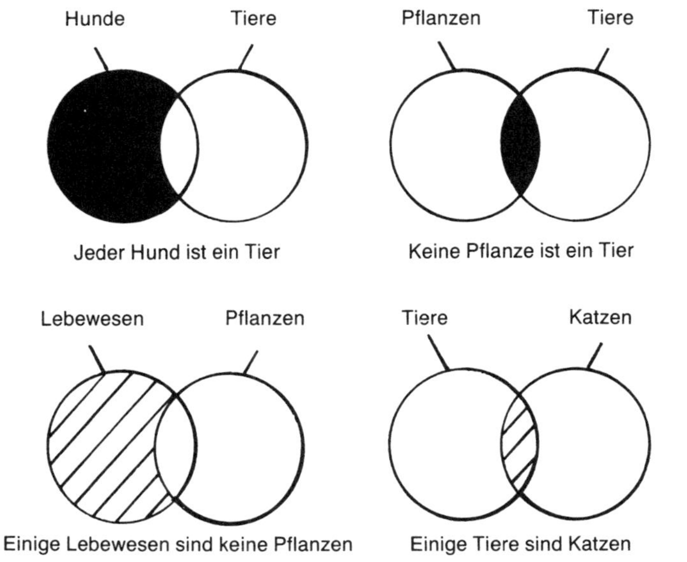

Abbildung 12

Venn-Diagramme, die eine Kategorie zu einer anderen in Beziehung setzen.
Alle Pflanzen sind Lebewesen.
Einige Lebewesen sind keine Pflanzen.

Ein Venn-Diagramm ist eine gute visuelle Methode, Informationen über Kategorien darzustellen.

Wir können auch mehr als eine Aussage über zwei Kategorien mit denselben Kreisen darstellen (siehe Abbildung 13). Wenn wir mehr als eine Aussage haben, benutzen wir immer *zuerst* die Information der Aussage, die etwas über »alle« oder »keine« aussagt, bevor wir die Information verwenden, die etwas über »einige« aussagt.

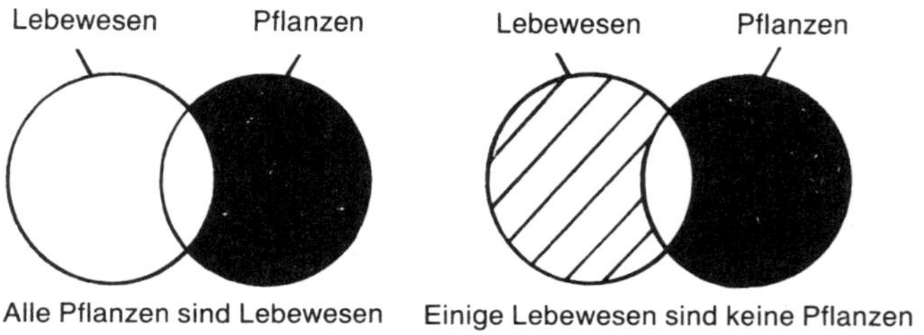

Abbildung 13
Darstellung von mehr als einer Aussage über zwei Kategorien

Wenn wir eine Aussage über eine dritte Kategorie haben, können wir einen dritten Kreis hinzufügen (siehe Abbildung 14).

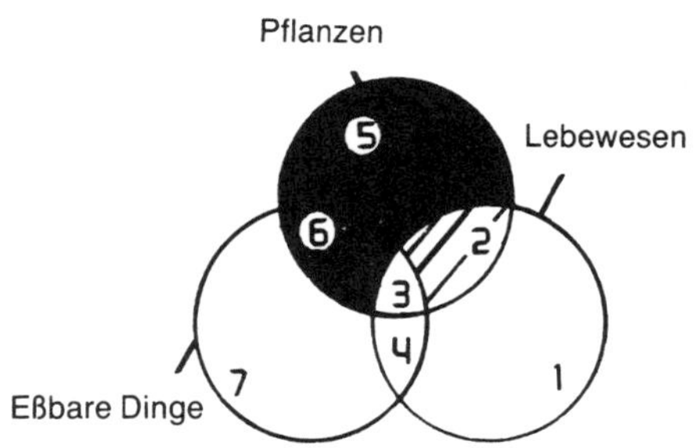

Abbildung 14
Ein Venn-Diagramm für drei Kategorien

Nehmen wir an, wir haben wie in Abbildung 14 die beiden folgenden Tatsachen bereits im Diagramm festgehalten:

- Alle Pflanzen sind Lebewesen.
- Einige Pflanzen sind nicht eßbar.

Jetzt wollen wir dieses Venn-Diagramm benutzen, um festzustellen, ob gewisse Schlußfolgerungen wahr sind:

- Alle Lebewesen sind Pflanzen
  Nicht wahr. Objekte in den Zonen 1 und 4 des Venn-Diagramms, wenn es dort welche gibt, sind Lebewesen, aber keine Pflanzen.
- Einige eßbare Dinge sind keine Pflanzen.
  Nicht feststellbar. Alle Objekte, die eßbar, aber keine Pflanzen sind, würden sich in den Zonen 4 oder 7 befinden, und über diese Zonen besitzen wir keine Informationen.

Praktische Übungen

Lassen Sie die Schüler für jede der folgenden Situationen ein Venn-Diagramm zeichnen, das die ersten beiden Tatsachen darstellt, und dann prüfen, ob die dritte Tatsache wahr sein *muß*.

1. Einige Decken sind weich.
   Kein Tisch ist weich.
   Einige Tische sind keine Decken.
   Antwort: Nicht feststellbar.
2. Kein Auto ist bequem.
   Kein unbequemes Fahrzeug ist teuer.
   Kein Auto ist teuer.
   Antwort: Nicht feststellbar.
3. Jeder Mann ist klein.
   Einige Männer sind athletisch.
   Einige kleine Männer sind athletisch.
   Antwort: Wahr.

Weitere Anwendungsmöglichkeiten von Venn-Diagrammen

Sehen wir einmal, wie wir Venn-Diagramme benutzen können, um Probleme zu lösen.

1. In einer Klasse mit 30 Schülern spricht jeder Schüler mindestens eine der Sprachen Englisch, Französisch und Deutsch.
   - 3 sprechen nur Deutsch.
   - 8 sprechen nur Englisch.
   - 7 sprechen nur Französisch und Englisch.
   - 2 sprechen nur Französisch und Deutsch.
   - 4 sprechen nur Englisch und Deutsch.
   - 1 spricht Englisch, Französisch und Deutsch.

   Wie viele Schüler sprechen Französisch, aber kein Deutsch?

Lösung: Tragen Sie die Informationen in ein Venn-Diagramm ein (siehe Abbildung 15a). Wir wollen herausfinden, wie viele sich in der karierten Zone befinden: diejenigen, die Französisch, aber kein Deutsch sprechen. Für einen Teil dieser Zone – diejenigen, die nur Französisch sprechen – fehlt uns die Anzahl.

Von der Gesamtzahl der 30 Schüler haben wir 3 + 8 + 7 + 2 + 4 + 1 = 25 Schüler bereits zugeordnet. Es müssen also 30–25 = 5 sein, die nur Französisch sprechen. Wir setzen diese Anzahl in das Venn-Diagramm ein (Abbildung 15b).

Jetzt können wir sehen, daß sich die Gesamtzahl in der schraffierten Zone – diejenigen, die Französisch, aber kein Deutsch sprechen – auf 7 + 5 = 12 beläuft.

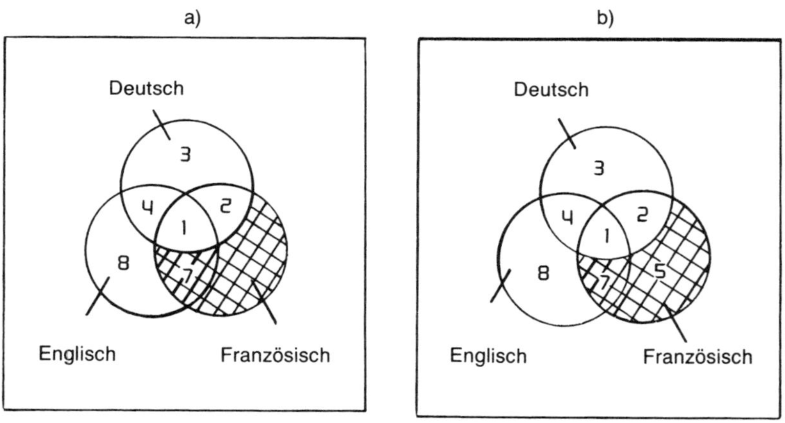

Abbildung 15
Eine Anwendung von Venn-Diagrammen

2. Jeder Schüler in einer Klasse mit 27 Schülern interessiert sich für mindestens eins der Fachgebiete Englisch, Mathematik und Chemie.
   - 9 interessieren sich nur für Mathematik.
   - 13 interessieren sich für Englisch.
   - 3 interessieren sich nur für Chemie.
   - 1 interessiert sich nur für Mathematik und Englisch.
   - 2 interessieren sich nur für Englisch und Chemie.
   - 4 interessieren sich für Englisch, Mathematik und Chemie.

   Wie viele Schüler interessieren sich nur für Chemie und Mathematik?
   Lösung: 2

Hinweise für den Unterricht

Die Spiele, die wir benutzen, um die Fähigkeiten der *Verarbeitung von Informationen (Deduktive Logik)* zu unterrichten, haben alle das Ziel, herauszufinden, welche von vielen Möglichkeiten richtig ist. Man geht so vor, daß man fragt, Informationen bekommt, diese benutzt, um die Möglichkeiten zu reduzieren, abermals fragt, die Möglichkeiten wiederum reduziert usw., bis man die Lösung gefunden hat.

Dieselbe Vorgehensweise wird auch im Alltagsleben und bei der wissenschaftlichen Forschung benutzt. Das folgende Diagramm zeigt einen Kreislauf von Schritten, der sich so lange wiederholt, bis die Lösung gefunden ist:

1. BEOBACHTUNG
↓
2. AUFSTELLUNG VON HYPOTHESEN
↓
3. EXPERIMENTIEREN/ANALYSE VON RESULTATEN
↓
4. AUSSCHLUSS VON MÖGLICHKEITEN
↓
5. SCHLUSSFOLGERUNGEN

Sehen wir uns diese Vorgehensweise im Alltagsleben an. Anstatt sich von jemandem sagen zu lassen, daß man »zwei geheime Buchstaben aus einer Fünfergruppe suchen« soll, definiert man selbst ein Problem, wenn man *beobachtet,* daß irgend etwas nicht in Ordnung ist.

1. BEOBACHTUNG:
   Irgend etwas ist mit meinem Kassettenrecorder nicht in Ordnung; er nimmt nicht auf.
2. AUFSTELLUNG VON HYPOTHESEN:
   Vielleicht sind die Batterien leer.
3. EXPERIMENTIEREN/ANALYSE VON RESULTATEN:
   Setze neue Batterien ein; funktioniert immer noch nicht.
4. AUSSCHLUSS VON MÖGLICHKEITEN:
   Das Problem hat nichts mit den Batterien zu tun.
5. SCHLUSSFOLGERUNG:
   (nach Wiederholung der Schritte 2 bis 4 mit anderen Hypothesen) Der Tonkopf muß gereinigt werden.

Zum Aufwärmen

Im Kapitel 2 haben wir vom Aufwärmen gesprochen, das eine angenehme, entspannte Atmosphäre schaffen und die Schüler zum Denken anregen soll, bevor Sie sie mit neuem Lehrstoff bekannt machen, und wir gaben einige Beispiele für allgemeine Aufwärmaktivitäten. Nachdem die Schüler einige Erfahrungen mit den Fähigkeiten der *Informationsverarbeitung* gesammelt haben, können Sie das Aufwärmen mehr auf diese Fähigkeiten zuschneiden. Zum Beispiel:

Es folgen Additionsaufgaben, bei denen jeder Buchstabe für eine unterschiedliche Ziffer steht. Wie lauten die Ziffern?

1.
```
 AB
  B
 --
 BA
```

2.
```
 CD
 CD
 CD
 ---
EDC
```

Bei der ersten Aufgabe erkennt man, daß aus dem A in der linken Spalte in der Lösung eine andere Ziffer wird – ein B nämlich –, obwohl in dieser Spalte nichts hinzuaddiert wird. Dies kann nur geschehen, wenn aus der rechten Spalte »einer« hinübertransportiert wird. Wir wissen also, daß A + 1 = B ist und daß B + B mindestens 10 ergeben muß.

Wenn wir es mit 5, 6, 7, 8 und 9 als Möglichkeiten für B versuchen, kommen wir zur nachstehenden Lösung:

```
 89
  9
 --
 98
```

Prinzipien dieses Kapitels

Aus den vorgestellten Deduktive-Logik-Spielen kann man die folgenden allgemeinen Prinzipien lernen:

- SCHREIBEN SIE ALLE MÖGLICHKEITEN IN DER GEGEBENEN SITUATION SYSTEMATISCH AUF.
  Ausnahme: Wenn es anfänglich zu viele Möglichkeiten gibt, beschafft man zuerst einige Informationen, schließt einige Möglichkeiten aus und schreibt die verbleibenden auf.
- IN JA/NEIN-SITUATIONEN: WIE BEKOMMEN SIE INFORMATIONEN, DURCH DIE DIE MÖGLICHKEITEN AUF DIE HÄLFTE REDUZIERT WERDEN, EGAL OB DIE ANTWORT »JA« ODER »NEIN« LAUTET.
  Bemerkung: Führen Sie sich vor Augen, daß man aus einer Nein-Antwort genauso viele Informationen wie aus einer Ja-Antwort beziehen kann.
  Bemerkung: Ggf. muß man die Möglichkeiten zu Kategorien von etwa gleicher Größe zusammenfassen, bevor man Informationen einholen kann.
- IN SITUATIONEN MIT MEHR ALS ZWEI MÖGLICHEN RESULTATEN KÖNNEN SIE MIT GEEIGNETEN FRAGEN MEHR ALS DIE HÄLFTE ALLER MÖGLICHKEITEN AUSSCHLIESSEN.
- HERAUSFINDEN EINER EFFEKTIVEN METHODE, UM ERHALTENE INFORMATIONEN LAUFEND AUSWERTEN ZU KÖNNEN.

4. Kapitel

Erkennen von Regeln

Dieses Kapitel stellt die Denkfähigkeit *Erkennen von Regeln* vor und bietet vier Musterlektionen für den Unterricht sowie Regeln für zusätzliche Spiele, mit denen sich die Fähigkeit ausbilden läßt.

Die Fähigkeit, Regeln zu erkennen (Induktive Logik)

Die Fähigkeit, Regeln zu erkennen (formeller auch induktive Logik genannt), beschäftigt sich damit, aus einer Reihe von Beispielen das herauszufinden, was allgemeine Gültigkeit hat. Wir stellen fest, daß ein Zahnstocher schwimmt, daß ein Holzstuhl schwimmt, daß ein Balken schwimmt und daß ein Bücherschrank aus Holz schwimmt, und kommen zu dem verallgemeinernden Schluß, daß alle hölzernen Dinge schwimmen. Dies sei ein Naturgesetz. Ein weiteres Naturgesetz, das wir durch Beobachtung erkennen könnten, ist, daß Magneten Eisen anziehen.

Es gibt auch Regeln für effektives Handeln: Man vermeide gewisse Straßen während der Hauptverkehrszeit, unterlasse körperliche Anstrengungen unmittelbar nach dem Essen.

Wir erkennen diese Regeln, indem wir unsere Erfahrungen zusammenfassen, um festzustellen, was bei verschiedenen Ereignissen ähnlich ist. Bei diesem Prozeß kommen wir von bestimmten Tatsachen aus zu allgemeinen Folgerungen.

Im Alltagsleben stellen wir nach unseren Erfahrungen mit anderen Menschen, insbesondere mit unseren Freunden und Verwandten, Regeln auf:
- was eine Person gerne tut,
- worüber eine Person nicht gerne spricht,
- wie man eine Person glücklich machen kann.

Im Geschäftsleben stellen Verkäufer Regeln auf, die ihnen helfen, unterschiedliche Typen potentieller Käufer richtig einzuschätzen und mit ihnen umzugehen. Sie erkennen
- vielversprechende Kunden und solche, die reine Zeitverschwendung sind,
- diejenigen, für die der Preis wichtiger ist, und diejenigen, die mehr auf gute Qualität oder Kundendienst Wert legen.

Und als Käufer sammeln wir unsere Erfahrungen und stellen Regeln auf wie:
- Dieses Geschäft hat höhere Preise,
- dieses Geschäft hat einen guten Kundendienst und bietet erstklassige Ware.

Lektionsübersicht

Dieses Kapitel behandelt verschiedene Arten von Regeln:

Erste Lektion:
Eine einfache *Sequenzregel,* mit der Objekte (oder Zahlen oder Einzelinformationen) in einer Reihenfolge mit oder ohne festgelegte Zwischenräume zwischen ihnen geordnet werden.

Zweite Lektion
Eine Regel für *spezifische* Objekte in einer sich wiederholenden Sequenz.

Dritte Lektion
Eine Regel für *Kategorien* von Objekten in einer sich wiederholenden Sequenz.

Vierte Lektion
Eine Regel, die bestimmt, welche Elemente in eine Kategorie gehören und welche nicht.

Alle diese Regelarten findet man ständig in Intelligenztests. Wir zeigen Ihnen, wie Sie ihre Schüler durch Denkaufgaben und Spiele üben lassen können, sie wiederzuerkennen.

1. Lektion – Sequenzregeln

Hintergrund

Als Kind haben Sie sich vielleicht in Ihrer Klasse »der Größe nach aufgestellt«. Das kleinste Kind stand in der Reihe ganz vorne, dann kam das zweitkleinste usw., bis das größte Kind die Reihe abschloß. Dies ist ein Beispiel dafür, wie man eine Reihe von Objekten nach einer Regel in einer Folge anordnet.

Beim »Aufstellen der Größe nach« achten wir nur auf die Größe einer Person und lassen andere Faktoren wie Gewicht, Haarfarbe usw. außer acht.

Lernziele

- Erkennen einer steigenden oder fallenden Folge.
- Erkennen einer steigenden oder fallenden Folge mit festen Zwischenräumen.
- Aufbau einer steigenden oder fallenden Folge mit und ohne feste Zwischenräume.

Unterrichtsverfahren

Geben Sie der Klasse die nachstehenden Informationen über acht Personen. Fragen Sie, welche Regel die Reihenfolge bestimmt, in der sie aufgeführt sind.

Person	**Größe**	**Gewicht**	**Ulmenstr. Nr.**
Anton	1,80	68 kg	201
Ellen	1,78	58 kg	226
Gerhard	1,76	73 kg	232
Susanne	1,74	62 kg	275
David	1,72	79 kg	194
Maria	1,70	67 kg	519
Karl	1,68	57 kg	408
Barbara	1,66	64 kg	318

Die Regel ist hier, die Personen der Größe nach aufzuführen, wobei die größte Person an erster Stelle steht.

Wie sind sie unten aufgereiht?

Person	**Größe**	**Gewicht**	**Ulmenstr. Nr.**
Karl	1,68	57 kg	408
Ellen	1,78	58 kg	226
Susanne	1,74	62 kg	275
Barbara	1,66	64 kg	318
Maria	1,70	67 kg	519
Anton	1,80	68 kg	201
Gerhard	1,76	73 kg	232
David	1,72	79 kg	194

Die Regel ist hier, die Personen dem Gewicht nach aufzuführen, wobei die leichteste Person an erster Stelle steht.

Wie könnten sie noch geordnet werden?

- Nach ihren Hausnummern in der Ulmenstraße mit der niedrigsten Hausnummer zuerst.

- Nach der alphabetischen Reihenfolge ihrer Namen, wobei etwa der alphabetisch erste Name zuletzt kommt.
- Usw.

Um die Sequenzregel bei diesen Beispielen herauszufinden, prüft man jedes Merkmal daraufhin, ob es sich von Fall zu Fall immer in dieselbe Richtung verändert. Um die Regel festzulegen, muß man sagen, welches Merkmal (Größe, Gewicht usw.) den Unterschied ausmacht und in welcher Richtung (steigend, fallend, vom Anfang zum Ende des Alphabets) es sich verändert.

Hinweise für den Unterricht

Führen Sie sich vor Augen, daß dieselbe Gruppe von Objekten (im vorliegenden Fall Menschen mit Namen, Größen, Gewichten und Hausnummern) nach einer Regel in verschiedenen Reihenfolgen aufgeführt werden kann, abhängig davon, welches Merkmal wir in den Vordergrund stellen.

Lassen Sie die Klasse jetzt über kompliziertere Regeln nachdenken, die die Objekte in eine bestimmte Reihenfolge bringen und auch festlegen, wie weit sie voneinander entfernt sein sollen.

Nehmen wir beispielsweise an, wir haben bereits eine Liste der nachstehenden Informationen über fünf Personen und wollen wissen, wer laut Regel als nächste(r) aufgeführt werden müßte.

Person	Größe	Gewicht	Ulmenstr. Nr.
Barbara	1,66	64 kg	318
Karl	1,68	57 kg	408
Maria	1,70	67 kg	519
David	1,72	79 kg	194
Susanne	1,74	62 kg	275

Wir besitzen diese Informationen auch über drei Personen, die noch nicht eingereiht sind:

Person	Größe	Gewicht	Ulmenstr. Nr.
Anton	1,80	68 kg	201
Ellen	1,78	58 kg	226
Gerhard	1,76	73 kg	232

Wir wollen wissen, wer laut Regel als nächste(r) aufzuführen ist.

Wir haben es mit einer Sequenzregel nach der Größe zu tun, wobei die kleinste Person an erster Stelle steht. Wenn es bei der Regel nur um die *Reihenfolge* ginge, dann könnten sowohl Gerhard als auch Ellen und Anton als nächste(r) kommen, weil alle größer sind als Susanne, der letzten auf der Liste. Wenn es bei der Regel jedoch um eine *Reihenfolge mit festem Zwischenraum zwischen den Personen* (2 cm Größenunterschied) ginge, könnte nur Gerhard als nächster kommen.

Wer kommt also als nächste(r)? Es hängt davon ab, ob wir sagen:

- Wir haben es nur mit einer Sequenzregel zu tun (dann kommen Gerhard, Ellen und Anton in Frage).
- Wir haben es mit einer Sequenzregel mit festgelegten Zwischenräumen zu tun (dann könnte nur Gerhard als nächster kommen).

Eine Sequenzregel mit festgelegtem Zwischenraum muß sich nicht mit Zahlen oder Buchstaben beschäftigen. Man könnte beispielsweise auch den großen Zeiger einer Uhr alle fünf Minuten fotografieren (Abbildung 1).

Abbildung 1

Sequenzregel mit festgelegtem Intervall ohne Zahlen oder Buchstaben

Praktische Übungen

1. Was kommt jeweils als nächstes?
   a) 1, 3, 5, 7, 9?
   b) A, C, E, G, I?
   c) Z, X, V, T, R?
   d) 1, 4, 7, 11, 14, 17?
   e) A, E, F, H, I, K?

   Lösungen:
   a) 11 Je zwei Zahlen Abstand, aufsteigende Folge.
   b) K Je zwei Buchstaben Abstand, aufsteigende Folge.
   c) P Je zwei Buchstaben Abstand, fallende Folge.
   d) 41 Aufeinander folgende Zahlen, die mit *geraden* Linien geschrieben werden können (Ziffern wie 2, 3 und 5 erfordern *kurvige* Linien), aufsteigende Folge.
   e) L Aufeinander folgende Buchstaben, die mit geraden Linien geschrieben werden können, aufsteigende Folge.
2. Teilen Sie die Klasse in Paare auf. Lassen Sie die Schüler sich in jedem Paar gegenseitig Sequenzprobleme mit und ohne feste Zwischenräume zur Lösung aufgeben.
3. Lassen Sie die Klasse als Hausaufgabe Beispiele von Folgen finden, bei denen *keine* Buchstaben oder Zahlen vorkommen. Einige mögliche Lösungen wären:

- Die Sequenz der Schritte bei einer Handlung:
  - Brief schreiben,
  - Brief zusammenfalten,
  - Brief in den Umschlag stecken,
  - Umschlag zukleben,
  - Umschlag zur Post bringen.
- Die Folge der Ereignisse in einer Geschichte.
- Der Weg eines sich bewegenden Objekts.

Fragen Sie nach, ob diese Sequenzen auch eine Regel für die Zwischenräume beinhalten.

2. Lektion - Regeln mit sich wiederholender Sequenz

Hintergrund

Statt nach einer Regel über Aufsteigen oder Fallen einer Größe kann man Objekte auch nach einer *Wiederholungsregel* anordnen. Bei einer Fortsetzung der Abbildung 1 würden wir sehen, daß die Wiederholung mit dem dreizehnten Foto beginnt. Abbildung 2 zeigt eine Regel, nach der ein Mosaikplättchen im Uhrzeigersinn rotiert und seine Position nach vier Drehungen wiederholt.

Abbildung 2
Rotierendes Mosaikplättchen, dessen Position sich nach jeder vierten Drehung wiederholt

Lernziele

- Erlernen des *Begriffs des Zyklus* bei einer sich wiederholenden Sequenz.
- Erlernen des *Begriffs des Faktors* bei einer sich wiederholenden Sequenz.
- Lösung von Problemen mit sich wiederholender Sequenz.
- Aufbau von Problemen mit sich wiederholender Sequenz.

Unterrichtsverfahren

Erklären Sie der Klasse, daß die Sequenz in Abbildung 2 einen *Viererzyklus* hat, was bedeutet, daß sich die Sequenz nach vier Bildern wiederholt. Erklären Sie auch, daß der *Faktor* (das Element, das sich verändert) in diesem Fall die *Position* des Mosaikplättchens ist.

Abbildung 3 zeigt eine Regel, nach der die Sequenz *Kreis, Quadrat* und *Dreieck* immer wieder erscheint. Die Regel sieht hier einen Dreierzyklus vor. Der Faktor ist die Form.

Abbildung 3
Sequenzregel: Kreis, Quadrat, Dreieck
Faktor: Form

Fragen Sie die Schüler nach dem Zyklus und dem Faktor in Abbildung 4.

Abbildung 4
Wie lautet die Sequenzregel?
Was ist der Faktor?

Diese Abbildung zeigt eine Sequenzregel mit *zwei weißen Kreisen,* dann einem *schwarzen Kreis* und anschließender Wiederholung. Die Regel hat einen Dreierzyklus, und der Faktor ist die Farbe.

Zwei Faktoren

Angenommen, wir nehmen einen einfachen Zweierzyklus: *Kreis, Quadrat,* Wiederholung, wobei der Faktor die Form ist (Abbildung 5).

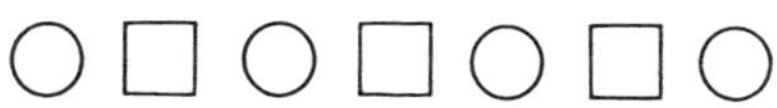

Abbildung 5
Zweierzyklus, Faktor: Form

Wir überlagern diesem einen weiteren Dreierzyklus: *weiß, weiß, schwarz,* Wiederholung, der den Faktor Farbe benutzt. Wir sehen, daß man einfache Sequenzen, die miteinander verknüpft werden, benutzen kann, um kompliziertere Sequenzen aufzubauen.

Abbildung 6
Hinzufügung des Faktors Farbe

Drei Faktoren

Wir könnten auch eine Sequenz mit *drei* Faktoren aufbauen:
- Wir beginnen mit dem Faktor Farbe und einem Zweierzyklus: *weiß, schwarz,* Wiederholung (Abbildung 7).

- Wir fügen einen Faktor Größe mit einem Dreierzyklus hinzu: *klein, klein, groß,* Wiederholung (Abbildung 8).
- Als nächstes fügen wir einen Faktor Form mit einem Dreierzyklus hinzu: *Kreis, Dreieck, Kreis,* Wiederholung.

Wir erhalten eine Sequenz mit *drei* Regeln. Abbildung 9 zeigt sie in Form einer Intelligenztestfrage.

Abbildung 7
Zweierzyklus, Faktor: Farbe

Abbildung 8
Dreierzyklus (klein, klein, groß); Hinzufügung des Faktors Größe

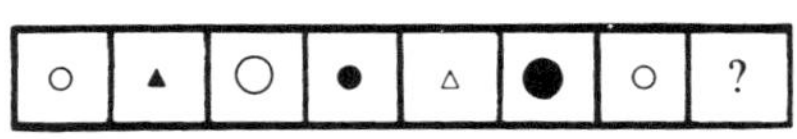

Abbildung 9
Dreierzyklus, Hinzufügung des Faktors Form
(Die Folge ist jetzt typisch für einen Intelligenztest)

Herausfinden von Regeln mit zwei und drei Faktorsequenzen
In einem Intelligenztest können Sie mit einer Folge von Elementen konfrontiert werden, deren Regeln Sie herausfinden sollen. Üblicherweise müssen Sie zeigen, daß Sie die Regeln erkannt haben, dadurch daß Sie angeben, welches Element als nächstes kommt.

Diese Art von Problemen können Sie folgendermaßen lösen:

a) Zuerst stellen Sie alle Merkmale fest, durch die sich die Elemente voneinander unterscheiden. Die gebräuchlichsten Merkmale sind:
   - Form
   - Größe
   - Zahl
   - Farbe (oder Schattierung)
   - Position (z. B. Drehung)
b) Dann suchen Sie nach einer *separaten* Regel für jedes Merkmal, durch das sich die Elemente voneinander unterscheiden.
   Gehen Sie beispielsweise die Abbildung 10 mit der Klasse durch.

Wie lautet die Regel?

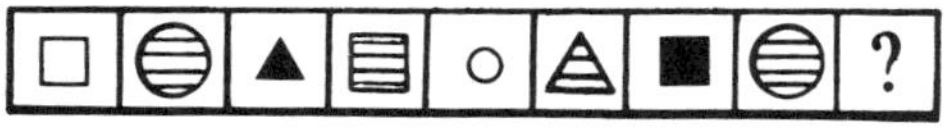

Abbildung 10

Die Elemente unterscheiden sich in drei Aspekten:
- **Form** (Quadrat, Kreis, Dreieck)
- **Größe** (klein, groß)
- **Farbe** (weiß, schwarz, schraffiert)

Form: Wir haben
Quadrat, Kreis, Dreieck, Quadrat, Kreis, Dreieck, Quadrat, Kreis,?
Es handelt sich um einen Dreierzyklus:
/Quadrat, Kreis, Dreieck/
/Quadrat, Kreis, Dreieck/
/Quadrat, Kreis,?/
Ein *Dreieck* kommt als nächstes.

Größe: Wir haben
klein, groß, klein, groß, klein, groß, klein, groß,?
Es handelt sich um einen Zweierzyklus:
/klein, groß/
/klein, groß/
/klein, groß/
/klein, groß/
/ ? /
Klein kommt als nächstes.

Farbe: Wir haben
weiß, schraffiert, schwarz, schraffiert, weiß, schraffiert, schwarz, schraffiert,?
Es handelt sich um einen Viererzyklus.
/weiß, schraffiert, schwarz, schraffiert/
/weiß, schraffiert, schwarz, schraffiert/
/ ? /
Weiß kommt als nächstes.

Ein *kleines, weißes Dreieck* kommt als nächstes.

Praktische Übungen

1. Lassen Sie die Klasse die Figur zeichnen, die in den Folgen aus Abbildung 11 jeweils als nächste kommt. Vergleichen Sie die Lösungen mit denen am Ende dieses Kapitels.

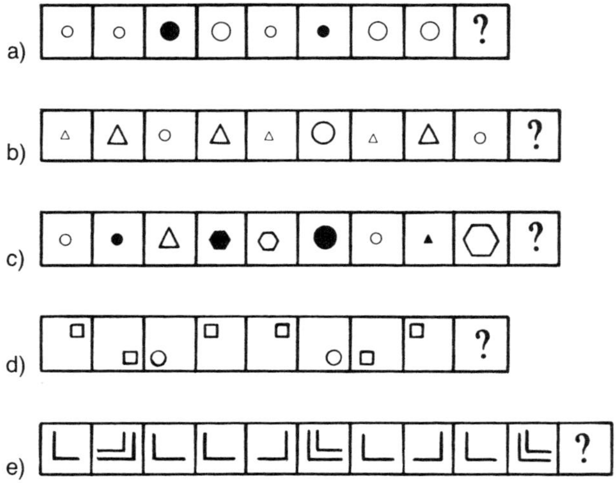

Abbildung 11

Übungen: Was kommt als nächstes?

2. Lassen Sie die Schüler sich gegenseitig Probleme wie in Abbildung 11 stellen. Kein Problem sollte mehr als drei Regeln beinhalten und keines über einen Viererzyklus hinausgehen. Teilen Sie die Klasse in Paare auf. In jedem Paar tauschen die Schüler Aufgaben aus.

3. Lektion – Regeln mit sich wiederholenden Sequenzen, Kategorien von Objekten

Hintergrund

Bei den Sequenzregeln der 1. und 2. Lektion ging es um ein bestimmtes Element, das als nächstes kommen sollte. In dieser Lektion haben wir es mit Sequenzregeln zu tun, die festlegen, welche Element*kategorie* als nächstes kommen sollte.

Nehmen wir beispielsweise die folgende Sequenz:

BEJUKAN?

Die Regel lautet: *Konsonant, Vokal, Wiederholung. Jeder* Vokal könnte als nächstes kommen – A, E, I, O oder U.

Lernziele

- Lösung von Sequenzproblemen mit Wiederholung für Kategorien.
- Aufbau von Sequenzproblemen mit Wiederholung für Kategorien.

Unterrichtsverfahren

Spielen Sie ein Spiel, in dem die Klasse Ihre Regel für eine Kategoriensequenz (wie z. B. *Konsonant, Vokal, Wiederholung* im obigen Beispiel) herausfinden soll. Benutzen Sie die Spielkarten. Sie zeigen den Schülern zwei Karten, die nach der Regel die ersten beiden in der Folge sein können. Dann fragen die Schüler, ob eine bestimmte andere Karte als nächste folgen kann, und Sie sagen ihnen, ob das möglich ist oder nicht. Nach jeder Frage können die Schüler versuchen zu raten, wie die Regel lautet.

Beginnen Sie, indem Sie verdeckt die Sequenzregel für Kategorien notieren. Sagen Sie den Schülern, daß in Ihrer Regel ein oder zwei Faktoren vorkommen können. Dann zeichnen Sie die ersten beiden Karten, die nach Ihrer Regel erlaubt sind, an die Tafel.

Rufen Sie einen Schüler auf, der fragen soll, ob eine bestimmte Karte als nächste kommen kann.

Wenn ja, zeichnen Sie sie rechts neben die schon vorhandene Karte, wenn nein, zeichnen Sie sie unter diese Karte. Dann darf der Schüler versuchen, die Regel zu formulieren.

Wenn der Schüler richtig geraten hat, endet das Spiel. Wenn nicht, bitten Sie einen anderen Schüler, eine nächste mögliche Karte vorzuschlagen, und zeichnen diese dahinter (falls die Regel sie erlaubt) oder darunter (falls die Regel sie nicht erlaubt). Dann geben Sie auch diesem Schüler Gelegenheit, die Regel zu erraten.

Das Spiel endet, sobald ein Schüler die Regel richtig formuliert.

Folgendermaßen könnte ein Spiel ablaufen:

Sie schreiben zunächst die Kreuz-Vier und die Karo-Drei an die Tafel.

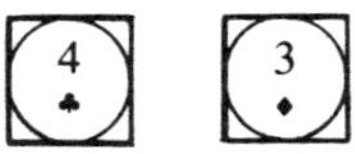

Abbildung 12

Herausfinden der Sequenzregel – Beginn des Musterspiels

Schüler A: Kann die Karo-Fünf als nächste kommen?
Sie: Ja. (Abbildung 13)

Abbildung 13
Die Karo-Fünf kann als nächste kommen

Schüler A: Die Regel lautet: Gerade, ungerade, ungerade, Wiederholung.
Sie: Nein, das stimmt nicht.
Schüler B: Kann die Herz-Sechs als nächste kommen?
Sie: Nein.

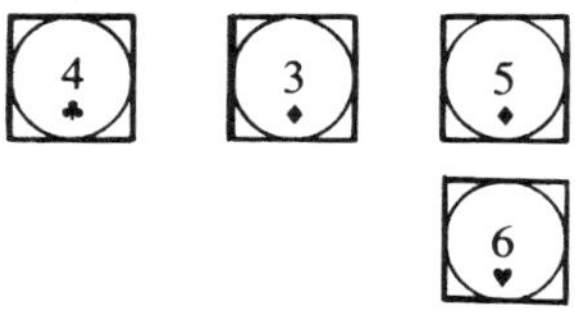

Abbildung 14
Die Herz-Sechs kann nicht als nächste kommen

Schüler B: Die Regel lautet: Schwarze Karte, rote Karte, rote Karte, Wiederholung.
Sie: Nein, so lautet die Regel nicht.
Schüler C: Kann die Herz-Vier als nächste kommen?
Sie: Ja. (Abbildung 15)

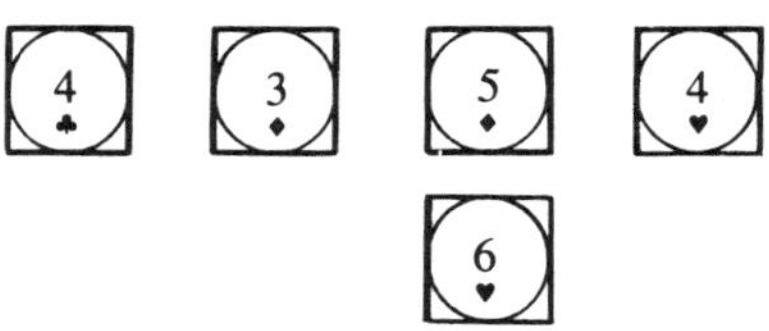

Abbildung 15
Die Herz-Vier kann als nächste kommen

Schüler C: Die Regel lautet: Vier oder niedriger, Vier oder niedriger, höher als Vier, Wiederholung.
Sie: Ja.

Praktische Übungen

1. Lassen Sie die Klasse Probleme wie die in Abbildung 16 lösen. In allen Fällen bekommen sie die Protokolle nach einer Reihe von Fragen zu sehen und müssen feststellen, wie die Regel lautet. Es sind höchstens zwei Faktoren vorhanden, und kein Zyklus ist länger als vier Elemente.

a) P,O,S,E,L,
F,A,R,U,
I,B

b) H,U,Z,S,
F,O,T
I,S

c) A,N,G,O,B,
L,T, Y
I,V, W

d)
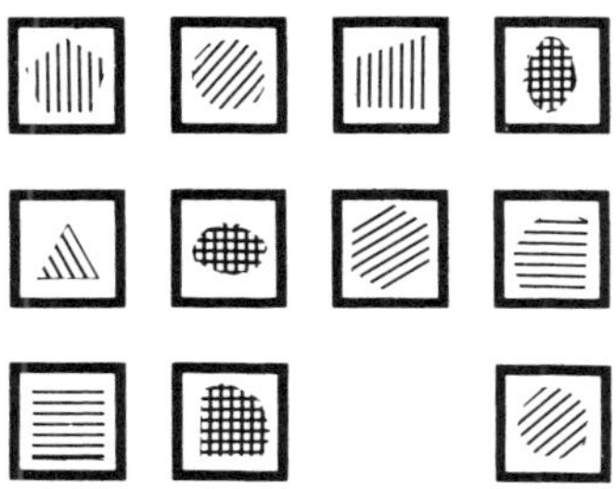

e)
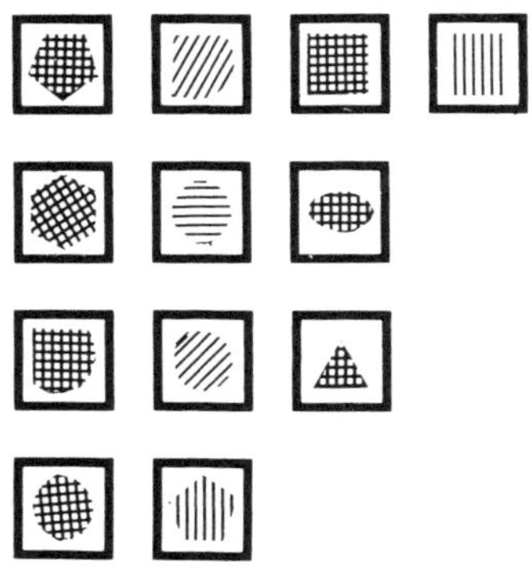

f)

Abbildung 16 a–f
Sequenzprobleme

g)

h)

Abbildung 16 g–h
Sequenzprobleme

2. Lassen Sie die Schüler das Spiel, das Sie mit ihnen gespielt haben, paarweise miteinander spielen, wobei die normalen Spielkarten verwendet werden. Anschließend sollen die Schüler die
   - Buchstabenkarten,
   - Mosaikkarten,
   - Bilderkarten,
   - Buchstabenkarten, Mosaikkarten und Bilderkarten zusammen benutzen.
3. Lassen Sie die Schüler sich selbst Probleme wie in Abbildung 16 für ihre Klassenkameraden ausdenken. Teilen Sie die Klasse in Paare auf. In jedem Paar wechseln sich die Schüler mit Aufgaben ab.

4. Lektion – Was gehört in eine Kategorie?

Hintergrund

Wir haben uns bisher auf Regeln konzentriert, bei denen Elemente wie etwa ein Kreis, ein Dreieck oder eine Formkarte zu denjenigen, die vorher oder nachher kommen, in Beziehung gesetzt werden. Eine andere grundlegende Regelart gestattet es, Elemente in Kategorien einzuteilen. Diese Art von Regeln legt fest, was in eine Kategorie gehört und was nicht.

Nehmen wir an, man sagt Ihnen, daß Ihr Großvater, Ihr Volksschullehrer, der Bundeskanzler und der Kellner in Ihrem Lieblingsrestaurant in eine Kategorie gehören, Ihr Auto, der Kölner Dom, Tomaten, Regen und Ihr Fernseher hingegen nicht. Sie könnten zwei Listen anlegen:

Gehört in die Kategorie	**Gehört nicht in die Kategorie**
Mein Großvater	Mein Auto
Mein Volksschullehrer	Der Kölner Dom
Der Bundeskanzler	Tomaten
Der Kellner in meinem Lieblingsrestaurant	Regen
	Mein Fernsehgerät

Sie würden leicht herausfinden, daß *Menschen* laut Regel in die Kategorie gehören, *Nichtmenschen* jedoch nicht.

Lernziele

- Lernen, auf effiziente Art und Weise die Regel herauszufinden, die festlegt, welche Elemente in eine Kategorie gehören und welche nicht.

Unterrichtsverfahren

Spielen Sie das nachstehende Spiel, bei dem die Klasse die Regel herausfinden soll, nach der Sie festgelegt haben, welche Elemente in eine Kategorie passen und welche nicht. Zuerst zeigen Sie den Schülern ein Element, das paßt, und eins, das nicht paßt. Dann stellen die Schüler Fragen nach anderen Elementen, und Sie sagen ihnen, ob diese passen oder nicht. Nach jeder Frage wird geraten, wie die Regel lautet.

Beginnen Sie, indem Sie verdeckt die Regel aufschreiben, die festlegt, welche Elemente in die Kategorie gehören. Ihre Regel darf sich nur auf einen Aspekt der Elemente beziehen, beispielsweise, ob die Linien kurvig oder gerade sind oder ob die Elemente einfarbig oder schraffiert sind.

Zeichnen Sie ein Element, das laut Regel in die Kategorie gehört, und eins, das nicht hineingehört, an die Tafel. Bauen Sie ein Tafelbild wie in Abbildung 17 auf.

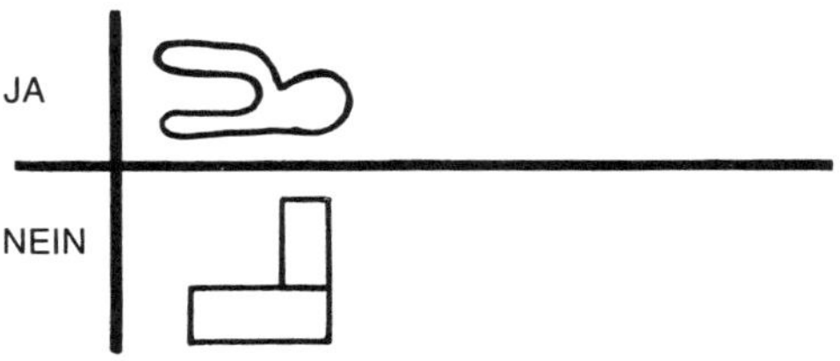

Abbildung 17
Die »Ja«-Figur gehört in die Kategorie, die »Nein«-Figur nicht.
Welche Kategorie ist gemeint?

Bitten Sie einen Schüler, an einer freien Stelle der Tafel eine neue Figur zu zeichnen. Geben Sie bekannt, ob die neue Figur in die Kategorie paßt.
- Wenn ja, zeichnen Sie sie in der Ja-Reihe noch einmal hin,
- wenn nein, zeichnen Sie sie in die Nein-Reihe.

Dann geben Sie dem Schüler eine Möglichkeit, die Regel zu formulieren.
- Wenn der Schüler richtig geraten hat, ist das Spiel beendet.
- Wenn er falsch geraten hat, fordern Sie einen anderen Schüler auf, eine neue Figur zu zeichnen.

Fahren Sie fort wie gehabt: Sagen Sie, ob die neue Figur in die Kategorie paßt, zeichnen Sie sie in die Ja- oder Nein-Reihe, und geben Sie dem Schüler Gelegenheit, die Regel zu erraten.

Das Spiel endet, wenn ein Schüler die Regel richtig formuliert hat.

Folgendermaßen könnte ein Spiel ablaufen:

Zuerst zeichnen Sie die Abbildung 17 an die Tafel.

Schüler A: Paßt dies? (Abbildung 18)

Abbildung 18
Paßt in die Kategorie

Sie: Ja.
Schüler A: Die Regel lautet: Figuren, die nur aus kurvigen Linien bestehen.
Sie: Nein, so lautet die Regel nicht.
Schüler B: Paßt dies? (Abbildung 19)
Sie: Ja.

Schüler B: Figuren, die nur aus geraden Linien bestehen, erlaubt die Regel nicht.
Sie: Nein, das ist nicht richtig.

Abbildung 19
Paßt in die Kategorie

Schüler C: Paßt dies? (Abbildung 20)
Sie: Nein.
Schüler C: Figuren mit lauter rechten Winkeln sind nicht erlaubt.
Sie: Nein, so lautet die Regel nicht.

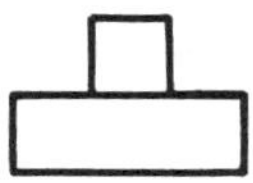

Abbildung 20
Paßt nicht in die Kategorie

Schüler D: Paßt dies? (Abbildung 21)
Sie: Ja.
Schüler D: Die Regel lautet: Figuren mit Linien, die sich nicht überschneiden, passen in die Kategorie.
Sie: Ja!

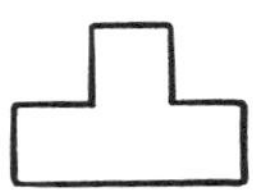

Abbildung 21
Paßt in die Kategorie

Die Tafel würde nun wie Abbildung 22 aussehen.

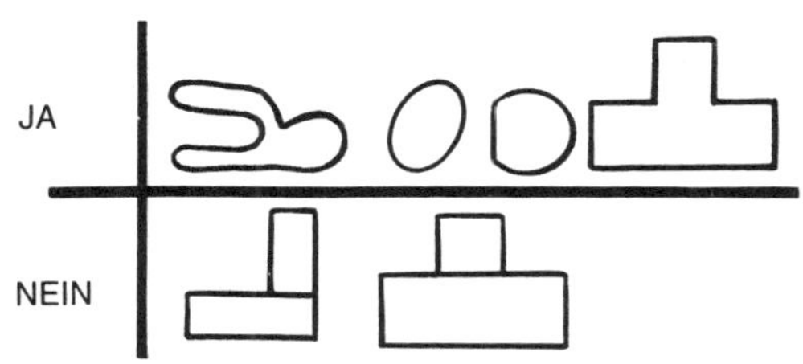

Abbildung 22
Das Protokoll nach vier Rateversuchen

Hinweise für den Unterricht

Nachdem Sie dieses Spiel ein paarmal mit der Klasse gespielt haben, führen Sie als Variante eine Regel ein, die gleichzeitig zwei Faktoren beinhaltet. Die Figuren der Kategorie müssen beispielsweise schraffiert sein und aus geraden Linien bestehen (Abbildung 23).

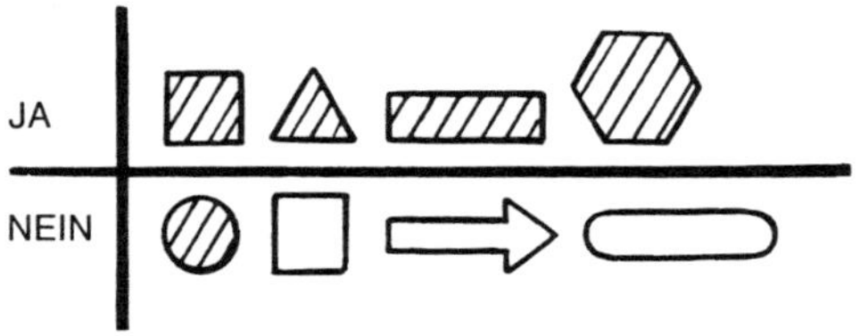

Abbildung 23
Eine Regel, die gleichzeitig zwei Faktoren betrifft

Zu den Faktoren, die Sie abhängig vom Leistungsvermögen Ihrer Schüler in diesem Spiel verwenden können, gehören gekrümmte Linien im Gegensatz zu geraden, regelmäßige Polygone im Gegensatz zu unregelmäßigen, schraffierte Figuren im Gegensatz zu einfarbigen, offene Figuren im Gegensatz zu geschlossenen, symmetrische Figuren im Gegensatz zu unsymmetrischen, einfache Figuren im Gegensatz zu komplexen usw.

Praktische Übungen

1. Die Abbildungen 24–27 zeigen einige Beispiele, wie die Tafel nach mehreren Spielen aussehen könnte. Sind Ihre Schüler imstande, jeweils die Regel zu erklären?

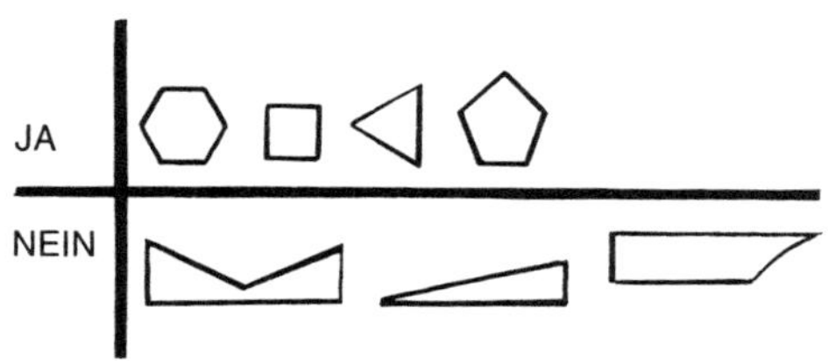

Abbildung 24
Wie lautet die Regel?

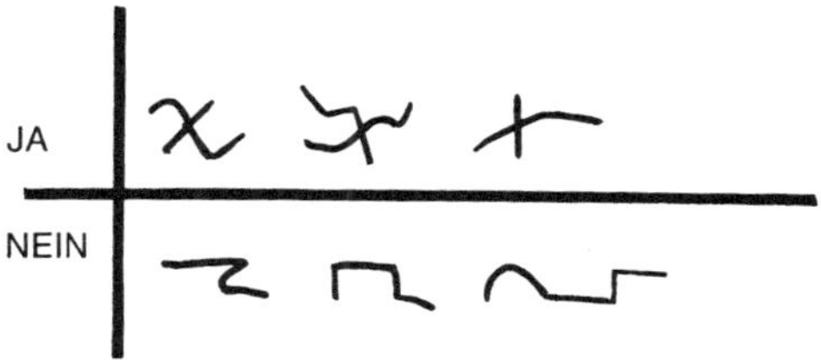

Abbildung 25
Wie lautet die Regel?

Abbildung 26
Wie lautet die Regel?

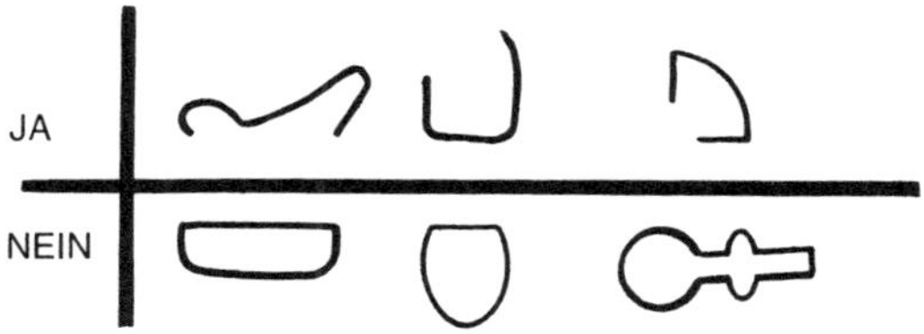

Abbildung 27
Wie lautet die Regel?

Lösungen:
24. JA = regelmäßige Polygone
25. JA = sich kreuzende Linien
26. JA = schwarz und kurvig
27. JA = offene Figur

2. Lassen Sie die Schüler dieses Spiel paarweise miteinander spielen. Der Spieler, der sich die Regel ausdenkt, bekommt einen Punkt für jede Figur, die der andere Spieler zeichnet. Die Spieler tauschen die Rollen und setzen das Spiel fort, bis alle Spieler gleich oft eine Regel aufgestellt haben. Der Spieler mit den meisten Punkten gewinnt.

   Lassen Sie die Schüler zusätzlich zum Entwerfen eigener Zeichnungen die Buchstabenkarten, die Zahlenkarten, die Mosaikkarten, die Farbkarten, die Bilderkarten und alle Kartensorten zusammen benutzen.

Gehen Sie im Klassenraum umher, um zu gewährleisten, daß die Schüler die Regeln befolgen, und ihnen zu helfen, sich Figuren auszudenken, nach denen sie fragen können.

3. Lassen Sie die Schüler das Spiel nicht mit Figuren, sondern mit Worten spielen.

JA	Tisch	Stuhl	Bett
NEIN	Ball	Blume	Bart

»JA« im obigen Beispiel: Möbelstücke

Hinweise für den Unterricht

Auf einem höheren Niveau sollten die Schüler in der Lage sein, die Regel zu erkennen, die für alle Elemente einer Gruppe gilt, für eine andere Gruppe jedoch nicht, auch wenn die Elemente zusätzlich *irrelevante* Merkmale aufweisen. Mit anderen Worten sollten sie in der Lage sein, das, was den Unterschied ausmacht, von dem zu trennen, was belanglos ist. In der Abbildung 28 beispielsweise enthalten alle sechs Kästchen auf der linken Seite *symmetrische* Figuren, aber keines der sechs Kästchen auf der rechten Seite. Die irrelevanten Merkmale sind Größe, Form und Farbe.

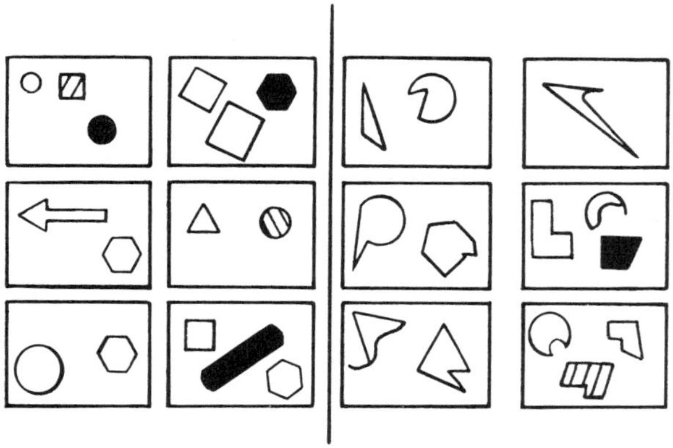

Abbildung 28
Was haben die Kästchen auf der linken Seite gemeinsam, das für die Kästchen auf der rechten Seite nicht zutrifft?

Praktische Übungen

1. Lassen Sie die Schüler in allen Fällen der Abbildung 29 die Regel herausfinden, die allen Figurengruppen auf der linken Seite zugrunde liegt, für die Gruppen auf der rechten Seite jedoch nicht zutrifft.

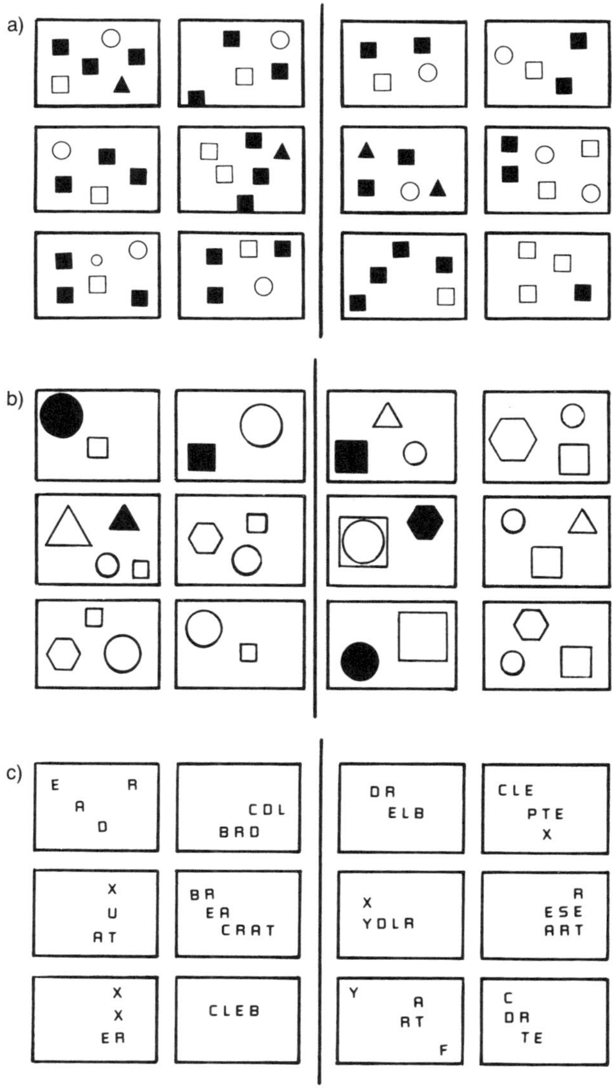

d)

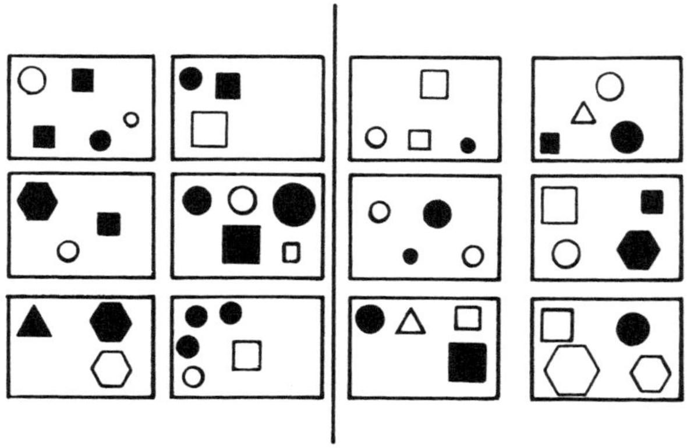

Abbildung 29

Was haben die Kästchen auf der linken Seite gemeinsam, das für die Kästchen auf der rechten Seite nicht zutrifft?

Lösungen:

a) Jedes Kästchen enthält drei schwarze Quadrate.
b) Der Kreis ist größer als das Quadrat.
c) Jedes Kästchen enthält eine gerade Anzahl von Buchstaben.
d) Jedes Kästchen enthält genau ein schwarzes Objekt mehr als weiße.

2. Lassen Sie die Schüler sich gegenseitig Denkaufgaben wie in Abbildung 29 stellen.
3. Abbildung 30 a zeigt einige Symbole und die Folge aus drei Buchstaben, für die jedes Symbol steht. Die Schüler müssen die Regeln herausfinden, die die Symbole systematisch mit den Buchstabenfolgen verbinden. Wenn sie den »Kode geknackt« haben, werden sie in Abbildung 30 b in der Lage sein, die Buchstabenfolgen, die den Symbolen entsprechen, und die Symbole, die den Buchstabenfolgen entsprechen, einzusetzen.

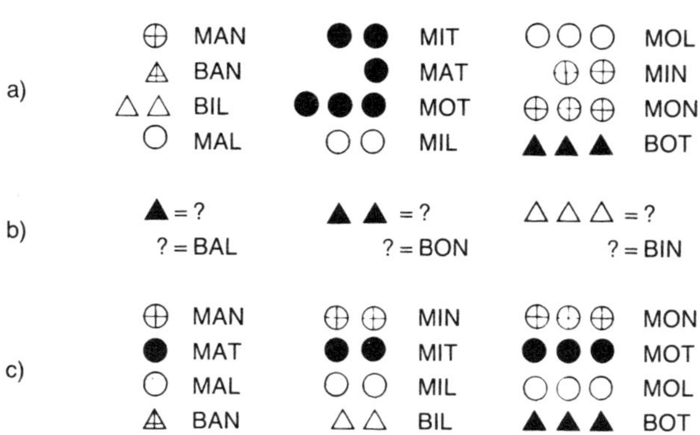

d)

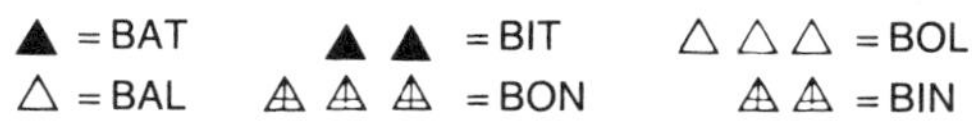

Abbildung 30

a) Symbole, die Drei-Buchstaben-Kombinationen entsprechen
b) Erkennen Sie die Regeln und finden Sie die Entsprechungen
c) Eine Neugruppierung hilft
d) Die Lösungen

Um die Regeln zu erkennen, ist es hilfreich, die bekannten Symbol/Buchstaben-Paare so anzuordnen, daß ähnliche Symbole (oder ähnliche Buchstabenkombinationen) nebeneinander bzw. untereinander stehen (Abbildung 30c).
Jetzt können wir sehen, daß
- ein einzelnes Symbol dem Mittelbuchstaben A entspricht,
- ein doppeltes Symbol dem Mittelbuchstaben I entspricht,
- ein dreifaches Symbol dem Mittelbuchstaben O entspricht,
- ein Kreis dem Anfangsbuchstaben M entspricht,
- ein Dreieck dem Anfangsbuchstaben B entspricht,
- ein leeres Zentrum dem Endbuchstaben L entspricht,
- ein schwarzes Zentrum dem Endbuchstaben T entspricht,
- ein gekreuztes Zentrum dem Endbuchstaben N entspricht.

Die Lösungen sind in Abbildung 30d zu finden.

4. Abbildung 31a zeigt einen neuen Satz von Symbolen und die zwei- bzw. dreibuchstabigen Kombinationen, für die jedes Symbol steht. Lassen Sie die Klasse die Regeln herausfinden und die Gleichungen in Abbildung 31b vervollständigen.

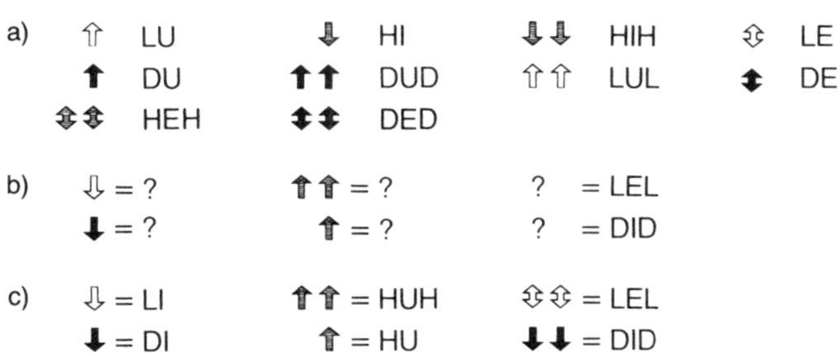

Abbildung 31

a) Symbole, die zwei- und dreibuchstabigen Kombinationen entsprechen
b) Erkennen Sie die Regeln, und finden Sie die Entsprechungen
c) Die Lösungen

Ein neues Spiel

GITTER AUFDECKEN

Ziel des Spiels:
Herausfinden der Regel für die Sequenz von Figurenkarten in einem Gitter durch Aufdecken

Anzahl der Spieler:
Zwei oder mehr

Benötigtes Material:
4 × 4-Gitter, Figurenkarten

Spielablauf:
Spieler A
- entscheidet sich für eine Sequenzregel mit einem Zyklus, der nicht länger als vier sein darf. Die Folge muß in einer der Reihenfolgen aus Abbildung 32 gelegt werden.
- belegt das gesamte Netzgitter nach der Regel mit Figurenkarten, wobei er oben links beginnt,
- dreht alle 16 Figurenkarten um, so daß sie verdeckt sind.

Abbildung 33 zeigt jeweils ein mögliches Resultat bei Anwendung der entsprechenden Reihenfolgen.
Spieler B wählt eine beliebige Figurenkarte, deckt sie auf und darf einmal raten, wie die Regel lautet.
- Wenn die Regel richtig genannt wird, endet das Spiel.
- Wenn das nicht der Fall ist, wählt Spieler B (bei zwei Spielern) eine andere Karte, die er aufdeckt. Bei mehr als zwei Spielern ist der Zug von Spieler B beendet; der nächste Spieler wählt eine Karte, die er umdreht, und das Spiel setzt sich fort wie zuvor.

Wenn ein Spieler bei seinem Rateversuch die Lage aller Figurenkarten auf dem Gitter richtig beschreibt, muß dies als richtige Lösung gewertet werden.

Spieler A bekommt für jede Karte, die die anderen Spieler aufdecken, einen Punkt. Am Ende der Partie übernimmt ein anderer Spieler die Rolle von Spieler A. Das Spiel setzt sich fort, bis jeder Spieler in beiden Rollen gleich oft an der Reihe war. Der Spieler mit den meisten Punkten gewinnt.

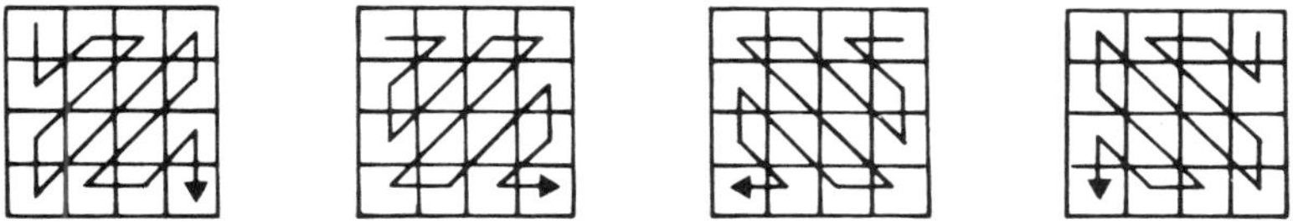

Abbildung 32
Mögliche ›Schlängelsequenzen‹ für Gitter aufdecken

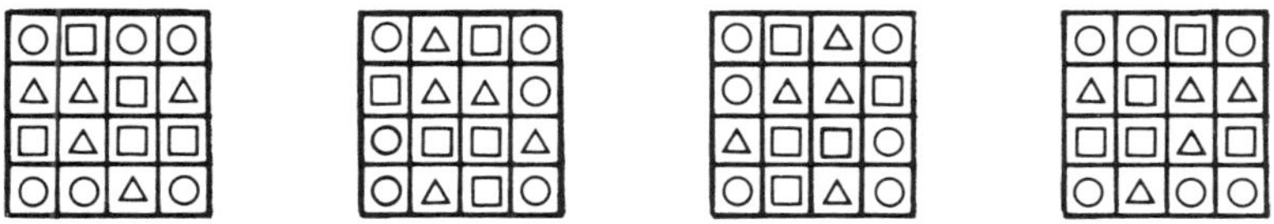

Abbildung 33
Ein mögliches Resultat für jede Sequenz nach der Regel:
Kreis, Dreieck, Quadrat, Wiederholung

Prinzipien

Es folgt eine Zusammenfassung der allgemeinen Prinzipien, die Ihre Schüler aus den Spielen und Denkaufgaben dieses Kapitels lernen können. Sie sollten

- zuerst einfache Regeln ausprobieren,
- Möglichkeiten aufschreiben, weitere Informationen einholen, dann Möglichkeiten ausschließen,
- auf alle Merkmale achten, die ein Element von einem anderen unterscheiden,
- auf alle Merkmale achten, die das erste Beispiel, das einer Regel entspricht, vom ersten Beispiel, das dieser Regel nicht entspricht, unterscheiden,
- jedes Merkmal als die mögliche Grundlage einer Regel betrachten,
- feststellen, was Beispiele, die einer Regel genügen, gemein haben,
- feststellen, was Beispiele, die einer Regel *nicht* genügen, gemein haben,
- nach einem *Zyklus* suchen, der die auftretenden Elemente vollständig enthält, bevor sich ein Muster wiederholt,
- bedenken, daß dieselbe Gruppe von Objekten nach unterschiedlichen Sequenzregeln aufgereiht werden kann – abhängig davon, auf welches Merkmal man es absieht.

Lösungen

Abbildung 11

a) kleiner, schwarzer Kreis
b) großes Dreieck
c) kleines, schwarzes Hexagon
d) Kreis oben rechts
e) ein umgedrehtes L

Abbildung 16

a) Konsonant/Vokal
b) gerade/kurvig
c) erste Hälfte des Alphabets (M oder vorher)/zweite Hälfte
d) völlig gerade/zum Teil oder völlig kurvig
e) kariert/anders grau gefüllt
f) Menschen/Dinge
g) Tiere/Menschen/Dinge
h) Transport/Freizeit

5. Kapitel

Planung (Strategie)

Dieses Kapitel stellt die Denkfähigkeit *Planung* vor und bietet zwei Musterlektionen für den Unterricht sowie Regeln für zusätzliche Spiele, mit denen sich die Fähigkeit ausbilden läßt.

Die Fähigkeit Planung (Strategie)

Die Fähigkeit *Planung* (oder Strategie) beschäftigt sich damit, daß man Pläne macht, um seine Ziele zu erreichen. Wenn man das Ziel hat, von einer Stadt in eine andere zu reisen, legt man im ersten Stadium der Planung vielleicht fest, ob man die Reise mit dem Flugzeug, mit dem Zug, mit dem Bus, zu Fuß oder per Anhalter machen will. Nachdem man einen Plan festgelegt hat, muß man normalerweise einige weitere Entscheidungen treffen. Wenn man den Entschluß faßt zu fliegen, muß man anschließend entscheiden, welche Fluggesellschaft man nimmt, wann man aufbricht, wie man zum Flughafen kommt usw.

Die Wahlmöglichkeiten, die man hat, um einen Plan in die Tat umzusetzen, nennt man *Taktik*. Wenn man geplant hat, von einer Stadt per Anhalter zu einer anderen zu kommen, könnte zur Taktik gehören, daß man ein leicht lesbares Schild mitnimmt, auf dem der Bestimmungsort steht, daß man an einer Straßenstelle wartet, wo die Autos langsam fahren müssen und Gelegenheit zum Halten haben, usw.

Lektionsübersicht

Erste Lektion

Sie stellen ein neues Spiel vor, das Sie gegen die Klasse spielen. Wenn die Schüler im großen und ganzen mit dem Spiel vertraut sind und ihren Spaß daran haben, spielen sie es in Zweiergruppen miteinander und lernen eine *partielle Gewinnstrategie.*

Zweite Lektion

Sie zeigen den Schülern eine *vollständige* Gewinnstrategie und gehen das, was sie über Planungen in einer neuen Situation gelernt haben, noch einmal durch.

1. Lektion – Ein Basisspiel, bei dem es um Vorausplanung geht

Hintergrund

In vielen Spielen (und anderen Situationen) erhöhen sich die Chancen, zu gewinnen oder sein Ziel zu erreichen, in hohem Maße, wenn man

- mit einem Plan beginnt,
- weiß, wie man einen Plan entwickelt,
- gut aufpaßt, was der ›Gegner‹ macht.

Das Spiel in dieser Lektion geht ausführlich auf diese drei Punkte ein.

Lernziele

- Entwicklung eines Teilgewinnplans.
- Beobachtung der gegnerischen Züge.
- Lernen, wie man eine Strategie entwickelt.

Unterrichtsverfahren

Sagen Sie den Schülern, daß Sie ihnen ein neues Spiel zeigen werden. Benutzen Sie den folgenden Wortlaut (oder drücken Sie dieselben Gedanken mit Ihren eigenen Worten aus).

»In diesem Spiel gibt es zwei Spieler, die abwechselnd am Zug sind. Wir beginnen mit sieben Spielsteinen oder Strichen an der Wandtafel. Bei jedem Zug wischt ein Spieler einen oder zwei Striche aus (oder nimmt die Steine weg). Der Spieler, der den letzten Stein wegnimmt, gewinnt. Wer will als erster gegen mich spielen?«

Rufen Sie einen der Schüler, die sich gemeldet haben, auf. Wenn sich keiner gemeldet hat, rufen Sie den ersten Schüler in der ersten Reihe auf.

Lassen Sie dem Schüler die Wahl, als erster oder als zweiter zu ziehen.

Schüler zieht als zweiter: Sie müssen gewinnen, wenn Sie richtig spielen.

Sie fangen an und nehmen einen Stein weg, so daß sechs übrigbleiben.

- Wenn der Schüler einen Stein wegnimmt, nehmen Sie zwei weg.
- Wenn der Schüler zwei Steine wegnimmt, nehmen Sie einen weg.

Jetzt sind noch drei Steine übrig.

- Wenn der Schüler zwei wegnimmt, nehmen Sie einen weg und gewinnen.
- Wenn der Schüler einen wegnimmt, nehmen Sie zwei weg und gewinnen.

Schüler zieht als erster: Sie *können* gewinnen, aber auch verlieren, je nachdem, was der Schüler macht.

Wenn der Schüler zwei Steine wegnimmt, werden Sie gewinnen. Nehmen Sie zwei weg.

Drei sind noch übrig.

- Wenn der Schüler zwei wegnimmt, nehmen Sie einen weg und gewinnen.
- Wenn der Schüler einen wegnimmt, nehmen Sie zwei weg und gewinnen.

Wenn der Schüler einen wegnimmt, können Sie *vielleicht gewinnen.* Versuchen Sie zu erreichen, daß drei Steine vorhanden sind, wenn der Schüler am Zug ist. Wenn Sie das schaffen, können Sie wie folgt gewinnen:

- Wenn der Schüler zwei wegnimmt, nehmen Sie einen weg und gewinnen.
- Wenn der Schüler einen wegnimmt, nehmen Sie zwei weg und gewinnen.

Anderenfalls werden Sie vermutlich verlieren.

Spielen Sie mehrmals gegen verschiedene Schüler. Wechseln Sie ab, wer den ersten Zug macht.

Lassen Sie einen Schüler gewinnen. Dann sagen Sie: »Du hast den letzten Spielstein weggenommen und gewonnen. Aber war das nicht nur Zufall? Könntest du jedesmal gewinnen? Welche Strategie muß man hier anwenden? Traust du dir zu, noch einmal gewinnen zu können?«

Praktische Übungen

Teilen Sie die Klasse in Paare auf. Sie selbst sollten mit einem Schüler ein Paar bilden, der keinen Partner gefunden hat. Lassen Sie jedes Paar dieses Spiel zehnmal spielen. Die Schüler wechseln sich von Spiel zu Spiel mit dem ersten Zug ab und spielen in jeder Rolle fünfmal.

Fordern Sie die Schüler auf,

- alles, was ihnen möglich ist, über eine Gewinnstrategie herauszufinden,
- ihre Strategie als Hausaufgabe niederzuschreiben.

Hinweise für den Unterricht

Die Schüler werden vermutlich zu einer Teilstrategie kommen: Man muß dem Gegner drei Spielsteine übriglassen. Abbildung 1 illustriert, was zu tun ist, wenn noch drei Steine vorhanden sind.

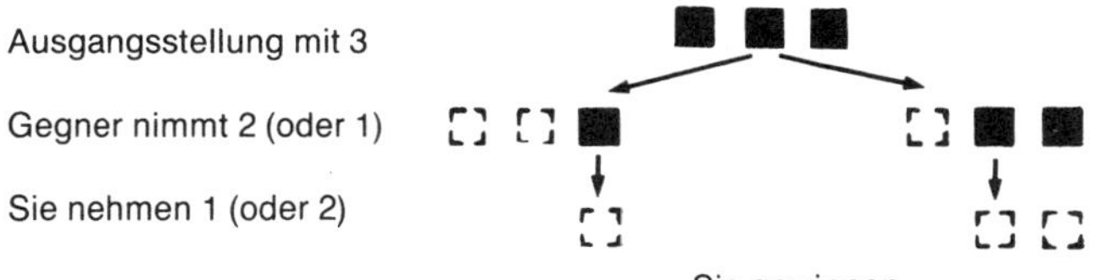

Abbildung 1 Was tut man, wenn drei übriggeblieben sind?

Ein Schüler, der diese Teilstrategie kennt, versteht vielleicht nicht wirklich, warum sie erfolgreich ist. Um zu überprüfen, auf welchem *Niveau* Ihre Schüler die Strategie verstanden haben, ändern Sie die Regeln so, daß der Spieler, der den letzten Spielstein wegnimmt, *verliert.* Welche Strategie ist jetzt erfolgreich?

Lösung: Man muß dem anderen Spieler *vier* Steine übriglassen.

2. Lektion – Eine vollständige Gewinnstrategie

Hintergrund

Sammeln Sie die Hausaufgaben ein, und stellen Sie fest, ob jemand eine vollständige Gewinnstrategie gefunden hat (wie in Lektion 1 angegeben).

Falls dies fast allen Schülern gelungen ist, sprechen Sie kurz durch, wie sie dazu gekommen sind, und gehen gleich zu den *praktischen Übungen* weiter.

Wenn nicht, sagen Sie: »Die meisten von euch wissen, wie man gewinnt, wenn nur noch drei Steine übrig sind und der Gegner am Zug ist. (Wenn man Sie verwundert anschaut, zeigen Sie den Schülern, wie.) Ihr solltet also als neue Zielsetzung auf diese Situation hinarbeiten. Diese Lektion wird euch zeigen, wie man das macht.«

Lernziele

- Entwicklung eines vollständigen Plans zum Gewinn dieses Spiels.
- Planen, wie man seine Zielsetzungen erreicht.
- Lernen, wie man sich vom Ziel aus rückwärts vorarbeitet.
- Lernen, seine Züge so aufzuzeichnen, daß man sich seine Erfahrungen zunutze machen kann.
- Lernen, sich Zwischenziele zu setzen.

Unterrichtsverfahren

Erinnern Sie die Schüler noch einmal daran, daß sie bereits wissen, wie man gewinnt, wenn nur noch drei Spielsteine übrig sind und der Gegner am Zug ist. Stellen Sie sie vor die folgenden Situationen:

1. Nehmen wir an, es sind noch *vier* übrig und ihr seid am Zug. Was solltet ihr tun?

   Rufen Sie einen Freiwilligen auf.

   Nimm einen weg, und laß drei übrig.

2. Jetzt nehmen wir an, es sind noch *fünf* übrig und ihr seid am Zug. Was solltet ihr tun?
Rufen Sie einen Freiwilligen auf.
Nimm zwei weg, und laß drei übrig.
3. Jetzt nehmen wir an, es sind sechs übrig und euer *Gegner* ist am Zug. Euer Gegner nimmt einen weg. Fünf bleiben übrig. Was solltet ihr tun?
Rufen Sie einen Freiwilligen auf.
Nimm zwei weg, und laß drei übrig.
4. Jetzt nehmen wir noch einmal an, sechs sind übrig und euer *Gegner* ist am Zug. Euer Gegner nimmt zwei. Vier bleiben übrig. Was solltet ihr tun?
Rufen Sie einen Freiwilligen auf.
Das ist richtig. Nimm einen weg, und laß drei übrig.

Fassen wir zusammen. Das Ziel des Spiels ist es, den letzten Stein wegzunehmen. Ihr wißt, wie ihr gewinnt, wenn ihr eurem Gegner drei übrig laßt. Drei übrigzulassen, wenn der Gegner am Zug ist, ist also ein Zwischenziel. Ein Zwischenziel ist ein Ziel auf dem Weg zum Hauptziel.

Ihr wißt bereits, wie ihr das Zwischenziel, dem Gegner drei übrigzulassen, erreichen könnt, wenn

- vier übrig sind und ihr am Zug seid,
- fünf übrig sind und ihr am Zug seid,
- sechs übrig sind und euer Gegner am Zug ist.

Jede dieser Situationen ist also ebenfalls ein Zwischenziel. Wenn ihr eins dieser Zwischenziele erreichen könnt, könnt ihr auch das Zwischenziel, drei übrigzulassen, wenn euer Gegner am Zug ist, erreichen.

Das eigentliche Spiel beginnt mit sieben. Wie könnt ihr gewinnen?

Macht den ersten Zug, nehmt einen weg, und laßt dem Gegner sechs übrig. Ihr habt ein Zwischenziel erreicht und könnt sicher sein, daß ihr gewinnt. Gehen wir noch einmal durch, wie das geschieht.

Das Spiel beginnt mit sieben. Ihr macht den ersten Zug und nehmt einen. Es bleiben sechs übrig, und euer Gegner ist am Zug. Ihr habt das erste Zwischenziel erreicht. Egal, was euer Gegner tut, ihr wißt, wie ihr das zweite Zwischenziel, dem Gegner drei übrigzulassen, erreichen könnt. Und dann wißt ihr auch, wie ihr das Ziel des eigentlichen Spiels, den letzten Stein wegzunehmen, erreichen könnt.

Abbildung 2 zeigt ein Modell der vollständigen Strategie für dieses Spiel.

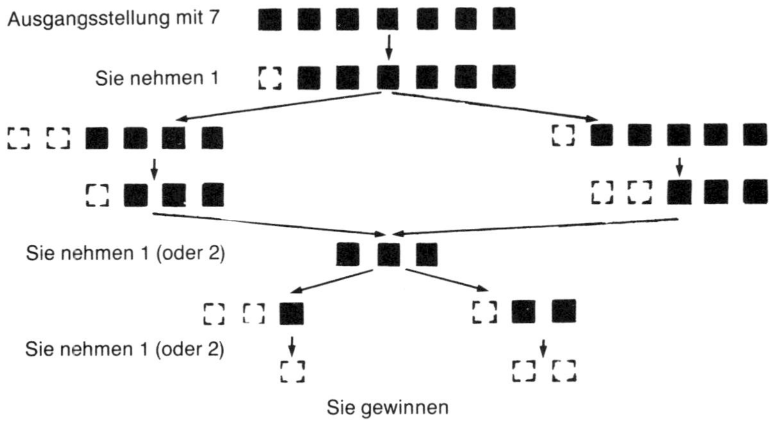

Abbildung 2

Strategie für das Spiel ›Mit sieben anfangen, einen oder zwei wegnehmen‹

Praktische Übungen

Fordern Sie die Klasse auf, eine vollständige Strategie auszuarbeiten, wenn das Spiel

1. – mit acht Spielsteinen beginnt,
2. – mit neun Spielsteinen beginnt.

Hinweise für den Unterricht

In beiden Fällen ist es Ihr erstes Zwischenziel, dem Gegner sechs übrigzulassen.

Im ersten Fall machen Sie den ersten Zug und nehmen zwei weg.

Im zweiten Fall lassen Sie Ihren Gegner den ersten Zug machen.

Gehen Sie an der Tafel die Strategien durch, auf die die Schüler gekommen sind. Wenn eine unvollständige oder falsche Strategie vorgeschlagen wird, lassen Sie den Schüler, der sie vorgeschlagen hat, gegen Sie spielen, ihn verlieren und dann erkennen, was falsch ist.

Praktische Übungen

1. Lassen Sie die Schüler das Spiel paarweise spielen, wobei mit einer unterschiedlichen Anzahl von Spielsteinen (bis zu 15) angefangen wird. Voll-

ständige Gewinnstrategien: Lassen Sie dem Gegner als Zwischenziele 12, 9, 6 oder 3 Steine übrig (je nachdem, mit wie vielen begonnen wird).

2. Verändern Sie das Spiel wie folgt: Bei jedem Zug kann ein Spieler nicht nur einen oder zwei Steine wegnehmen, sondern *einen, zwei* oder *drei.* Fangen Sie mit neun Steinen an.

   Indem die Schüler die bereits gelernten Prinzipien anwenden, sollen sie erkennen,
   - wie man sich vom Ziel aus rückwärts vorarbeitet,
   - wie man seine Züge so aufzeichnet, daß man aus seinen Erfahrungen lernen kann,
   - wie man sich Zwischenziele setzt.

   Die Gewinnstrategie sieht so aus, daß man sich die Zwischenziele setzt, dem Gegner acht und dann vier Steine übrigzulassen.

3. Anschließend lassen Sie mit einer höheren Anzahl von Spielsteinen (bis zu 21) beginnen.

PLAN 1

DREI IN EINER REIHE

Ziel des Spiels:
Als erster genau drei eigene Spielsteine in eine horizontale, vertikale oder diagonale Reihe zu bringen.

Anzahl der Spieler:
Zwei

Benötigtes Material:
Vier rote und vier schwarze Spielsteine (Karten), 4 × 4-Gitter

Vorbereitung:
Aufstellung der Spielsteine wie in Abbildung 3

Spielablauf:
Spieler A zieht mit den roten, Spieler B mit den schwarzen Steinen. Die Spieler ziehen abwechselnd. Bei jedem Zug zieht ein Spieler einen Stein horizontal oder vertikal auf ein benachbartes freies Feld.

Das Spiel endet, wenn es einem Spieler gelungen ist, drei seiner Steine in eine horizontale, vertikale oder diagonale Reihe zu bringen.

Hinweise für den Unterricht

Bei diesem Spiel kann man eine Reihe von allgemeinen strategischen Prinzipien lernen und später in neuen Situationen anwenden.

1. Planen, wie man seine Zielsetzungen erreicht.

Zu Beginn des Spiels können Sie sich ausrechnen, wie das Spiel zu gewinnen ist (angenommen, der andere Spieler hat keine Züge gemacht). Sie werden erkennen, daß jeder Spieler mindestens *vier* Züge braucht, um zu gewinnen. Abbildung 3 zeigt zwei unterschiedliche Wege, auf denen Schwarz zum Sieg kommen könnte.

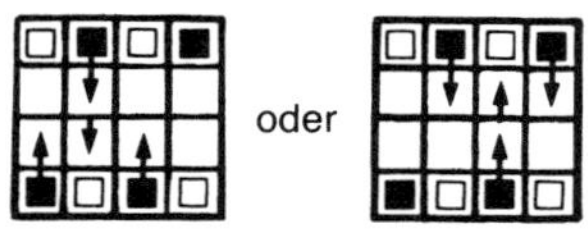

Abbildung 3
Schwarz beginnt und gewinnt in vier Zügen

2. Alle Möglichkeiten ins Auge fassen.

Dem Spieler, der als erster zieht, stehen vier mögliche Züge zur Verfügung (Abbildung 4).

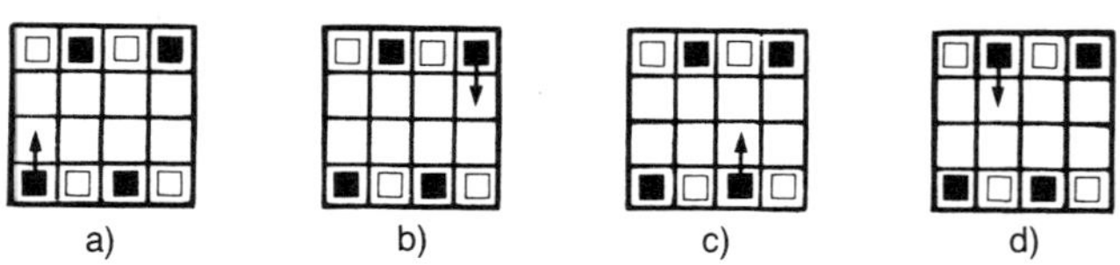

Abbildung 4
Die vier möglichen Eröffnungszüge

3. Muster erkennen.

Wegen der Symmetrie sind die Züge in den Abbildungen 4a und 4b in Wirklichkeit das gleiche Muster (wenn Sie Abbildung 4a umdrehen, stimmt sie exakt mit Abbildung 4 b überein). Dasselbe gilt für die Abbildungen 4 c und 4 d. Es gibt also nur *zwei* wirklich unterschiedliche Eröffnungszüge.

Stellen wir nun fest, was aus jedem dieser beiden unterschiedlichen Eröffnungszüge wird.

SCHWARZ ZIEHT A 1–A 2.

Nehmen wir an, Schwarz beginnt und macht den Zug, wie ihn Abbildung 4 a zeigt. Jetzt ist Schwarz nur noch drei Züge vom Sieg entfernt. Abbildung 5 zeigt alle Möglichkeiten, die Schwarz hat, um mit drei Zügen zu gewinnen.

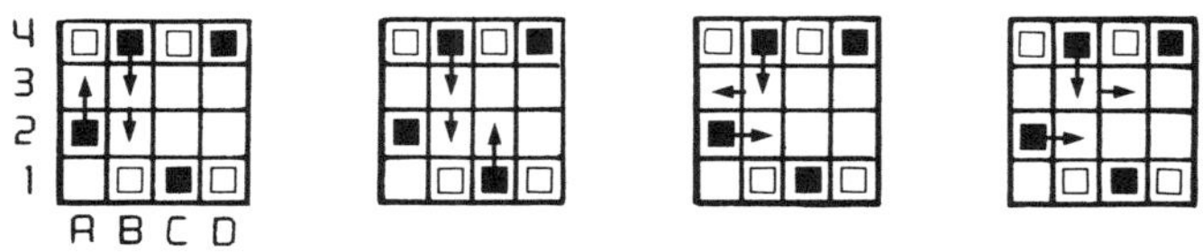

Abbildung 5

Die Möglichkeiten von Schwarz, in drei Zügen zu gewinnen

Jetzt macht sich Rot über ein anderes allgemeines strategisches Prinzip Gedanken:

---

4. Der beste Zug ist ein Gewinnzug, der zweitbeste Zug ist ein Zug, der zu einem Gewinnzug führt, und der drittbeste Zug ist ein Zug, der das Verlieren vermeidet.

Vor dem Zug von Schwarz waren sowohl Schwarz als auch Rot vier Züge vom Gewinnen entfernt. Hat der Zug von Schwarz Rot irgendwie dem Sieg näher gebracht? (Betrachten Sie wiederum alle Möglichkeiten.) In diesem Fall nicht.

Da Rot keinen Gewinnzug hat und noch immer vier Züge vom Sieg entfernt ist, während Schwarz nur noch drei Züge braucht, sollte Rot einen *defensiven* Zug machen (einen, der das Verlieren verhindert). Da alle schwarzen Siegdrohungen (Abbildung 5) bedingen, daß ein schwarzer Stein auf B 2 gezogen wird, besetzt Rot dieses Feld (Abbildung 6).

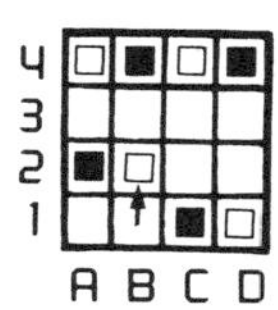

Abbildung 6

Rot blockt die Gefahr, daß Schwarz in drei Zügen gewinnt, ab

Jetzt hat Rot eine Situation geschaffen, in der Schwarz wieder mindestens vier Züge vom Sieg entfernt ist, während Rot selbst mehrfach droht, mit drei Zügen zu gewinnen (Abbildungen 7a und 7b).

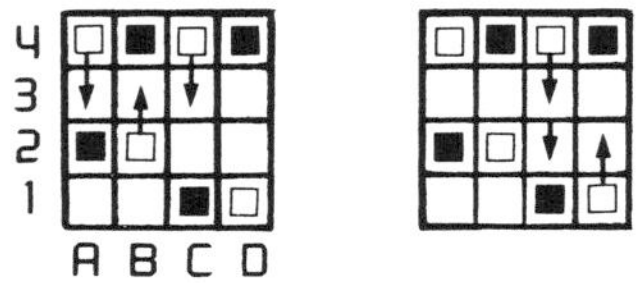

Abbildung 7
Rot schafft Siegdrohungen

Die in Abbildung 8 gezeigte Situation ist keine Drohung, da dabei *vier* in einer Reihe herauskommen würden.

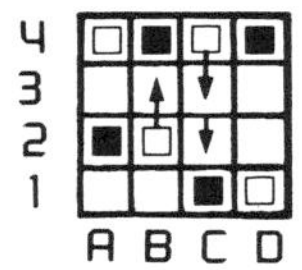

Abbildung 8
Vier in einer Reihe sind keine Drohung; nur drei in einer Reihe gewinnen

Wie sollte Schwarz reagieren? Die beiden Drohungen von Rot berühren kein gemeinsames Feld, das Schwarz besetzen könnte.

Beide *bedingen* jedoch, daß Rot von C 4 nach C 3 (und dann, im Fall von Abbildung 7b, weiter nach C 2) zieht. Schwarz kann C 3 allerdings nicht sofort besetzen.

Schwarz blockt also eine dieser Drohungen durch den Zug nach C 2 ab (Abbildung 9) und schafft seinerseits einige neue Drohungen, mit drei weiteren Zügen zu gewinnen.

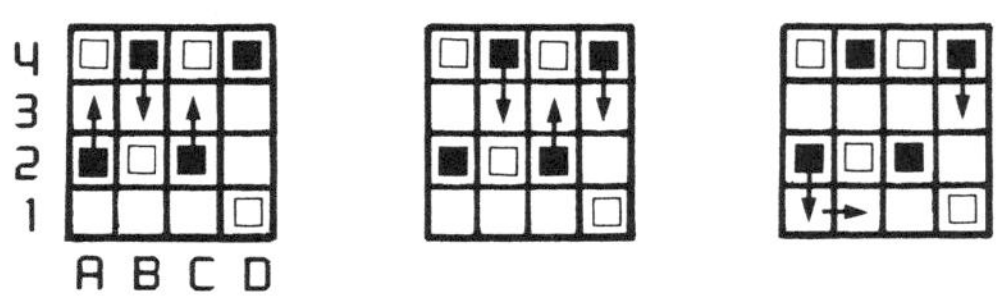

Abbildung 9
Schwarz blockt Drohung von Rot ab und schafft seinerseits einige neue Drohungen

SCHWARZ ZIEHT C 1–C 2

Kehren wir nun zu den Eröffnungszügen zurück, und sehen wir, was geschehen könnte, wenn Schwarz den anderen der beiden möglichen ersten

Züge macht (Abbildung 4c). Schwarz hat nun vier Möglichkeiten, um mit drei Zügen zu gewinnen (Abbildung 10).

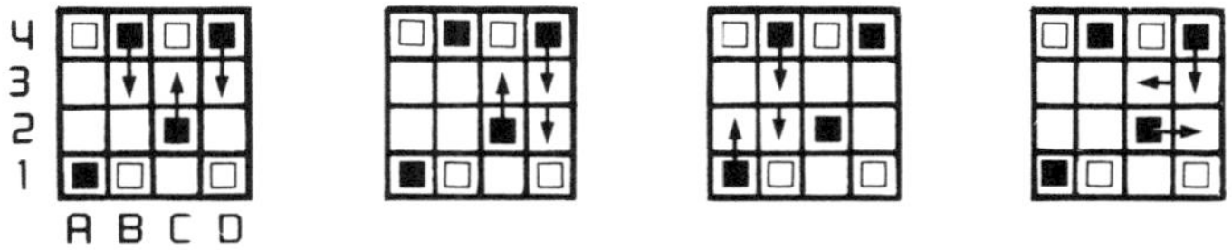

Abbildung 10
Der Eröffnungszug von Schwarz schafft vier Drohungen

Jetzt wenden wir uns den Überlegungen von Rot zu.

Vor dem Zug von Schwarz waren sowohl Schwarz als auch Rot vier Züge vom Sieg entfernt. Hat der Zug von Schwarz Rot irgendwie dem Sieg näher gebracht? (Betrachten Sie abermals alle Möglichkeiten.) In diesem Fall hat der Zug von Schwarz Rot eine neue Möglichkeit, in drei Zügen zu gewinnen, eröffnet (Abbildung 11). Und Rot ist jetzt an der Reihe, und kann den ersten dieser drei Züge ausführen!

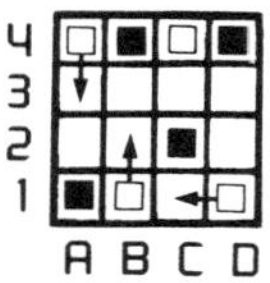

Abbildung 11
Der Zug von Schwarz gibt Rot die Möglichkeit, mit drei Zügen zu gewinnen

Der Plan von Rot ist es, zuerst nach A 3 zu ziehen (Abbildung 12), was Schwarz denken lassen könnte, daß Rot versucht, die Reihe A 3–B 3–C 3 zu bilden.

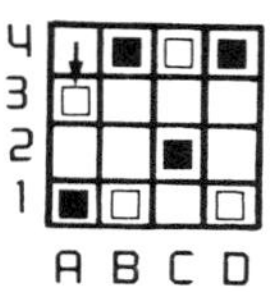

Abbildung 12
Der Zug von Rot gibt Rot die Möglichkeit, mit zwei Zügen zu gewinnen

Jetzt schenkt Schwarz einem wichtigen allgemeinen Prinzip keine Beachtung:

5. Gegnerische Züge vorhersehen

Schwarz zieht nach C 3 (Abbildung 13), so daß Rot dieses Feld nicht besetzen kann, um die schwarze Reihe B 3–C 3–D 3 abzublocken.

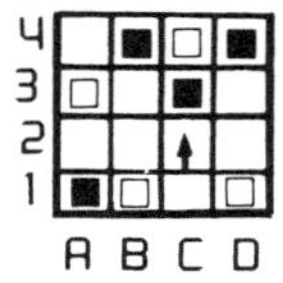

Abbildung 13
Der Zug von Schwarz sieht den nächsten Zug von Rot nicht vorher

Rot zieht jetzt von D 1 nach C 1 (Abbildung 14 a), und Schwarz kann Rot nicht daran hindern, beim nächsten Zug von B 1 nach B 2 zu ziehen, die Reihe A 3–B 2–C 1 zu bilden und zu gewinnen (Abbildung 14 b).

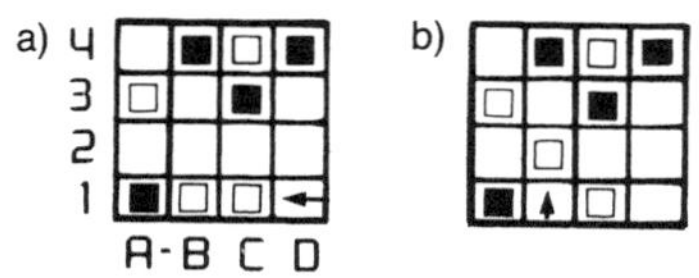

Abbildung 14
Die beiden Gewinnzüge von Rot

Schwarz hat zumindest das nachstehende allgemeine Prinzip befolgt:

6. Über die eigenen Züge Protokoll führen, so daß man aus seinen Erfahrungen lernen kann.

Es folgt das vollständige Protokoll:

	Schwarz	*Rot*
1.	C 1–C 2	A 4–A 3
2.	C 2–C 3	D 1–C 1
3.	beliebig	B 1–B 2

PLAN 2

PLATZWECHSEL

Ziel des Spiels:
Durch Ziehen und Überspringen (ohne zu schlagen) die eigenen Spielsteine in die entgegengesetzte Reihe zu bringen

Anzahl der Spieler:
Zwei

Benötigtes Material:
Fünf rote und fünf schwarze Spielsteine (Karten), 5 × 5-Gitter

Vorbereitung:
Die Spielsteine derselben Farbe werden wie in Abbildung 15 einander gegenüber aufgestellt.

Spielablauf:
Spieler A zieht mit den roten, Spieler B mit den schwarzen Steinen. Bei jedem Zug zieht ein Stein entweder horizontal, vertikal oder diagonal auf ein benachbartes freies Feld oder springt über einen benachbarten Stein auf das leere Feld unmittelbar dahinter (dies sogar mehrfach direkt hintereinander in einem Zug). Ein Stein kann Steine beider Spieler überspringen. Übersprungene Steine werden nicht aus dem Spiel entfernt.

Der erste Spieler, dem es gelingt, alle seine Steine in die Anfangsreihe des anderen Spielers zu bringen, ist Sieger.

Hinweise für den Unterricht

Erklären Sie den Schülern, daß es sehr wichtig ist, die Züge des Gegners in die Rechnung einzubeziehen. In Abbildung 16a zieht Schwarz beispielsweise von C 1 nach C 2 und beabsichtigt, im nächsten Zug A 1–C 1–C 3–C 5 zu ziehen. Aber der Zug von Schwarz gibt Rot Gelegenheit, A 5–C 5–C 3–C 1 (Abbildung 4b) zu ziehen und den geplanten Zug von Schwarz abzublocken.

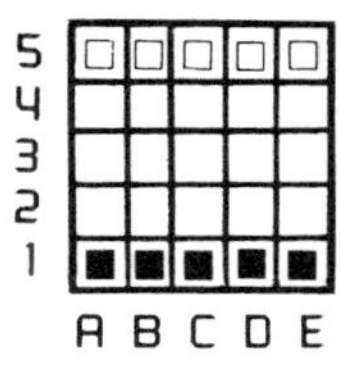

Abbildung 15

Ausgangsstellungen in ›Platzwechsel‹

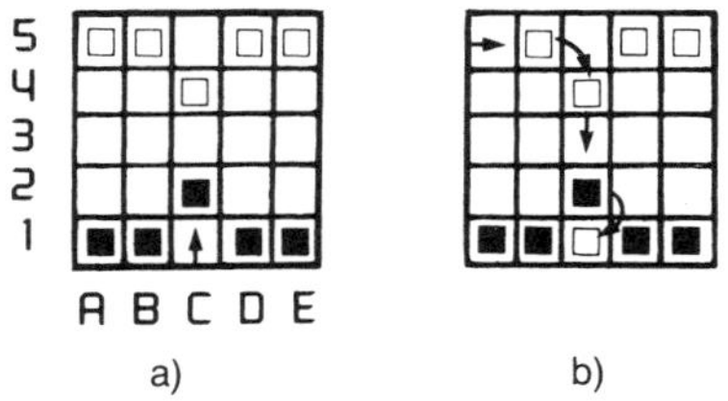

Abbildung 16
a) Schwarz zieht C 1–C 2, b) Rot zieht A 5–C 5–C 3–C 1

PLAN 3

IN DIE ECKE!

Ziel des Spiels:
Die eigenen Spielsteine als erster in die diagonal gegenüberliegende Ecke des Gegners zu ziehen

Anzahl der Spieler:
Zwei

Benötigtes Material:
Vier rote und vier schwarze Spielsteine (Karten), 5 × 5-Gitter

Vorbereitung:
Die Spielsteine derselben Farbe werden wie in Abbildung 17a in diagonalen Reihen aufgestellt.

Spielablauf:
Spieler A zieht mit den roten, Spieler B mit den schwarzen Steinen. Die Spieler ziehen abwechselnd. Bei jedem Zug wird ein Stein horizontal oder vertikal auf ein freies Feld gezogen, und zwar so weit, wie es dem Spieler beliebt, solange kein anderer Stein den Weg versperrt. Das Überspringen eines Steins ist nicht gestattet. Jeder Spieler muß dem Gegner stets die Möglichkeit lassen, einen erlaubten Zug zu machen.

Der erste Spieler, dem es gelingt, alle seine Steine auf die Eckfelder der gegnerischen Seite zu ziehen (Abbildung 17b), gewinnt.

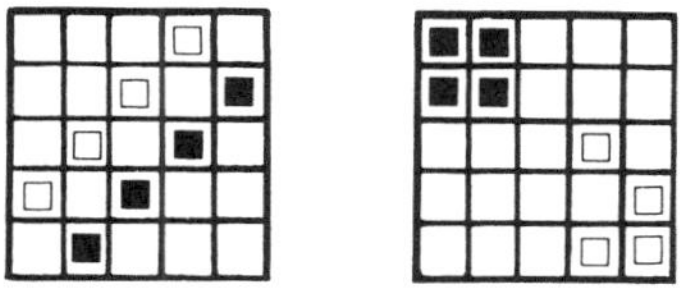

a) b)

Abbildung 17

a) Anfangs- und b) Endstellung (Schwarz gewinnt) für ›In die Ecke!‹

Hinweise für den Unterricht

Zunächst gibt es 20 unterschiedliche Züge, die untersucht werden können (Abbildung 18a). Von weiteren Überlegungen auszuschließen sind jedoch

- zwölf Züge, die vom Ziel wegführen (es bleiben die Züge aus Abbildung 18b),
- vier Züge, die aus Gründen der Symmetrie mit anderen Zügen identisch sind (bleiben die Züge aus Abbildung 18c).

Es bleiben also nur vier unterschiedliche Züge, die es in Betracht zu ziehen gilt.

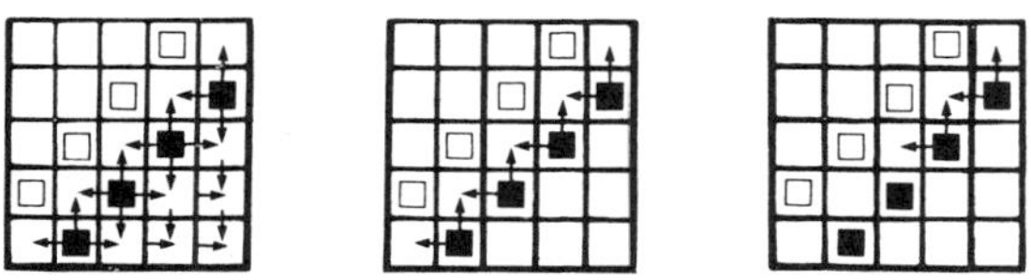

a) b) c)

Abbildung 18

Verringerung der Anzahl unterschiedlicher Züge, die untersucht werden müssen

PLAN 4

IN DIE ZANGE NEHMEN

Ziel des Spiels:

Alle gegnerischen Spielsteine bis auf einen in die ›Zange‹ zu nehmen und dadurch zu schlagen oder zur Bewegungslosigkeit zu verurteilen

Anzahl der Spieler:

Zwei

Benötigtes Material:
Vier rote und vier schwarze Spielsteine (Karten), 4 × 4-Gitter

Vorbereitung:
Die Spielsteine derselben Farbe werden wie in Abbildung 19a aufgestellt.

Spielablauf:
Spieler A zieht mit den roten, Spieler B mit den schwarzen Steinen. Die Spieler ziehen abwechselnd und bewegen jeweils einen Stein. Bei jedem Zug kann ein Stein horizontal oder vertikal beliebig viele Felder weit gezogen werden, ohne dabei jedoch einen anderen Stein zu überspringen. Wenn durch einen Zug ein gegnerischer Stein horizontal oder vertikal in die ›Zange‹ gerät, wird der gegnerische Stein entfernt (Abbildung 19b).

Ein Stein, der in eine Zange zieht, wird nicht entfernt, es sei denn, der Gegner öffnet die Zange in einem Zug und schließt sie anschließend wieder.

Das Spiel endet, wenn ein Spieler alle Steine des Gegners bis auf einen geschlagen hat oder sie alle blockiert hat, so daß sie nicht mehr ziehen können.

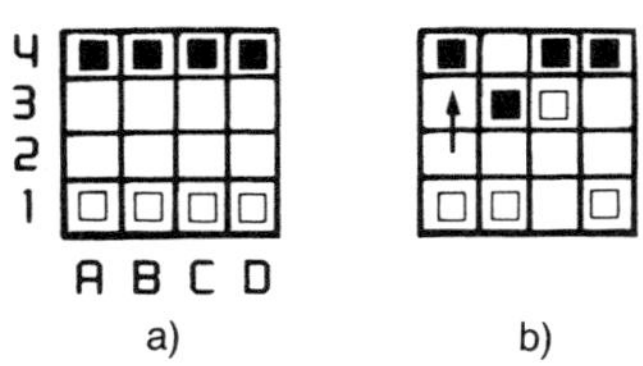

Abbildung 19
a) Ausgangsstellung und b) Beispiel einer ›Zange‹

Hinweise für den Unterricht

Bereiten Sie Ihre Züge sorgfältig vor; gehen Sie nicht direkt auf das Ziel los. Eine erstrebenswerte Position ist in Abbildung 20 zu sehen:
- Schwarz kann nur zwei der vier eigenen Steine bewegen.
- Jeder Stein, den Schwarz zieht, kann sofort in die Zange genommen werden.

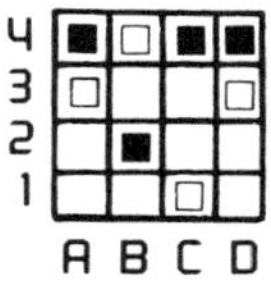

Abbildung 20

Eine gute Position für Rot bei ›In die Zange nehmen‹

PLAN 5

DURCHBRUCH

Ziel des Spiels:

Schwarz muß den roten Spielstein blockieren. Rot muß die Reihe der schwarzen Steine durchbrechen.

Anzahl der Spieler:

Zwei

Benötigtes Material:

Ein roter Spielstein (Karte), vier schwarze Spielsteine, 8 x 8-Gitter

Vorbereitung:

Die Spielsteine werden wie in Abbildung 21 aufgestellt.

Spielablauf:

Spieler A zieht mit dem roten Spielstein, Spieler B mit den schwarzen Steinen. Die Spieler ziehen abwechselnd. Spieler A beginnt. Wenn Spieler A am Zug ist, kann der rote Stein diagonal in jeder beliebigen Richtung auf ein freies Feld gezogen werden, und zwar jeweils ein Feld weit. Wenn Spieler B am Zug ist, kann jeder schwarze Stein nur in Richtung von Reihe 1 diagonal auf ein freies Feld gezogen werden, ebenfalls jeweils ein Feld weit.

Das Spiel endet, wenn es Spieler A gelingt, den roten Stein an den schwarzen Steinen vorbeizubringen, so daß er Reihe 8 erreichen kann, oder wenn Spieler B in der Lage ist, den roten Stein zur Bewegungslosigkeit zu verurteilen.

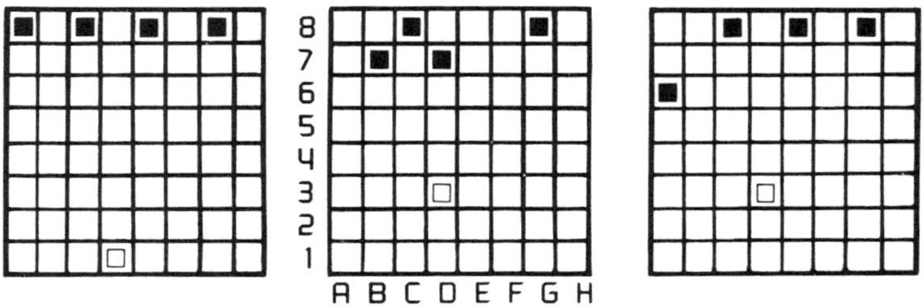

a) b) c)

Abbildung 21

a) Ausgangsstellung bei ›Durchbruch‹, b) und c) Positionen nach vier Zügen

Hinweise für den Unterricht

Wie kann Rot in Abbildung 21b den Sieg erzwingen? Zug nach E 4 und dann nach F 5, gleichgültig, was Schwarz tut. Dann entweder nach E 6 oder G 6.

Wie kann Rot in Abbildung 21c den Sieg erzwingen? Zug nach C 4 und dann nach D 5, gleichgültig was Schwarz tut. Dann entweder nach C 6 oder E 6.

PLAN 6

FELDERKONTROLLE

Ziel des Spiels:
Mehr Felder zu umzingeln und gegnerische Steine gefangenzunehmen als der Gegner

Anzahl der Spieler:
Zwei

Benötigtes Material:
13 rote und 13 schwarze Spielsteine (Karten), 4 × 4-Gitter

Vorbereitung:
Keine

Spielablauf:
Spieler A spielt mit den roten, Spieler B mit den schwarzen Steinen. Die Spieler sind abwechselnd an der Reihe. Bei jedem Zug setzt ein Spieler einen Stein auf ein freies Feld.

- Wenn ein Spieler einen gegnerischen Stein von allen vier Seiten mit eigenen Steinen umzingelt hat, ist der gegnerische Stein gefangen und wird aus dem Spiel entfernt (Abbildungen 22a und 22b).
- Ein gegnerischer Stein gilt auch dann als gefangen und wird entfernt, wenn er auf allen vier Seiten von Steinen des anderen Spielers oder

dem Rand des Netzgitters eingeschlossen ist (Abbildungen 22c und 22d).

- Eine Gruppe gegnerischer Steine, die horizontal oder vertikal miteinander verbunden sind, kann auf dieselbe Weise zusammen gefangengenommen und entfernt werden (Abbildungen 22e und 22f).

Ein Spieler darf seinen Stein nicht auf ein umzingeltes Feld setzen (wie in Abbildung 22g), es sei denn, er kann durch diesen Zug einen oder mehrere Steine des Gegners entfernen (Abbildung 22h).

Ein Spieler darf seinen Stein nicht so setzen, daß sich die Position, die durch den vorangegangenen Zug des Spielers entstanden ist, dadurch wiederholt.

Das Spiel endet, wenn alle Spielsteine auf das Netzgitter gesetzt worden sind oder keiner der Spieler in der Lage oder willens ist weiterzusetzen.

Punktvergabe:
Jeder Spieler erhält bei Beendigung des Spiels einen Punkt für jedes von ihm kontrollierte Feld (eingeschlossen von Spielsteinen des Spielers oder dem Rand des Netzgitters) und einen Punkt für jeden gefangengenommenen gegnerischen Stein. Der Spieler mit der höheren Gesamtpunktzahl gewinnt.

Variante:
Das Spiel läuft ab wie zuvor, nur daß jeder Spieler nicht 13, sondern 18 Steine erhält und statt des 4 × 4-Gitters ein 6 × 6-Gitter benutzt wird.

Variante:
Das Spiel läuft ab wie zuvor, nur daß jeder Spieler nicht 13, sondern 26 Steine erhält und statt des 4 × 4-Gitters ein 8 × 8-Gitter benutzt wird.

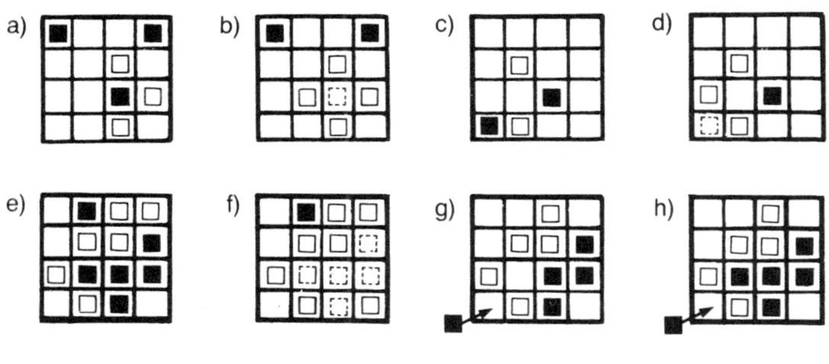

Abbildung 22 a, b) Gefangennahme und Entfernung eines Steins, c, d) Gefangennahme und Entfernung eines Steins am Rand des Gitters, e, f) Gefangennahme und Entfernung einer Gruppe von Steinen, g, h) Setzen in eingeschlossene Felder

Hinweise für den Unterricht

Wohin sollte Rot in Abbildung 23 einen Stein setzen, um die Gruppe der schwarzen Steine letztendlich gefangennehmen zu können?

Es gilt, die Züge des Gegners vorherzusehen. Rot sollte einen Stein auf C 3 setzen. Wenn Schwarz die Möglichkeit bekommt, dieses Feld selbst zu besetzen, werden für die schwarzen Steine mit B 3 und C 3 *zwei* neue Fluchtfelder geschaffen.

Beim nächsten Zug sollte Rot einen Stein auf B 1 setzen, um die schwarzen Steine vollständig zu umzingeln. Falls Schwarz dieses Feld inzwischen besetzt hat, setzt Rot einen Stein auf A 1 und schließt die Gefangennahme dadurch ab.

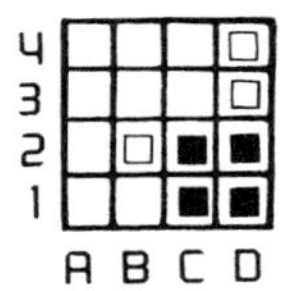

Abbildung 23

Wohin sollte ein roter Stein gesetzt werden?

PLAN 7

STRASSENBAU

Ziel des Spiels:

Errichtung einer durchgehenden schwarzen Straße von einer Seite des Gitters zur gegenüberliegenden Seite

Anzahl der Spieler:

Zwei

Benötigtes Material:

5 × 5-Netzgitter, Mosaikplättchen

Spielablauf:

Spieler A versucht eine durchgehende schwarze Linie von der linken bis zur rechten Seite zu errichten, während Spieler B dasselbe von oben nach unten versucht (Abbildung 24). Die Teile einer vollständigen Straße können von beiden Spielern und in beliebiger Reihenfolge auf das Netzgitter gesetzt werden. Die Spieler setzen abwechselnd. Bei jedem Zug setzt ein Spieler ein Plättchen auf irgendein freies Feld. Der schwarze Teil jedes gesetzten Plättchens muß an den schwarzen Teil aller Plättchen, mit denen es eine gemeinsame Seite hat, passen (siehe Abbildung 25).

Variante:
Es wird ein 6 × 6- oder 8 × 8-Gitter benutzt.

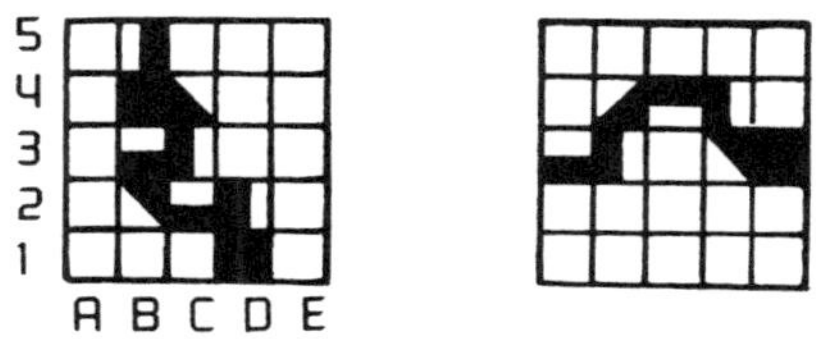

a) b)

Abbildung 24
Beispiele einer Straße a) von oben nach unten und b) von links nach rechts in ›Straßenbau‹

Abbildung 25
Anschluß schwarzer Plättchenteile an benachbarte Felder

Hinweise für den Unterricht

Eine gute Strategie ist hier, die eigenen Plättchen mit Zwischenräumen auszulegen und sie nur dann zu verbinden, wenn man auf Aktionen des Gegners reagieren muß. Man sollte nicht versuchen, eine Straße Stück für Stück zu errichten. In Abbildung 26 wäre es beispielsweise besser, ein schwarzes Mosaikplättchen nicht auf B 2 oder B 4, sondern auf B 3 zu setzen.

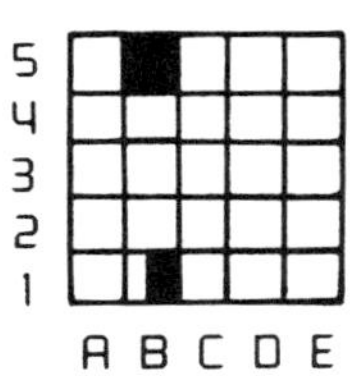

Abbildung 26
Beste Plazierung für ein schwarzes Plättchen: B 3

Ein allgemeineres Prinzip dieser Strategie ist, daß man seine Maßnahmen sorgsam vorbereiten und nicht direkt auf das Ziel lossteuern soll.

PLAN 8

DIE LETZTEN PUNKTE

Ziel des Spiels:
Als letzter zwei Punkte miteinander zu verbinden

Anzahl der Spieler:
Zwei

Benötigtes Material:
Gitter aus neun Punkten in drei Dreierreihen, Papier und Bleistift

Spielablauf:
Die Spieler machen abwechselnd einen Zug. Bei jedem Zug zieht ein Spieler eine Linie, durch die zwei Punkte miteinander verbunden werden. Die Linie darf sich nicht mit einer anderen Linie überschneiden. Jeder Punkt darf nur durch eine einzige Linie verbunden werden.

Das Spiel geht weiter, bis ein Spieler keine Linie mehr ziehen kann. Der andere Spieler gewinnt.

Hinweise für den Unterricht

Abbildung 27a zeigt ein Musterspiel. Der erste Spieler gewinnt, indem er drei Punkte isoliert, die nicht mehr verbunden werden können.

Abbildung 27b zeigt ein weiteres Musterspiel. Hier ist nur ein Punkt isoliert worden, und der zweite Spieler gewinnt.

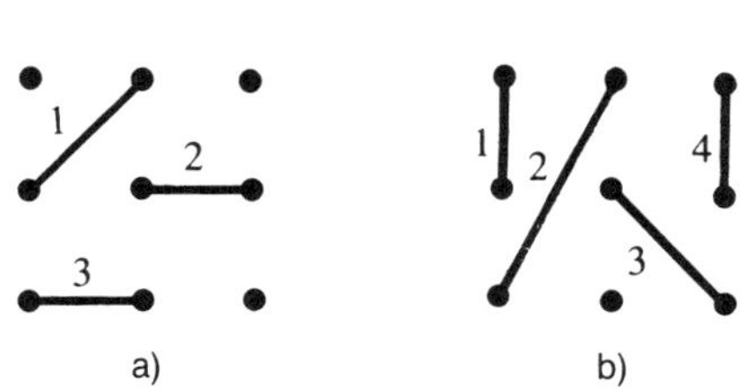

Abbildung 27
Musterspiele ›Die letzten Punkte‹, in denen a) der erste Spieler und b) der zweite Spieler gewinnt

Lassen Sie die Schüler herausfinden, wie viele wesentlich verschiedene erste Züge es gibt (vier) und wie viele wesentlich unterschiedliche Endergebnisse möglich sind (zwei – entweder ein isolierter Punkt oder drei).

Allgemeine strategische Prinzipien

Aus den vielen strategischen Spielen dieses Kapitels schälen sich einige allgemeine strategische Prinzipien heraus, die man in neuen, über die Spiele hinausgehenden Situationen anwenden kann.

1. Planen, wie man seine Ziele erreichen kann.
2. Gegnerische Züge vorhersehen.
   In PLAN 2, *Platzwechsel,* haben wir gesehen, wie wichtig es ist, gegnerische Züge vorherzusehen: Man arbeitet an einem schnellen eigenen Weg, aber der Gegner kann ihn ebenfalls benutzen.
3. Protokollieren der eigenen Züge, so daß man aus seinen Erfahrungen lernen kann.
   In PLAN 1, *Drei in einer Reihe,* benutzt man für das Protokoll die Gitterkoordinaten und kann das Spiel anschließend rekonstruieren.
4. Muster erkennen, Situationen in Kategorien einteilen.
   In PLAN 8, *Die letzten Punkte,* gibt es nur vier wesentlich verschiedene Eröffnungszüge und nur zwei wesentlich unterschiedliche Schlußergebnisse: Entweder ist nur ein einziger Punkt isoliert, oder es sind deren drei.
5. Zwischenziele setzen.
   In Lektion 2 haben wir gesehen, daß es ein Zwischenziel war, dem Gegner sechs Spielsteine übrigzulassen.
6. Vom Ziel aus rückwärts vorgehen.
   In Lektion 1 lernen wir, daß man gewinnen kann, wenn man dem Gegner drei Steine übrigläßt.
7. Bereiten Sie Ihre Züge vor; nicht direkt aufs Ziel zusteuern.
   In PLAN 7, *Straßenbau,* ist es eine gute Strategie, Lücken zwischen den eigenen Spielsteinen zu lassen und sie nur dann zu verbinden, wenn man auf Aktionen des Gegners reagieren muß.
8. Alle Möglichkeiten in Betracht ziehen.
   In PLAN 1, *Drei in einer Reihe,* gibt es zu Beginn vier Möglichkeiten.
9. Man kann strategische Prinzipien durch Logik, durch die Erfahrungen anderer und durch eigene Erfahrungen erfassen.
10. In einigen Situationen ist es am besten, offensiv vorzugehen, in anderen ist die Defensive besser.
    Eine defensive Strategie haben wir beim Eröffnungszug von Rot in PLAN 1, *Drei in einer Reihe,* gesehen.

6. Kapitel

Erinnerungsvermögen

Dieses Kapitel stellt die Denkfähigkeit *Erinnerungsvermögen* vor und bietet zwei Musterlektionen für den Unterricht sowie Regeln für zusätzliche Spiele, mit denen sich die Fähigkeit ausbilden läßt.

Die Fähigkeit Erinnerungsvermögen

Die Fähigkeit *Erinnerungsvermögen* besteht darin, Dinge, die man gelernt hat und an die man sich erinnern will, im Gedächtnis zu behalten. Es handelt sich um eine grundlegende Fähigkeit, die sowohl für die Arbeit in der Schule als auch für ein effektives Alltagsleben benötigt wird.

Wir werden Sie mit einigen allgemeinen Prinzipien zur Verbesserung des Gedächtnisses vertraut machen und Ihnen Spiele und andere Übungen an die Hand geben, mit denen Sie diese Prinzipien lernen und in Alltagssituationen anwenden können.

In der Schule begegnet man drei verschiedenen Typen von Situationen, in denen das Gedächtnis gefordert wird:

1. Sie beschäftigen sich mit irgendeinem Lehrstoff und wissen ganz genau, was man Sie fragen wird. Zum Beispiel prägen Sie sich die Liste der bisherigen Bundeskanzler oder die Hauptstädte der Bundesländer ein. Sie wissen, daß man Ihnen Fragen wie diese stellen wird:
   - Wer war der nächste Bundeskanzler nach Konrad Adenauer?
   - Wie heißt die Hauptstadt von Niedersachsen?

   Die Spiele MEM (Memory) 1, 2, 3, 4, 5, 6, 7, 8 und 10 bereiten auf derartige Situationen vor. In diesen Spielen kennt man die *möglichen* Fragen, weiß aber nicht unbedingt, welche davon gestellt werden.
2. Sie beschäftigen sich mit irgendeinem Lehrstoff, wissen aber nicht, welche Art von Fragen man Ihnen stellen wird. So können beispielsweise nach dem Studium biographischen Materials über die Bundeskanzler Fragen wie diese gestellt werden:
   - In welchem Jahr wurde Konrad Adenauer geboren?
   - Welche Bundeskanzler waren aktive Soldaten?

Das Spiel MEM 9 bereitet auf derartige Situationen der Gedächtnisprüfung vor.

3. Sie beschäftigen sich mit irgendeinem Lehrstoff und können Fragen erwarten, die über die angegebenen Tatsachen hinausgehen und dazu zwingen, *Dinge zu interpretieren* oder unter Beweis zu stellen, daß man die Bedeutung eines Sachverhalts *versteht,* wie zum Beispiel:
   - Welcher Präsident der Vereinigten Staaten war im Amt, als der Tanker Exxon Valdez in der Arktis verunglückte?

   In Spiel MEM 9 finden Sie Fragen wie diese:
   - Spielt diese Szene im Sommer?
   - Was geschah, unmittelbar bevor diese Fotografie gemacht wurde?

   Solche Fragen sind zur Vorbereitung auf derartige Anforderungen an das Gedächtnis hilfreich.

Lektionsübersicht

Erste Lektion
Es wird demonstriert, daß es leichter fällt, sich zu erinnern, wenn der Lernstoff gut organisiert ist, etwas bedeutet und mit Dingen, die man schon kennt, in Beziehung steht.

Zweite Lektion
Die Lektion beschäftigt sich damit, Lernstoffe aktiv zu organisieren, ihnen Bedeutung zu geben und selbständig Neues mit bereits Bekanntem in Verbindung zu bringen, um das Erinnern zu erleichtern.

1. Lektion – Anordnung und Aussagekraft

Hintergrund

Bestimmte Methoden, die man *Mnemotechniken* nennt, können uns helfen, unser Gedächtnis zu verbessern.

Das grundlegende Prinzip ist dabei, eine Sache mit einer anderen, neue Dinge mit alten in Verbindung zu bringen. Wir können unsere Gedächtnisleistungen verbessern, indem wir ständig das Herstellen von Assoziationen üben, zuerst in kleinen Angelegenheiten, später dann, wenn wir besser werden und Freude an unseren Erfolgen dabei haben, bei größeren, komplizierteren Aufgaben. Ganz allgemein lernen wir besser und erinnern wir uns leichter, wenn

- der Lernstoff gut organisiert ist,
- wenn der Lernstoff etwas bedeutet,

- wenn der Lernstoff zu Dingen, die wir bereits kennen, in Beziehung steht,
- wenn wir aktiv versuchen, Worte mit Bildern und Neues mit Bekanntem zu assoziieren.

Zu Beginn wollen wir sehen, wie gut sich Schüler an *verbales* Material erinnern können.

Lernziele

- Erkennen, daß man sich an gut organisierte Stoffe leichter erinnern kann.
- Erkennen, daß man sich an Dinge, die selbst etwas bedeuten, leichter erinnern kann.

Unterrichtsverfahren

Nachstehend folgen fünf Listen, die jeweils zwölf Begriffe umfassen. (Die Begriffe in der zweiten Liste sind erfundene Worte.) Schreiben Sie diese Listen vor dem Eintreffen der Schüler an die Tafel, und verdecken Sie sie so, daß sie Liste für Liste sichtbar gemacht werden können.

Fragen Sie die Schüler, wie leicht es ihnen fällt, eine Liste von Dingen im Gedächtnis zu behalten. Die Schüler werden vielleicht sagen, daß es davon abhängt, um welche Dinge es sich handelt und wie viele es sind.

Liste 1	**Liste 2**	**Liste 3**	**Liste 4**	**Liste 5**
R	Bistil	Buch	Ball	Können
Z	Kanick	Haus	Trikot	Sie
G	Relmer	Polizist	Feld	mir
M	Dünnset	Flugzeug	Schläger	sagen
T	Ginton	Kuh	Korb	wann
X	Fosert	Tisch	Tor	der
B	Pribort	Feder	Netz	Bus
Y	Lemult	Schwester	Trainer	vom
D	Talpon	Radio	Stutzen	Hauptbahnhof
V	Grenzlei	Käfig	Team	normalerweise
L	Raldot	Blume	Ecke	hier
J	Schran	Bier	Elfmeter	eintrifft?

Lassen Sie die Schüler sich die erste Liste eine Minute lang ansehen. Dann fordern Sie sie auf, alle Buchstaben, an die sie sich erinnern können, aufzuschreiben – in beliebiger Reihenfolge. Machen Sie dasselbe mit den anderen vier Listen. Dann sagen Sie den Schülern folgendes:

Wenn ihr wie die meisten Leute seid, wird es euch sehr schwerfallen, euch an die erste Liste zu erinnern. Wir sind es gewohnt, Buchstaben zu Wörtern zusammengefügt zu sehen. Die Buchstaben in Liste 1 sagen uns jedoch nichts Besonderes. Es ist schwer, sich daran zu erinnern, welche Buchstaben auf der Liste standen und welche nicht.

Auch die zweite Liste wird euch ziemlich schwierig vorkommen. Hier sind die Buchstaben zwar zu Wörtern zusammengefügt worden, aber die Wörter sind uns in keiner Weise vertraut; sie sind erfunden.

Die dritte Liste ist einfacher. Jeder Begriff ist ein vertrautes Wort.

Die vierte Liste enthält ebenfalls vertraute Wörter, und jedes hat etwas mit Sport zu tun. Wenn ihr euch für Sport interessiert, werdet ihr die vierte Liste vielleicht einfacher gefunden haben als die dritte.

Die fünfte Liste enthält Wörter, die in einem Satz angeordnet sind. Ihr werdet euch wahrscheinlich an alle zwölf Begriffe erinnern – und auch an die Reihenfolge, in der ihr sie gelesen habt.

Wenn ich euch die Liste in der Reihenfolge *vom, sagen, normalerweise, wann, Bus, mir, der, können, hier, Sie, Hauptbahnhof, eintrifft* angegeben hätte, hättet ihr größere Schwierigkeiten gehabt.

Ihr seht, daß die Leichtigkeit, mit der ihr euch an eine Liste mit zwölf Wörtern erinnern könnt, davon abhängt, wie aussagekräftig die Wörter für euch sind, wie vertraut ihr mit ihnen seid und in welcher Beziehung die Wörter zueinander stehen.

Dieselben Prinzipien des Erinnerungsvermögens gelten sowohl für visuelles als auch für verbales Material.

Fragen Sie die Schüler, wie leicht sie glauben, sich an die exakte Position von 64 Mosaikplättchen erinnern zu können, die in einem 8 x 8-Quadrat angeordnet sind.

Dann zeigen Sie ihnen die Abbildungen 1a, 1b, 1c und 1d mit Hilfe eines Projektors. Sagen Sie ihnen folgendes:

In Abbildung 1a sind die Mosaikplättchen zufällig ausgelegt worden. Es wird euch ziemlich schwerfallen, diese Anordnung im Gedächtnis zu behalten.

Die Plättchen in den Abbildungen 1b und 1c sind in symmetrischen Mustern angeordnet. Mit einiger Anstrengung könntet ihr euch selbst noch eine Woche später daran erinnern.

Die Plättchen in Abbildung 1d sind so ausgelegt worden, daß sie eine Figur bilden, die etwas bedeutet. Es wäre leicht, sich einzuprägen, was die Figur darstellt, und mit ein bißchen Anstrengung auch ihre Größe, Form und Position im Gitter. Auch dies könntet ihr noch eine Woche später im Gedächtnis haben.

Ihr seht, daß Bedeutung, Vertrautheit und Beziehungen der Elemente zueinander das Einprägen von visuellem Material erleichtern, genauso, wie es bei verbalem Material der Fall ist.

In dieser Lektion werdet ihr sehen, wie man sich eine schwere Gedächtnisaufgabe erleichtert, indem man Methoden anwendet, die auf Prinzipien der Bedeutung, Vertrautheit, übersichtlichen Anordnung und Assoziation aufbauen.

a) unregelmäßig b) symmetrisch c) symmetrisch d) bildhaft

Abbildung 1

An manche Anordnungen von Mosaikplättchen kann man sich leichter erinnern als an andere

Hier ist ein weiteres Beispiel. In Abbildung 2 sehen wir eine ungeordnete, nichts aussagende Ansammlung von Buchstaben. Es ist schwer, sich diese Buchstaben einzuprägen und im Gedächtnis zu behalten.

ELTAVAFAIIM
ERRRISIEGOR
LADGESEMEAG
EUPKSAEETSA
ERTNSNETIGS

GEORDNETESA
USSAGEKRAEF
TIGESMATERI
ALISTVIELEI
NPRAEGSAMER

AAAAAAADEEE
EEEEEEEEFGG
GGIIIIIKLLM
MNNOPRRRRRS
SSSSSTTTTUV

GEORDNETES
AUSSAGEKRÄFTIGES
MATERIAL
IST
VIEL
EINPRAEGSAMER

Abbildung 2

Geordnetes, aussagekräftiges Material ist viel einprägsamer

Rechts darunter sind die Buchstaben geordnet worden. Sie stehen in alphabetischer Reihenfolge. Aber sie sind nicht aussagekräftig angeordnet, und es fällt noch immer schwer, sie zu lernen und im Gedächtnis zu behalten.

Links unter dem ersten Kästchen sind die Buchstaben in Worten mit Bedeutung angeordnet worden. Jetzt fällt es leicht, sie sich einzuprägen und im Gedächtnis zu behalten.

Ganz unten sind die Buchstaben so angeordnet worden, daß jedes Wort in einer eigenen Reihe steht. Hier ist es am einfachsten, die Anordnung und Aussagekraft der Buchstaben zu erkennen, um sie sich einzuprägen und im Gedächtnis zu behalten.

Praktische Übungen

1. Fragen Sie die Schüler, welchen Teil der nachstehenden Paare man sich leichter einprägen und im Gedächtnis behalten kann:
   a) CFAGDBE oder ABCDEFG?
   b) OFFERK oder KOFFER?

c)

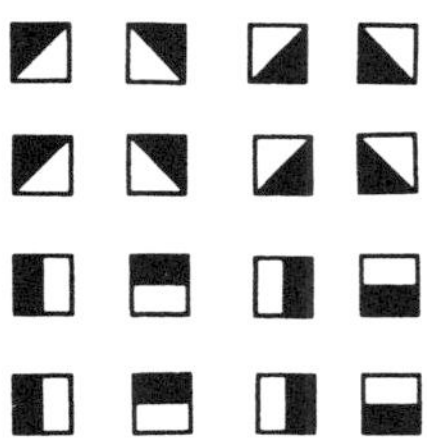

oder

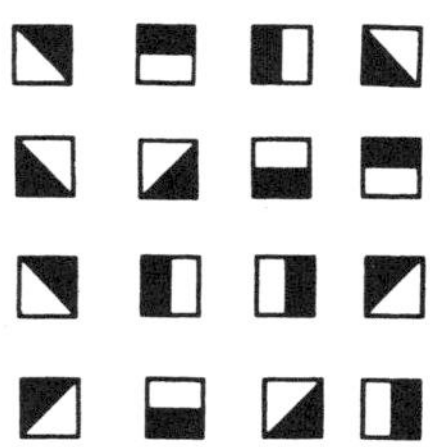

Abbildung 3

Was kann man sich leichter einprägen und im Gedächtnis behalten?

d)

oder

Abbildung 4

Was kann man sich leichter einprägen und im Gedächtnis behalten?

2. Lassen Sie die Schüler jede Buchstabengruppe neu anordnen, so daß sie leichter zu behalten ist:
   a) UMAB
   b) LABGE
3. Teilen Sie die Klasse in Paare auf. Lassen Sie jeden Schüler
   - einen Satz mit nicht mehr als sieben Worten bilden,
   - die Buchstaben in jedem Wort verdrehen,
   - dann die Worte als ganzes durcheinanderbringen

   Beispiel:
   Ausgangssatz: Wir spielten Tennis, bis es dunkel wurde. Verdrehte Buchstaben: Irw neitleps Stienn ibs se lunked reduw. Verdrehte Worte: Stienn se Irw lunked neitleps reduw ibs. Anschließend nennt jeder Schüler seinem Partner die verdrehten Worte und fordert ihn oder sie auf, sich die gesamte Buchstabengruppe bis zum morgigen Unterricht einzuprägen. Jeder Schüler kann natürlich versuchen, die Worte und Buchstaben in die richtige Reihenfolge zu bringen, so daß es ihm leichter fällt, die gesamte Buchstabengruppe besser im Gedächtnis zu behalten.

2. Lektion – Aktiv Bedeutungen suchen

Hintergrund

Wenn es für Sie zutrifft, erzählen Sie die folgende Geschichte:

»Als ich in die Schule ging, stand ich oft dem Problem gegenüber, Dinge auswendig zu lernen – beispielsweise Listen von Kaisern, Exportprodukten, Schlachten usw. Ich war dabei nicht besonders gut. Nehmen wir an, ich mußte mir zum Beispiel diese Liste einprägen:

Buch
Haus
Polizist
Flugzeug
Kuh
Tisch
Feder
Krankenschwester

Ich fing normalerweise damit an, mir die Liste wieder und wieder vorzulesen. Manchmal stellte ich fest, daß es besser war, mich zuerst nur auf den Anfang der Liste zu konzentrieren.

Ich sang

Buch	Haus	Polizist	Flugzeug
Buch	Haus	Polizist	Flugzeug
Buch	Haus	Polizist	Flugzeug

vor mich hin, bis ich glaubte, diesen Teil zu können. Dann ging ich zum nächsten Teil über.

Ich brauchte immer eine lange Zeit, so eine Liste zu lernen. Jede Unterbrechung brachte mich aus dem Konzept. Ich war nie sicher, ob ich mich gut erinnern können würde, und tatsächlich erinnerte ich mich am nächsten Tag nur an sehr wenig.

Jetzt weiß ich, daß ich eine solche Liste schnell und sicher auswendig lernen und für einen langen Zeitraum im Gedächtnis behalten könnte.

In dieser Lektion werde ich euch zeigen, wie ihr das auch schaffen könnt.«

Lernziele

- Lernen, wie man sich Listen in Form von Bildern merkt.

Unterrichtsverfahren

Bringen Sie den Schülern bei, daß sie sich, was sie lernen wollen, nach Möglichkeit immer in Form von Bildern merken sollten:

»Sehen wir einmal, wie wir dieses Prinzip anwenden können. Angenommen, ihr steht dem Problem gegenüber, die Liste von Worten, die ich gerade genannt habe, auswendig zu lernen.

Stellt euch ein Bild vor, das die ersten beiden Begriffe auf der Liste miteinander verbindet. Malt euch beispielsweise im Geist ein Haus aus, das aus Büchern gebaut ist. Schließt richtig die Augen, und *seht* dieses Bild – denkt nicht nur in Worten daran.

Sorgt dafür, daß die beiden Objekte in dem Bild nicht einfach nebeneinander erscheinen, sondern zueinander in *Beziehung stehen.* Im vorliegenden Fall fungieren die Bücher als Steine, die das Haus bilden.

Stellt euch anschließend ein anderes Bild vor, das den zweiten und dritten Begriff miteinander verbindet, dann eines für den dritten und vierten Begriff usw., bis die ganze Liste erfaßt ist. Mit diesen Bildern habt ihr dann eine Assoziationskette vom ersten bis zum letzten Begriff, zum Beispiel:

Ein *Haus,* das aus *Büchern* gemacht ist,
ein *Polizist,* der ein *Haus* trägt,
ein *Flugzeug* mit einem *Polizisten* als Passagier,
eine *Kuh,* die oben auf einem *Flugzeug* sitzt,
eine *Kuh,* die an einem *Tisch* riecht,
ein *Tisch,* der aus *Federn* gemacht ist,
eine *Krankenschwester,* die eine *Feder* in der Hand hält.

Wenn ihr diese Bilder im Geiste mehrmals durchgeht – für den Fall, daß ihr steckenbleibt, mit der Liste vor euch –, könnt ihr euch die acht Worte in der richtigen Reihenfolge einprägen und euch noch am nächsten Tag daran erinnern.

Jetzt übt einmal, wie ihr die Liste schnell und leicht auswendig lernen könnt. Benutzt die genannten Bilder, um die einzelnen Verbindungen herzustellen, oder denkt euch eure eigenen aus. Habt keine Angst, euch auch ganz alberne Bilder auszumalen, solange ihr eine lebendige Vorstellung davon habt.«

Praktische Übungen

1. Fragen Sie die Schüler, an welches Bild in den jeweiligen Paaren man sich besser erinnern kann:
   a) Ein Hund neben einem Mann oder ein Hund, der einen Mann beißt.
   b) Ein Kind, das einen Ball wirft, oder ein Kind, das einen Ball betrachtet.
2. Es folgen vier weitere Listen, mit denen man diese Erinnerungsmethode üben kann:
   a) Mantel, Plätzchen, Flughafen, Wasser, Schach, Park, Schlafzimmer, Ameise.
   b) Wohnung, Waffe, Auto, Basketball, Badeanzug, Fahrkarte, Bluse, Esel, Café, Wasserfall.
   c)

Abbildung 5
›Liste‹ zum Einprägen

   d)

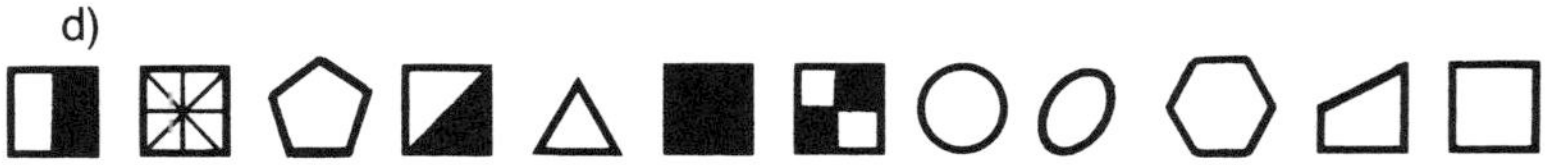

Abbildung 6
›Liste‹ zum Einprägen

3. Lassen Sie die Schüler wie folgt in Paaren arbeiten:
   a) Schüler A legt sechs Paare von Bilderkarten wie in Abbildung 7 aus.

Abbildung 7
Sechs Bilderkartenpaare ausgelegt

b) Schüler B hat zwei Minuten Zeit, sich einzuprägen, welches Bild mit welchem anderen zu einem Paar zusammengestellt wurde. Schüler A legt die Karten anschließend weg und zeigt Schüler B einzelne Karten. Schüler B muß sagen, mit welchem Bild das jeweils gezeigte Bild ein Paar gebildet hat.
c) Schüler A und B tauschen die Rollen. Wenn Schüler gute Leistungen zeigen, sollte die Anzahl der Paare auf 8, 10, 12 und dann auf 15 erhöht werden. Danach sollte Schüler A *Bilderkarten* und *Figurenkarten* zu Paaren zusammenstellen.

   Bei diesem Spiel sollen sich die Schüler im Geiste lebendige Bilder ausmalen, die jeweils eine Verbindung zwischen den Karten eines Paars herstellen.

Allgemeine Unterrichtshinweise zum Thema ›Gedächtnis‹

Entscheiden, an was man sich erinnern will

Betrachten wir einmal, *welche* Informationen es wert sind, in unserem Gedächtnis gespeichert zu werden, und welche nicht. Manche Informationen wie beispielsweise Telefonnummern können letzten Endes immer nachgeschlagen werden.

Nur *Sie selbst* können entscheiden, was wichtig genug für Sie ist, um es in *Ihrem* Gedächtnis festzuhalten. Wenn Sie sich entscheiden, sich etwas zu merken, werden die in diesem Kapitel gelernten allgemeinen Prinzipien äußerst nützlich sein.

Anwendung von Gedächtnisprinzipien auf alltägliche Besorgungen

Angenommen, es gibt eine Reihe von Dingen, die Sie morgen in der aufgeführten Reihenfolge erledigen wollen:

- Ihren Freund anrufen, um sich zum Tennisspielen zu verabreden.
- Die Stromrechnung bezahlen.
- Lebensmittel einkaufen.
- Sportzeitung am Kiosk kaufen.
- Kleidung in die Reinigung bringen.
- Einen Freund im Krankenhaus besuchen.
- Wagen auftanken.
- Die Anfangszeiten im Kino feststellen.

Auf der Grundlage des in diesem Kapitel Gelernten könnten Sie die Methode anwenden, die ersten beiden Besorgungen durch eine Szene vor Ihrem geistigen Auge zu verbinden. Dann machen Sie dasselbe für die zweite und dritte Besorgung usw. So werden Sie sich lebhaft an Ihre Besorgungen erinnern. Ihre Bilder könnten zum Beispiel so aussehen:

- Ein Tennisplatz, dessen Netz elektrisch aufgeladen ist.

- Eine riesige Batterie mit verschiedenen Fächern für Milchprodukte, Fleisch, Gemüse usw.
- Ein Supermarkt, dessen Kassen mit Sportzeitungen bedeckt sind.
- Säuberlich gefaltete und in Cellophan eingepackte Sportzeitungen, die in einer Reinigung hängen.
- Eine Reinigung mit lauter Krankenschwesteruniformen.
- Ein Krankenhausgebäude, in das Autos mit leeren Tanks hineinfahren und aus dem Autos mit vollen Tanks herauskommen.
- Ihr eigener Wagen, der in der Schlange vor einem Autokino steht.

Es gibt natürlich noch viele andere Gebiete im Alltagsleben, wo Sie auf Ihre Art die gelernten Gedächtnisprinzipien anwenden können:

Verabredungen:

Ich treffe mich um fünf Uhr mit Peter in dem Café gegenüber der Kirche.

Assoziationen:
- ›Peter‹ hat fünf Buchstaben.
- Der Petersdom ist eine berühmte Kirche.

Telefonnummern

Maria Müllers Nummer lautet 38 16 14.

Assozisationen:
- Alle Telefonnummern des Bezirks, in dem Maria wohnt, fangen mit ›38‹ an.
- 161 cm ist die größte Höhe, die ich jemals übersprungen habe, und Maria ist die größte Frau, die ich kenne. (Das ist albern, aber es funktioniert.)
- Maria ist eins von vier Geschwistern.

Adressen

Lernen von neuen Worten

Behalten der Fahrpläne von Zügen oder Bussen usw.

Gedächtnisspiele

Es folgt eine Gruppe von Spielen, die das Erinnerungsvermögen verbessern. Die meisten der nachstehenden Spiele können auf vielen Schwierigkeitsstufen gespielt werden. Um die Schwierigkeit eines Spiels zu erhöhen, können Sie

- die Anzahl der einzuprägenden Begriffe steigern (5, 7, 9 usw.),
- die für das Einprägen erlaubte Zeit verkürzen (120, 90, 60, 30 Sekunden).

Sie können in jedem Spiel einen dieser Faktoren oder auch beide verändern.

MEM 1

WAS FEHLT?

Ziel des Spiels:
Feststellen, welche Karte in einer Auslage fehlt

Anzahl der Spieler:
Zwei

Benötigtes Material:
Bilderkarten

Spielablauf:
Spieler A legt sechs Karten seiner Wahl offen nebeneinander aus. Spieler B hat 30 Sekunden lang Zeit, sich die Karten und ihre Reihenfolge einzuprägen. Anschließend entfernt Spieler A, unbeobachtet von Spieler B, eine der Karten und schiebt die verbleibenden so zusammen, daß nicht mehr erkennbar ist, an welcher Stelle die jetzt fehlende Karte gelegen hat. Spieler B muß die fehlende Karte und ihre ursprüngliche Position nennen. Er bekommt einen Punkt, wenn er die fehlende Karte richtig bezeichnet, und einen weiteren, wenn er auch die ursprüngliche Position richtig erkennt.

Danach tauschen die Spieler die Rollen. Nach einer gleichen Anzahl von Runden in jeder Rolle gewinnt der Spieler mit der höchsten Gesamtpunktzahl.

Variante:
Spielverlauf wie oben beschrieben, die Anzahl der Karten soll aber auf 8 oder 10 erhöht werden. Außerdem sind Buchstaben- oder Figurenkarten zu benutzen.

Hinweise für den Unterricht

Um in diesem Spiel erfolgreich zu sein, sollte man wie in Lektion 2 immer zwei Objekte in mentalen Bildern miteinander verbinden. Nach der Entfernung der Karte kann man die Bilderkette durchgehen und so feststellen, was fehlt.

MEM 2

SICH AN KARTENREIHEN ERINNERN

Ziel des Spiels:
Sich an eine Kartenreihe erinnern

Anzahl der Spieler:
Zwei

Benötigtes Material:
Mosaikplättchen

Spielablauf:
Spieler A baut eine Reihe aus vier Mosaikplättchen auf, die Spieler B 30 Sekunden lang betrachten darf, und dreht die Plättchen dann um, so daß sie verdeckt sind. Spieler B muß anschließend vier andere Mosaikplättchen nehmen und sie offen unter die umgedrehten Plättchen legen. Spieler B bekommt einen Punkt für jedes übereinstimmende Plättchen, wobei die Position keine Rolle spielt.

Danach tauschen die Spieler die Rollen. Nach einer gleichen Anzahl von Runden in jeder Rolle gewinnt der Spieler mit der höheren Punktzahl.

Variante:
Spieler B muß die richtigen Plättchen an die richtigen Positionen legen, um jeweils einen Punkt zu erhalten.

Hinweise für den Unterricht

Oben wird ein einfaches Spiel beschrieben. Sie können es schwieriger machen, indem Sie die Anzahl der benutzten Plättchen bis auf zehn erhöhen und die Zeit, die Spieler B zum Anschauen hat, verkürzen.

Außerdem können Sie das Spiel variieren, indem Sie anstatt der Mosaikplättchen Figuren- oder Bilderkarten nehmen und anschließend eine Mischung aus Mosaik-, Figuren- und Bilderkarten wählen.

Betonen Sie ausdrücklich, daß der Schüler, unabhängig von der Variante, die gespielt wird, Assoziationen benutzen sollte, um sich an die Karten (und ihre Positionen) zu erinnern.

MEM 3

LINIENWIEDERHOLUNG

Ziel des Spiels:
Reproduzieren einer Linie in einem Gitter, die aus bis zu sieben geraden Stücken besteht.

Anzahl der Spieler:
Zwei

Benötigtes Material:
6 × 6-Gitter auf Millimeterpapier

Spielablauf:
Spieler A zeichnet eine dicke, aus geraden Teilen bestehende Linie in das Netzgitter. Die Linie darf nicht öfter als sechsmal die Richtung ändern, und zwar nur an Kreuzungspunkten der Gitterlinien (Abbildung 8). Spieler B betrachtet die Linie 30 Sekunden lang, dann wird sie von Spieler A zugedeckt. Spieler B muß nun eine exakte Kopie der Linie zeichnen. Macht er dies richtig, bekommt er einen Punkt. Danach tauschen die Spieler die Rollen. Nach einer gleichen Anzahl von Runden in jeder Rolle gewinnt der Spieler mit der höheren Punktzahl.

Variante:
Statt des 6 × 6-Gitters wird ein 8 × 8-Gitter benutzt.

Variante:
Es darf eine Linie gezogen werden, die nicht bis zu sechsmal, sondern bis zu achtmal die Richtung ändert.

Hinweise für den Unterricht

Als Spieler B sollte man versuchen, irgendein Objekt mit der gezeichneten Linie zu assoziieren. Die Abbildung 8a könnte man beispielsweise als menschliches Profil, die Abbildung 8b als Schwan ansehen.

Als Spieler A sollte man versuchen, so »abstrakte« Linien wie möglich zu zeichnen.

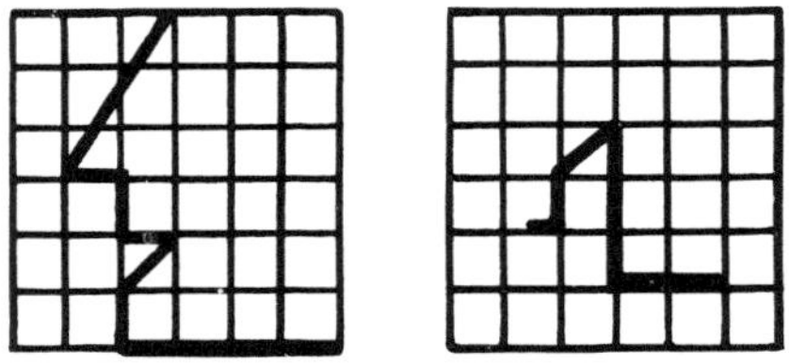

a) b)

Abbildung 8
a) Menschliches Profil, b) Schwan

MEM 4

MUSTERWIEDERHOLUNG

Ziel des Spiels:
Exaktes Reproduzieren eines 4 × 4-Mosaiks

Anzahl der Spieler:
Zwei

Benötigtes Material:
Mosaikplättchen

Spielablauf:
Spieler A konstruiert ein 4 × 4-Mosaik, das horizontal und vertikal symmetrisch ist (Abbildung 9a). Spieler B betrachtet es 30 Sekunden lang, dann wird es von Spieler A verdeckt. Spieler B muß nun eine exakte Kopie des Mosaiks nachbauen. Macht er dies richtig, bekommt er einen Punkt – anderenfalls bekommt Spieler A einen Punkt. Dann tauschen die Spieler die Rollen. Nach einer gleichen Anzahl von Runden in jeder Rolle gewinnt der Spieler mit der höheren Punktzahl.

Variante:
Statt eines 4 × 4-Mosaiks wird ein 6 × 6-Mosaik (Abbildung 9c) benutzt.

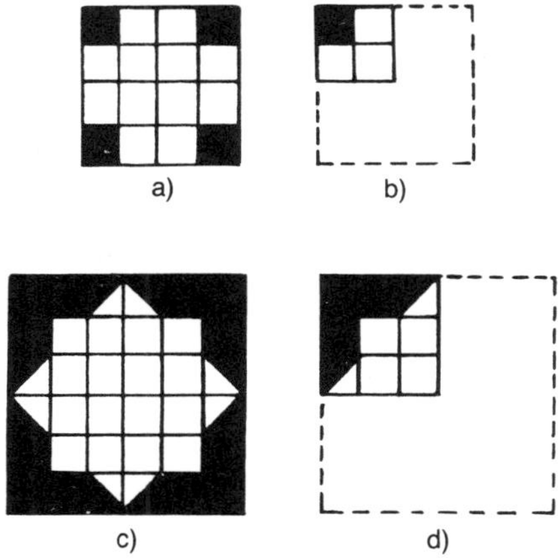

Abbildung 9
Mögliche Muster und die Abschnitte, die man sich einprägen muß

Hinweise für den Unterricht

Um in diesem Spiel erfolgreich zu sein, macht man sich die *Anordnung* des Materials zunutze, das man sich einprägen muß. Erinnern Sie sich daran, daß die Wortliste in Lektion 1 leichter zu lernen war, wenn die Worte in einem Satz angeordnet wurden, und daß man sich leichter an die Mosaikplättchen erinnern konnte, wenn sie in einem sich wiederholenden Muster oder in Form eines Bildes angeordnet waren.

In dieser Situation verleiht die *horizontale* und *vertikale Symmetrie* dem gesamten 4 × 4-Mosaik Ordnung. Man braucht sich nur das 2 × 2-Mosaik oben links (Abbildung 9 b) einzuprägen und wird dann in der Lage sein, das gesamte 4 × 4-Mosaik zu wiederholen.

Wenn die *Variante* zu MEM 4 gespielt wird, braucht man sich nur das 3 × 3-Mosaik oben links (Abbildung 9 d) einzuprägen und wird dann in der Lage sein, das gesamte 6 × 6-Mosaik zu wiederholen.

MEM 5

WAS WURDE GEDREHT?

Ziel des Spiels:
Herausfinden, welches Plättchen in einem Mosaik gedreht worden ist

Anzahl der Spieler:
Zwei

Benötigtes Material:
4 × 4-Gitter, Mosaikplättchen

Spielablauf:
Spieler A legt ein 4 × 4-Mosaik, das Spieler B 30 Sekunden lang betrachten darf. Dann dreht Spieler A, unbeobachtet von Spieler B, ein Plättchen des Mosaiks um 90 oder 180 Grad (Abbildung 10). Spieler B muß nun das Plättchen, von dem er denkt, daß es gedreht worden ist, wieder in seine ursprüngliche Position zurückdrehen. Wenn er dies richtig macht, bekommt er einen Punkt. Dann tauschen die Spieler die Rollen. Nach einer gleichen Anzahl von Runden in jeder Rolle gewinnt der Spieler mit der höheren Punktzahl.

Variante:
Spieler A dreht nicht ein, sondern zwei Plättchen. Spieler B bekommt einen Punkt für jedes Plättchen, das er in die ursprüngliche Position zurückdreht.

Variante:
Statt eines 4 × 4-Mosaiks wird ein 6 × 6-Mosaik benutzt, und es wird nicht ein Plättchen gedreht, sondern zwei. Spieler B bekommt einen Punkt für jedes Plättchen, das er in die ursprüngliche Position zurückdreht.

Hinweise für den Unterricht

Als Spieler B sollte man versuchen, eine Assoziation für das ursprüngliche Mosaik zu finden, so daß man jede Veränderung bemerkt.

Als Spieler A versucht man, das ursprüngliche Mosaik so zu konstruieren, daß es so schwer wie möglich ist, eine Assoziation zu finden.

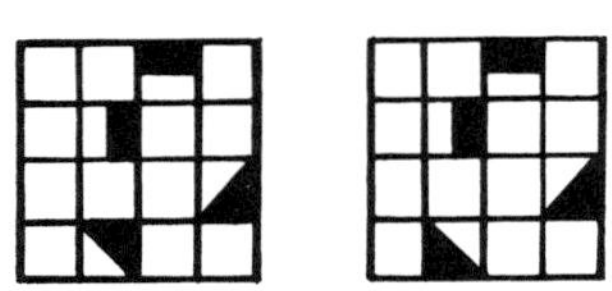

Abbildung 10
Mosaik vor und nach der Drehung eines Plättchens

MEM 6

VERDECKTE KARTEN

Ziel des Spiels:

Die eigenen Spielsteine (Karten) durch Ziehen und Überspringen ohne zu schlagen in die gegenüberliegende Reihe bringen

Anzahl der Spieler:

Zwei

Benötigtes Material:

Sechs rote und sechs schwarze Spielsteine (Karten) mit grauen (neutralen) Rückseiten, 6 x 6-Gitter

Vorbereitung:

Die Spielsteine einer Farbe werden wie in Abbildung 11 in gegenüberliegenden Reihen aufgestellt, und zwar mit der neutralen Rückseite nach oben.

Spielablauf:

Spieler A übernimmt die roten Steine, Spieler B die schwarzen. Die Spieler ziehen abwechselnd. Bei jedem Zug zieht ein Stein entweder horizontal, vertikal oder diagonal auf ein benachbartes freies Feld oder springt über einen benachbarten Stein auf das freie Feld unmittelbar dahinter. Ein Stein kann über Steine beider Spieler springen. Übersprungene Steine werden nicht aus dem Spiel entfernt.

Ein Spieler kann Einspruch erheben, wenn er oder sie glaubt, daß der Gegner einen Stein gezogen hat, der ihm nicht gehört. Wenn der Einspruch berechtigt ist, wird der fragliche Stein auf seine vorige Position zurückgesetzt, und der Spieler, gegen dessen Zug Einspruch erhoben wurde, verliert seinen Zug. Anderenfalls verliert der Spieler, der unberechtigt Einspruch erhoben hat, einen Zug.

Der Spieler, der alle seine Steine als erster in die Startreihe des Gegners bringt, ist Sieger.

Variante:

Die Steine beider Spieler werden auf der Unterseite von 1 bis 6 numeriert und in numerischer Reihenfolge von links nach rechts aufgestellt. Ziel des Spiels ist es, die eigenen Steine in derselben Anordnung in die gegenüberliegende Reihe zu bringen.

Hinweise für den Unterricht

Dieses Spiel kombiniert die Fähigkeiten Erinnerungsvermögen und Planung. Es empfiehlt sich, den Schülern das Spiel erst dann zu zeigen, wenn sie schon Erfahrungen mit den Spielen des Kapitels *Planung* gesammelt haben.

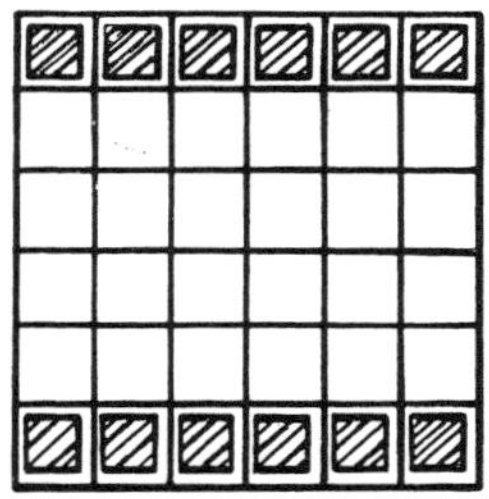

Abbildung 11
Startaufstellung in ›Verdeckte Karten‹

MEM 7

PAARE FINDEN

Ziel des Spiels:
Aus umgedrehten Mosaikplättchen so viele Paare wie möglich herausfinden

Anzahl der Spieler:
Zwei oder mehr

Benötigtes Material:
20 Mosaikplättchen, jeweils vier Exemplare von fünf unterschiedlichen Sorten

Spielablauf:
Die Mosaikplättchen werden mit der Bildseite nach unten nach dem Zufallsprinzip in vier Fünferreihen wie in Abbildung 12 ausgelegt.

Der erste Spieler deckt auf der Suche nach einem Paar zwei beliebige Plättchen auf, und zwar eins nach dem anderen. Die anderen Spieler dürfen die aufgedeckten Plättchen sehen. Ein Spieler, der ein Paar aufdeckt, nimmt die Plättchen an sich und ist noch einmal an der Reihe.

Die Ausrichtung eines Plättchens spielt keine Rolle. 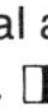 wird als identisch mit  angesehen – zusammen bilden beide ein Paar.  wird als identisch mit  angesehen usw.

Wenn die beiden aufgedeckten Plättchen kein Paar ergeben, dreht der Spieler sie wieder in ursprünglicher Position und Ausrichtung mit der Vorderseite nach unten, und der nächste Spieler ist an der Reihe.

Das Spiel setzt sich fort, bis alle Plättchen als Paare von den Spielern in Besitz genommen worden sind. Sieger ist der Spieler mit den meisten Mosaikplättchen.

Variante:

Es werden 30 Mosaikplättchen benutzt, sechs von jeder Sorte und in fünf Sechserreihen ausgelegt.

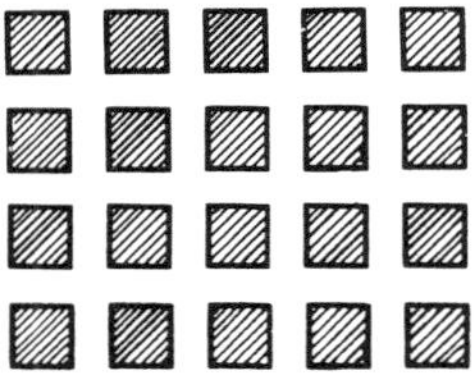

Abbildung 12

Startaufstellung in ›Paare finden‹

Hinweise für den Unterricht

Lassen Sie die Schüler eine Solitär-Version dieses Spiels spielen (jeder Schüler für sich allein), um vertraut damit zu werden. Stellen Sie fest, ob die Schüler eigene Methoden entwickeln können, die zum Sieg führen.

Sie müssen in der Lage sein, den Plättchentyp (wie beispielsweise ◪) mit seiner Position im Gitter (wie beispielsweise ›einen über der linken unteren Ecke‹) in Verbindung zu bringen.

MEM 8

BERÜHREN

Ziel des Spiels:

Mit verbundenen Augen so viele Mitspieler wie möglich berühren

Anzahl der Spieler:

Eine ganze Klasse

Benötigtes Material:
Zimmer

Spielablauf:
Die Schüler verteilen sich im Zimmer. Ein Spieler prägt sich ihre Positionen drei Minuten lang ein und bekommt dann die Augen verbunden. Den anderen Mitspielern ist es nicht erlaubt, sich zu bewegen. Der Spieler mit den verbundenen Augen muß durch das Zimmer gehen und versuchen, so viele Schüler wie möglich zu berühren. Zeit und erlaubte Anzahl der Schritte des Spielers mit den verbundenen Augen werden begrenzt. (Passen Sie diese Grenzen der Größe des Zimmers und der Zahl der Schüler an.) Die Runde ist für den Spieler beendet, wenn er jeden Mitspieler einmal berührt hat oder gegen die Wand stößt.

Der Spieler bekommt für jeden berührten Mitspieler einen Punkt, verliert jedoch jedesmal einen Punkt, wenn er denselben Mitspieler mehr als einmal berührt.

Jeder Schüler ist einmal an der Reihe, die anderen abzuschlagen. Der Spieler mit den meisten Punkten gewinnt.

Hinweise für den Unterricht

Dies ist ein erfrischend lebendiges Spiel, das hilft, Gedächtnisfähigkeiten auf psychomotorische Art und Weise zu steigern.

MEM 9

BILDERRATEN

Ziel des Spiels:
Fragen über ein kurz gesehenes Bild genau beantworten

Anzahl der Spieler:
Zwei

Benötigtes Material:
Fotos aus Zeitungen, Büchern oder Zeitschriften

Spielablauf:
Spieler A wählt eine Fotografie mit einer komplexen Szene (beispielsweise eine Straßenszene, kein Porträt einer Person) und zeigt sie Spie-

ler B dreißig Sekunden lang. Dann nimmt Spieler A das Foto weg und stellt Spieler B drei allgemeine Fragen darüber. Zum Beispiel:
- Wie viele Menschen waren auf dem Foto zu sehen?
- Wie viele Autos waren auf dem Foto zu sehen?
- War ein Restaurant auf dem Foto zu sehen?

Spieler B bekommt für jede richtig beantwortete Frage einen Punkt. Anschließend tauschen die Spieler die Rollen, und ein neues Foto wird ausgewählt. Nach einer gleichen Anzahl von Runden in jeder Rolle gewinnt der Spieler mit der höheren Punktzahl.

Variante:
Es werden detailliertere Fragen gestellt. Zum Beispiel: Hatte der Mann auf der linken Seite eine Jacke an?

MEM 10

DETAILS RATEN

Ziel des Spiels:
Sich im einzelnen an Objekte und ihre Lage in einer Schachtel zu erinnern

Anzahl der Spieler:
Zwei oder mehr

Benötigtes Material:
Zehn Haushaltsgegenstände, eine Schachtel zu ihrer Aufbewahrung

Spielablauf:
Ein Spieler schreibt eine Liste der Gegenstände auf, legt die einzelnen Gegenstände dann in der notierten Reihenfolge und unter den Augen der anderen in die Schachtel und macht diese zu. Die anderen Spieler müssen sich an folgendes erinnern:
1) Die Gegenstände, die in die Schachtel gelegt wurden. Ein Spieler bekommt einen Punkt für jeden richtig bezeichneten Gegenstand (über vier Gegenstände hinaus).
2) Die Reihenfolge, in der sie in die Schachtel gelegt wurden.
Ein Spieler bekommt einen Punkt für die richtig genannte Reihenfolge eines Gegenstands (über vier hinaus) und verliert zwei Punkte für jeden falsch eingeordneten Gegenstand.

3) Die Lage jedes Gegenstands innerhalb der Schachtel (Ecke, Seite usw.).
   Ein Spieler bekommt einen Punkt für die richtig genannte Lage eines Gegenstands (über vier hinaus).
4) Beschreibende Details der Gegenstände (Form, Farbe, Größe usw.).
   Ein Spieler bekommt zwei Punkte für jeden richtig beschriebenen Gegenstand (über vier hinaus).

Variante:
Um die Schwierigkeit zu erhöhen, kann man mehr als 10 Gegenstände verwenden.

MEM 11

KETTENSÄTZE

Ziel des Spiels:
Wiederholen und verlängern eines gerade gehörten Satzes

Anzahl der Spieler:
Zwei und mehr

Benötigtes Material:
Keines

Spielablauf:
Die Spieler sind nacheinander an der Reihe. Der erste Spieler sagt einen kurzen Satz. Der nächste Spieler muß den Satz genau wiederholen und eine Aussage hinzufügen. Ein Spieler, der das vor ihm Gesagte nicht wiederholen kann, scheidet aus dem Spiel aus. Dann hat der nächste Spieler Gelegenheit, das Gesagte zu wiederholen und wieder etwas hinzuzufügen.

Hinweise für den Unterricht

Ein Spiel könnte folgendermaßen verlaufen:
Spieler A: Leg dieses Buch in das Bücherregal.
Spieler B: Leg dieses Buch in das Bücherregal in der Ecke.
Spieler C: Leg dieses Buch in das Bücherregal in der Ecke des Zimmers.

Spieler A: Leg dieses Buch in das Bücherregal in der Ecke des Zimmers nebenan.

Spieler B: Leg dieses Buch in das Bücherregal des Zimmers nebenan. (Läßt ›in der Ecke‹ weg und scheidet aus dem Spiel aus.)

Spieler C: Leg dieses Buch in das Bücherregal in der Ecke des Zimmers nebenan, und bring mir . . .

Spieler A: Leg dieses Buch in das Bücherregal in der Ecke des Zimmers nebenan, und bring mir jenes andere Buch zurück.

Spieler C: Leg dieses Buch in das Bücherregal in der Ecke des Zimmers nebenan und bring mir ein anderes Buch zurück. (Es mußte ›jenes andere Buch‹ heißen. Spieler C verliert, Spieler A gewinnt.)

Zusammenfassung der allgemeinen Gedächtnisprinzipien

- Man soll eine Sache mit einer anderen, neue Dinge mit alten assoziieren.
- Geordnetes Material ist einprägsamer.
- Aussagekräftiges, etwas bedeutendes Material ist einprägsamer.
- Man kann sich leichter erinnern, wenn man auf bereits Bekanntem aufbaut.
- Wenn möglich soll man sich zu lernende Informationen in Form von Bildern merken.
- Wenn man etwas in seinem Gedächtnis speichert, sollte man sich überlegen, wie man es später wieder verfügbar macht.
- Man soll sich vertrauter Dinge bedienen, die einen an ein abstraktes Wort oder an einen abstrakten Gedanken erinnern sollen.

7. Kapitel

Kreatives Denken

Dieses Kapitel stellt die Denkfähigkeit *Kreatives Denken* vor und bietet vier Musterlektionen für den Unterricht sowie Regeln für zusätzliche Spiele und Übungen, mit denen sich die Fähigkeit ausbilden läßt.

Die Fähigkeit Kreatives Denken

Die Fähigkeit *Kreatives Denken* beschäftigt sich mit dem Hervorbringen neuer Ideen. Eine Idee mag einem persönlich neu sein, selbst wenn sie schon jemand anders gehabt hat. Solange sie einem persönlich neu ist, nennen wir dies kreatives Denken.

Psychologen machen manchmal einen Unterschied zwischen *konvergentem Denken* und *divergentem Denken:*

- *Konvergentes Denken* verfolgt das Ziel, *die* richtige Antwort zu finden. Da es eine richtige Antwort gibt (oder man davon ausgeht, daß es sie gibt), kann man die gegebene Antwort eines Menschen mit der richtigen Antwort vergleichen und sie als richtig oder falsch bewerten.
- *Divergentes Denken* entspricht dem, was wir kreatives Denken nennen. Da es keine richtige Antwort gibt, ist es schwierig, kreatives Denken einer Prüfung zu unterziehen: Man muß die *Qualität* der hervorgebrachten Ideen in Betracht ziehen, genau wie die Quantität.

Kreatives Denken umfaßt eine Reihe von Fähigkeiten:

- Die Fähigkeit, in gegebenen Situationen Alternativen zu suchen und zu finden.
  Beispiel: Ich will von Stadt A nach Stadt B fliegen, aber das Flugpersonal streikt. Was kann ich tun?
- Die Fähigkeit, in Situationen, die gegenwärtig nur vorstellbar sind, Alternativen zu suchen und zu finden.
  Beispiel: Angenommen, eine drei Meter hohe Mauer trennt mich von meiner Freundin. Wie kann ich zu meiner Freundin gelangen?
- Die Fähigkeit, auf neue Art und Weise von spezifischeren zu allgemeineren Abstraktionsebenen überzugehen und umgekehrt.

Beispiel: Ein Wasserhahn und ein Lichtschalter können gemeinsam als Kontrollinstrumente bezeichnet werden; Beispiele für Kontrollinstrumente sind Wasserhähne, Stromschalter und Türen.

- Die Fähigkeit, bei verschiedenen Objekten oder Situationen Ähnlichkeiten zu erkennen – die Fähigkeit also, Analogien aufzustellen.
  Beispiel: Ein Flugzeug ist wie ein Auto mit Flügeln oder ein Vogel mit Motor.

Wenn man seine kreativen Denkfähigkeiten verbessert, wird man empfindsamer für die Welt, in der man lebt, sieht alltägliche Objekte und Situationen in neuem Licht und ist in der Lage, für die Probleme des täglichen Lebens neue Lösungen zu finden.

Manchmal setzt man kreatives Denken ein, um *neue Wege zum Erreichen seines Ziels zu finden.*

Im Kapitel *Planung* haben wir gesagt, daß Sie, wenn Sie das Ziel haben, von der Stadt A in die Stadt B zu reisen, zuerst entscheiden müssen, ob Sie ein Flugzeug, einen Zug oder einen Bus nehmen, zu Fuß gehen oder per Anhalter fahren wollen. Aber Sie könnten auch kreatives Denken einsetzen, um noch weitere Möglichkeiten zu ersinnen: per Boot, per Fahrrad, per Floß, per Satellit reisen oder sich einfach vorstellen, schon in der Stadt zu sein. (Sie werden vielleicht sagen, daß die letzten beiden Vorschläge nicht realistisch sind, aber im Moment bringen wir nur neue Ideen hervor – wir bewerten sie nicht.)

Bei anderen Gelegenheiten setzt man kreatives Denken ein, um sich *klar zu machen, welches Ziel man eigentlich verfolgt.*

Im vorigen Beispiel könnten Sie sich fragen, warum Sie in Stadt B reisen wollen.

- Wenn Ihre Antwort lautet, daß Sie mit jemandem eine geschäftliche Angelegenheit besprechen wollen, könnten Sie an andere Möglichkeiten denken, dies zu tun:
  - Der Gesprächspartner besucht Sie in Ihrer Stadt.
  - Sie treffen sich auf halbem Wege in einer dritten Stadt.
  - Sie führen ein Telefonat.
- Sie könnten auch feststellen, daß es in Wirklichkeit Ihr Ziel ist, wegen der geschäftlichen Angelegenheit mit der betreffenden Person nur irgendwie *in Verbindung zu treten.* Zu diesem Zweck könnten Sie folgende Möglichkeiten ins Auge fassen:
  - Sie schreiben einen Brief.
  - Sie bitten einen Freund, der in Stadt B reist, in Ihrem Namen mit der betreffenden Person zu reden.

Alle kreativen Denkprozesse erfordern ein gewisses Hintergrundwissen. Um kreativ über Möglichkeiten, aus Stadt A in Stadt B zu kommen, nachdenken zu können, müssen Sie einiges über übliche und nicht so übliche Beförderungs- und Kommunikationswege wissen.

Wir beschäftigen uns in diesem Kapitel mit angewandter, technischer und praktischer Kreativität, nicht mit künstlerischer Kreativität. Wir werden Sie mit einigen allgemeinen Prinzipien zum Hervorbringen neuer Ideen vertraut machen und Ihnen Spiele und andere Übungen an die Hand geben, diese Prinzipien zu lernen und in Alltagssituationen anzuwenden.

Lektionsübersicht

Erste Lektion
Sie regen die Phantasie an und lassen üben, wie man neue Ideen hervorbringt.

Zweite Lektion
Sie lassen die Schüler ihre Annahmen überprüfen, damit sie erkennen, wie Annahmen kreatives Denken blockieren können.

Dritte Lektion
Sie üben das Erkennen von Analogien – wie sich alltägliche Dinge, die sich erheblich voneinander unterscheiden, in mancher Hinsicht auch ähnlich sind.

Vierte Lektion
Sie stellen eine allgemeine Checkliste zum Hervorbringen von Ideen vor und lassen den Gebrauch dieser Checkliste üben.

1. Lektion – Phantasie

Hintergrund

Sagen Sie den Schülern, daß man neue Ideen hervorbringen kann, indem man ein vertrautes Objekt in etwas anderes verwandelt oder es in einer Art und Weise benutzt, in der es normalerweise nicht benutzt wird.

Lernziele

- Erfahrungen beim Nachdenken über neue Ideen sammeln.
- Erfahrungen darin sammeln, daß man über vertraute Dinge in neuen Bahnen denkt.

Unterrichtsverfahren

Fangen Sie mit einem einfachen Punkt an – größer als der, mit dem wir einen Satz zu beenden pflegen: ● Fordern Sie die Schüler auf, dem Punkt etwas hinzuzufügen, so daß er zum Bestandteil eines Objekts oder einer Szene wird.

Abbildung 1 zeigt einige Beispiele für das, was gemacht werden könnte:

Abbildung 1

Erweiterung des Punkts zu einem vertrauten Objekt oder einer vertrauten Szene

Als nächstes nehmen Sie die Muster der Figurenkarten. Fordern Sie die Schüler auf, jedem etwas hinzuzufügen, so daß sie irgendein vertrautes Objekt oder eine vertraute Szene schaffen. Benutzen Sie zuerst das äußere Muster jedes Kärtchens, dann das innere Muster.

Abbildung 2 zeigt einige Beispiele für das, was gemacht werden könnte:

Abbildung 2

Erweiterung des äußeren Musters von Figurenkarten zu Objekten und Szenen

Hinweise für den Unterricht

Ein Wort kann in ungewöhnlicher Schrift geschrieben werden, um den Gedanken, den es ausdrückt, auch optisch darzustellen. Abbildung 3 zeigt einige Beispiele:

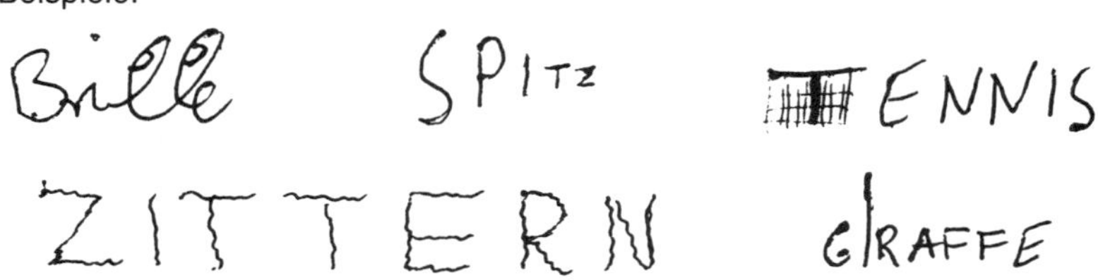

Abbildung 3

Wörter so schreiben, daß der Begriff auch optisch dargestellt wird

Um Einfälle zu bekommen, Wörter in dieser Art zu schreiben, denkt man zuerst an den wichtigsten oder hervorstechendsten Aspekt dessen, was das Wort aussagt. Dann sucht man nach einer Möglichkeit, einen einzelnen Buchstaben oder die Form des ganzen geschriebenen Worts so zu verwandeln, daß dieser Punkt hervorgehoben wird.

In Abbildung 3 ist ›spitz‹ beispielsweise so geschrieben, daß sich die Buchstaben zu einer Spitze verjüngen. Das ›I‹ in Giraffe ragt in diesem Wort weit über die anderen Buchstaben hinaus, um auf den wohlbekannten langen Hals dieses Tiers hinzuweisen.

Praktische Übungen

1. Lassen Sie die Schüler kreative Möglichkeiten ersinnen, um durch die Verzerrung der geschriebenen Form die Bedeutung der nachstehenden Worte auszudrücken:

Aufzug	Hälfte	Rugby
Uhr	Lehne	Kamm
Karo	Rose	Eisenbahn

Einige Vorschläge werden in Abbildung vier gezeigt. Natürlich gibt es noch viele andere kreative Möglichkeiten.

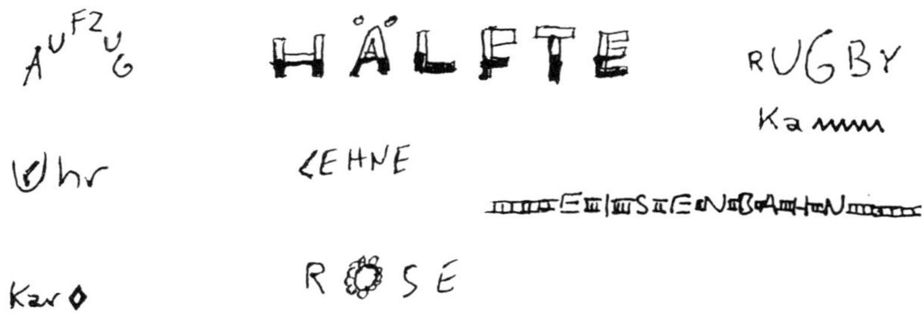

Abbildung 4

Kreative Ausdrucksformen für die Worte Aufzug, Hälfte, Rugby, Uhr, Lehne, Kamm, Karo, Rose und Eisenbahn

2. Lassen Sie die Schüler selbst kreative Wege vorschlagen, durch die Verzerrung der geschriebenen Form die Bedeutung anderer selbstgewählter Worte auszudrücken. Sie können auch die Namen wohlbekannter Persönlichkeiten heranziehen und damit hervorstechende Eigenschaften der Persönlichkeit ausdrücken.
3. Lassen Sie die Schüler sich Gegenstände ausdenken, die folgendermaßen beschaffen sind:
   a) Hart, rund und kleiner als ein Basketball
   Beispiele: Türgriff, Radioknopf, Weintraube, Apfel ...
   b) Lang, weich und größer als ein Bleistift.
   Beispiele: Schlange, Makkaroni, Gürtel ...

4. Bitten Sie die Schüler:
   a) alle ›Behälter‹ im Klassenzimmer aufzuschreiben.
      - Besteht Einigkeit darüber, daß alle genannten Objekte Behälter sind?
      - Ist die Liste zu kurz?
      - Was genau ist ein ›Behälter‹? Haben die Schüler nur an Behälter für Gegenstände und Stoffe gedacht?

      Eine Zeitung könnte als Behälter für Nachrichten und ein Schüler als Behälter (hoffen wir) für Wissen betrachtet werden, genauso wie eine Flasche als Behälter für Flüssigkeiten betrachtet werden könnte.

      Nach dieser gedanklichen Erweiterung des Begriffs ›Behälter‹ fragen Sie nach weiteren Beispielen, die vielleicht bisher übersehen worden sind. Anschließend fragen Sie nochmals nach einer Definition des Begriffs ›Behälter‹.

      Eine Möglichkeit: Ein Behälter hält einige Gegenstände, Stoffe und Gedanken zusammen und trennt sie vom Rest der Welt.

      Kann etwas ein Behälter und gleichzeitig in einem Behälter enthalten sein?
      - Eine Flasche kann ein Behälter für eine Flüssigkeit sein, während sie gleichzeitig zusammen mit anderen Flaschen in einem Kasten enthalten ist.
      - Eine Zeitung kann ein Behälter für Nachrichten sein, während sie gleichzeitig in einem durch eine Kordel zusammengebundenen Packen von Zeitungen enthalten ist.
   b) so viele ›Bindemittel‹ wie möglich aufzuschreiben.

      Hier folgen einige Möglichkeiten: Leim, Nägel, Packpapier, Klebeband, Schnur, Gummiband, Klammer, verbale Assoziationen, Wind, Schwerkraft, Magneten, Loyalität, Liebe, Freundschaft.
   c) Beispiele und Definitionen für andere Gedankenbegriffe zu nennen, die Sie den Schülern geben.

5. Legen Sie 64 Bilderkärtchen auf ein 8 × 8-Gitter. Wählen Sie fünf Bilderkarten aus, und bitten Sie jeden Schüler, eine Geschichte zu ersinnen, in dem die auf diesen Karten gezeigten Elemente vorkommen. Zunächst suchen Sie die fünf Karten so aus, daß dies eine leichte Aufgabe ist.

   Nachdem die Schüler eine gewisse Übung haben, wählen Sie die Karten nach dem Zufallsprinzip aus, indem Sie blind eine Buchstabenkarte von A bis H und eine Zahlenkarte von 1 bis 8 ziehen, die dann die Felder der Bilderkarten im 8 × 8-Gitter bezeichnen.

6. Suchen Sie fünf Bilderkarten aus, und bitten Sie jeden Schüler, einen Satz zu bilden, in dem alle auf diesen Karten gezeigten Elemente vorkommen. Zuerst wählen Sie die Karten so aus, daß dies eine leichte Aufgabe ist. Nachdem die Schüler einige Übung haben, bestimmen Sie die Karten wie oben in 5. nach dem Zufallsprinzip.

2. Lektion – Was sind Ihre (unterschwelligen) Annahmen?

Hintergrund

In der vorangegangenen Lektion haben wir einige Möglichkeiten, die Phantasie anzuregen, kennengelernt. Manchmal sind wir so daran gewöhnt, etwas auf eine bestimmte Weise zu sehen oder in bestimmter Weise darüber zu denken, daß wir uns selbst dabei blockieren, neue Gedanken zu entwickeln.

Nehmen wir beispielsweise an, man zeigt Ihnen die acht Kärtchen aus Abbildung 5 und fordert Sie auf, ein einziges so zu versetzen, daß horizontal und vertikal die gleiche Anzahl von Kärtchen vorhanden ist.

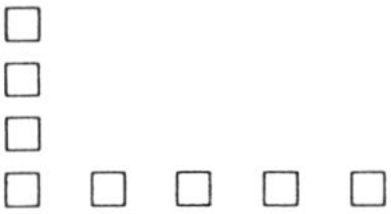

Abbildung 5
Versetzen Sie ein Kärtchen so, daß horizontal und vertikal die gleiche Anzahl von Kärtchen vorhanden ist

Sie werden große Schwierigkeiten bekommen, wenn Sie annehmen, daß alle Kärtchen auf gleicher Höhe liegen müssen. Wenn Sie jedoch nicht von dieser Annahme ausgehen, dann könnte Ihnen eine Lösung einfallen, bei der Sie ein Kärtchen auf ein anderes legen (Abbildung 6).

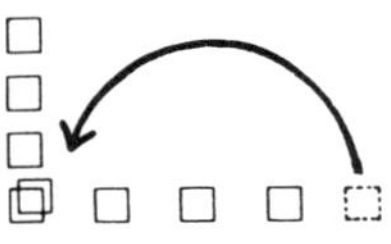

Abbildung 6
Lösung des Problems aus Abbildung 5

Lernziele

- Sich bewußt werden, daß unterschwellige Annahmen die Entwicklung von Ideen behindern.

Unterrichtsverfahren

Bitten Sie die Schüler, genau zwei Streichhölzer in Abbildung 7 so zu versetzen, daß alle Streichhölzer danach *vier* Quadrate bilden.

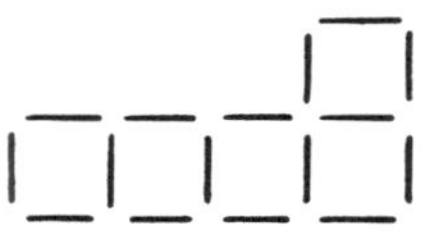

Abbildung 7
Zwei Streichhölzer sollen so versetzt werden, daß alle Streichhölzer danach vier Quadrate bilden

Die Schüler werden wahrscheinlich große Schwierigkeiten haben, wenn sie davon ausgehen, daß alle Quadrate die gleiche Größe haben müssen und daß jedes Quadrat von den anderen getrennt sein muß. Wenn sie jedoch nicht von dieser Annahme ausgehen, dann könnte ihnen die Lösung aus Abbildung 8 einfallen.

Abbildung 8
Lösung des Problems aus Abbildung 7

Praktische Übungen

1. Lassen Sie die Schüler die Probleme aus Abbildung 9 lösen. In allen Fällen müssen sie eine bestimmte Anzahl von Streichhölzern wegnehmen, so daß das verlangte Ergebnis erreicht wird, ohne daß Streichhölzer übrigbleiben.

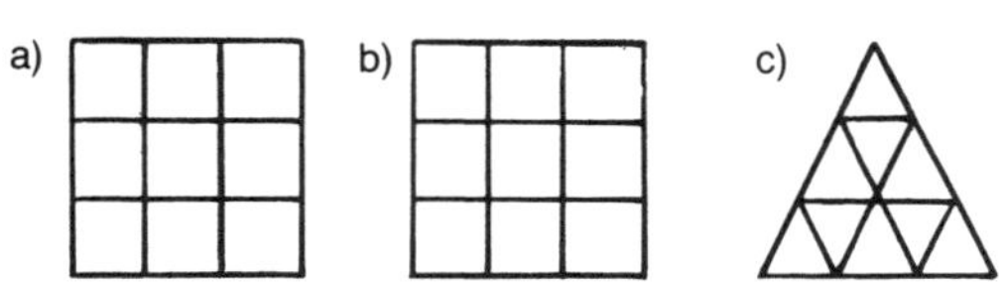

a) Nehmen Sie vier Streichhölzer weg, so daß sechs Quadrate entstehen.
b) Nehmen Sie vier Streichhölzer weg, so daß fünf Quadrate entstehen.
c) Nehmen Sie drei Streichhölzer weg, so daß sieben Dreiecke entstehen.

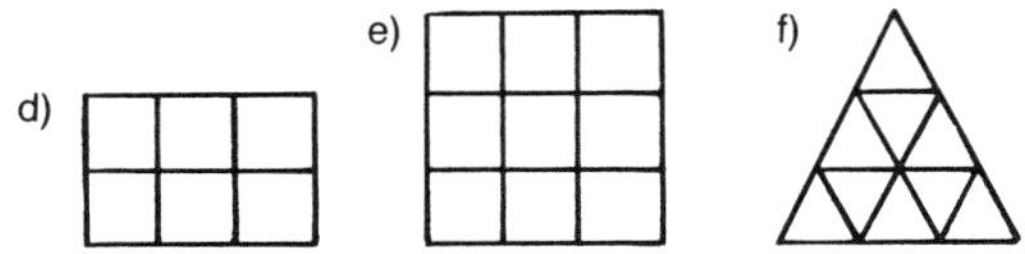

d) Nehmen Sie vier Streichhölzer weg, so daß drei Quadrate entstehen.
e) Nehmen Sie fünf Streichhölzer weg, so daß fünf Quadrate entstehen.
f) Nehmen Sie drei Streichhölzer weg, so daß sechs Dreiecke entstehen.

Abbildung 9
Nehmen Sie eine bestimmte Anzahl von Streichhölzern weg, so daß das verlangte Ergebnis erreicht wird, ohne daß Streichhölzer übrigbleiben

Die Lösungen sind in Abbildung 10 angegeben.

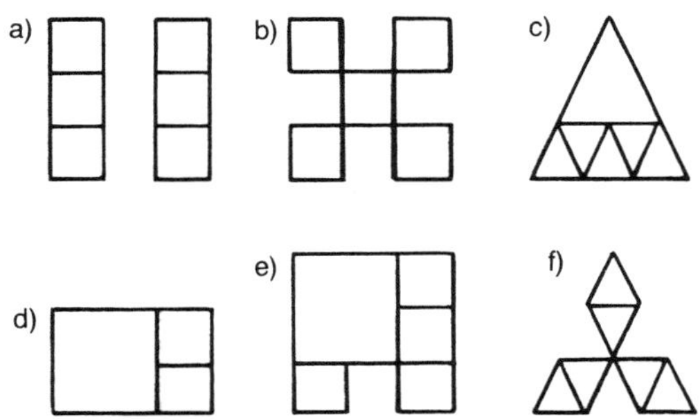

Abbildung 10
Lösungen der Aufgaben aus Abbildung 9

Die Annahmen, die den Lösungen im Wege stehen, sind folgende:
a) Die Quadrate müssen miteinander verbunden sein.
b) Die Quadrate müssen an den Seiten, nicht an den Ecken miteinander verbunden sein.
c) Die Dreiecke müssen alle die gleiche Größe haben.
d) Die Quadrate müssen alle die gleiche Größe haben.
e) Die Quadrate müssen alle die gleiche Größe haben.
f) Die Dreiecke müssen unterschiedliche Größen haben.

2. Geben Sie den Schülern die nachstehenden Probleme auf:
   a) Was kommt in der Folge 1, 4, 7, 11, 14, 17 ... als nächstes?
   Antwort: 41.
   Begründung: Es handelt sich um normale, aufsteigend geordnete Zahlen, wobei allerdings nur Ziffern verwandt werden, die aus geraden und nicht aus gekrümmten Linien bestehen.
   Annahme: Die Zahl ist wichtig, nicht ihre Form.

b) Was folgt in der Sequenz A, E, F, H, I, K,... als nächstes?
Antwort: L.
Begründung: Es handelt sich um normale, alphabetisch geordnete Buchstaben, wobei allerdings nur Buchstaben verwandt werden, die aus geraden und nicht aus gekrümmten Linien bestehen.
Annahme: Der Buchstabe ist wichtig, nicht seine Form.

c) Welches der folgenden Wörter paßt nicht zu den anderen?
SCHWEIN, ZIEGE, PFERD, HAUS, BAUM.
Antwort: PFERD.
Begründung: Dieses Wort enthält keine zwei aufeinander folgenden Vokale.
Annahme: Die Bedeutung des Wortes ist wichtig, nicht seine Orthographie.
Anmerkung: Andere Antworten und Begründungen sind möglich, zum Beispiel:
Antwort: HAUS.
Begründung: Häuser werden von Menschen gebaut, während die anderen Dinge natürlichen Ursprungs sind.

3. Bitten Sie alle Schüler, sich selbst andere Beispiele von Denkaufgaben einfallen zu lassen, bei denen die ›richtige‹ Antwort von bestimmten Annahmen abhängt, und sie als Hausaufgabe aufzuschreiben.

3. Lektion – Erkennen von Analogien

Hintergrund

Im 2. Kapitel haben wir gesagt, daß ein Schüler die Analogie zwischen einer Spielsituation und einer neuen Situation erkennen muß, wenn er das Spielprinzip in einer neuen Situation anwenden will. Das bedeutet, daß der Schüler erkennen muß, daß gewisse wesentliche Elemente beider Situationen gleich sind, auch wenn die beiden Situationen in anderen Beziehungen ganz unterschiedlich sind.

Die vorangegangene Lektion hat uns jedoch gezeigt, wie uns unsere Annahmen manchmal hindern, in neuen Bahnen zu denken. In dieser Lektion wollen wir nun üben, wie wir davon abkommen können, die Dinge nur aus einem Blickwinkel zu sehen.

Lernziele

- Flexibler werden, indem man »denselben« Gegenstand aus unterschiedlichen Blickwinkeln betrachtet.

Unterrichtsverfahren

Ziehen Sie blind zwei Bilderkarten, zeigen Sie sie den Schülern, und fragen Sie, inwieweit die Bilder auf den Karten einander gleichen.

Abbildung 11

Inwieweit gleichen sich die Bilder auf den beiden Karten?

Beispiel: Schlüssel – servierender Kellner (Abbildung 11a).
Beide erfüllen eine Funktion; der Schlüssel öffnet Türen, das Getränk löscht den Durst.

Beispiel: Käse tragende Maus – Haus (Abbildung 11b).
Sowohl der Käse als auch das Haus haben ›Fenster‹. Oder: Sowohl der Käse als auch das Haus haben ›Löcher‹.

Beispiel: Kinder – Krone (Abbildung 11c).
Man sieht sowohl die Kinder als auch die Krone *von vorne.*
(Im vorigen Beispiel sah man die Maus *von der Seite,* während man schräg auf das Haus blickte.)

Beispiel: Karten und Würfel – Brille (Abbildung 11d).
Es sind *zwei* Würfel vorhanden, und die Brille ist für *zwei* Augen bestimmt.

Beispiel: Hüte – Geld (Abbildung 11e).
Die Hüte können übereinandergelegt werden, genauso wie die Münzen und die Geldscheine.

Hinweise für den Unterricht

Zwei Karten können sich in vielen Beziehungen gleichen. Fordern Sie die Schüler auf, Ähnlichkeiten zu entdecken, die auf der Funktion beruhen und nicht darauf, daß die betrachteten Dinge zusammengehören, weil sie gewöhnlich zusammen auftreten, wie man sagt: assoziiert sind.

Beispiele:
- Ein *Wasserhahn* und eine *Tür* gleichen sich in bezug auf die Funktion, während *Wasserhahn* und *Wasser* assoziiert sind.
- Ein *Hotel* und ein *Gefängnis* haben ähnliche Funktionen (sie beherbergen Menschen für eine gewisse Zeit), *Hotel* und *Reservierung* hingegen sind assoziiert.

Wenn Sie selbst Schwierigkeiten haben, auf Ähnlichkeiten zwischen zwei beliebigen Bildern zu kommen, sollten Sie Ihre Beispiele vorher vorbereiten. Wenn Sie den Schülern einmal eine Reihe von Beispielen gegeben haben, kann es leicht sein, daß sie bei Bildern kreativ Ähnlichkeiten entdecken, an die Sie gar nicht gedacht haben.

Praktische Übungen

1. Nehmen Sie gleichzeitig *drei* Bilder, und fordern Sie die Schüler auf, Ihnen zu sagen, inwieweit die Bilder A und B einander gleichen und Bild C sich von A und B unterscheidet. Dann sollen sie sagen, inwieweit die Bilder B und C einander gleichen und Bild A sich unterscheidet. Und schließlich sollen sie sagen, auf welche Art die Bilder A und C einander gleichen und Bild B sich unterscheidet.
2. Stellen Sie vorbereitete Gruppen von 4, 6 oder 8 Bildern zusammen, bei denen Sie auf irgendeine Weise Ähnlichkeiten sehen, und lassen Sie die Schüler herausfinden, worin diese bestehen.
3. Teilen Sie die Klasse in Paare auf. Ein Schüler stellt 4, 6 oder 8 Bilder zusammen, bei denen er oder sie auf irgendeine Weise Ähnlichkeiten erkennt, und der andere Schüler muß herausfinden, worin diese Ähnlichkeit besteht. Die Schüler sollen füreinander auch Sechsergruppen zusammenstellen, wobei drei Bilder einander auf eine Weise, die drei anderen Bilder einander auf andere Weise ähneln.

Hinweise für den Unterricht

Nachdem die Schüler gelernt haben, zu erkennen, wie sich zwei Dinge in bezug auf ihre Funktion ähneln, lassen Sie sie nach einem neuen Paar von Gegenständen suchen, das funktionell genauso zueinander in Beziehung steht, wie das bei einem vorgegebenen Paar der Fall ist.

Zum Beispiel: Welche Paare stehen in der gleichen Beziehung zueinander wie das Paar *Krankenhaus* und *Patient?*

Antwort: *Schule* und *Schüler* oder
Laden und *Kunde*

(Der erste Begriff ist ein Ort, von dem der zweite einen Nutzen hat.)

Praktische Übungen

1. Welche Objektpaare stehen funktionell genauso zueinander in Beziehung, wie das bei den folgenden Paaren der Fall ist?
   a) Hand und Handschuh
   b) Wasser und Fisch
   c) Kellner und Restaurant
   d) Honig und Biene
   e) Bürgermeister und Bürger
2. Welche *Tätigkeit* ist funktionell vergleichbar?
   a) Anstreichen eines Hauses
   Antwort: Glasieren eines Kuchens
   Anmachen eines Salats
   Anziehen eines Regenmantels
   b) Ausschalten von Lampen, um Strom zu sparen
   Antwort: Geld zur Bank bringen
   Winterschlaf halten
   Sich vor der Arbeit ausruhen
   c) Zusammenbauen eines Puzzles
   Antwort: Lösen einer Detektivgeschichte
   Rekonstruieren eines zerbrochenen Gefäßes
   Sich anhand eines Knochens und eines Fußabdrucks vorstellen, wie ein ausgestorbenes Tier aussah
   Scrabble spielen
3. Was gleicht in bezug auf die Funktion einem Filter?
   (Ein Filter läßt bestimmte Partikel durch.)
   Antwort: Ein Test (läßt Leute, die mehr wissen, durch)
   Ein Netz (läßt kleine Partikel und Flüssigkeiten durch)
   Ein Kartenkontrolleur im Theater (läßt Leute mit Eintrittskarten durch)
   Ein Magnet (zieht gewisse Metalle an)
4. Denken Sie sich Objekte und Tätigkeiten aus, und fordern Sie die Schüler auf, andere Objekte und Tätigkeiten zu nennen, die funktionell zu ihnen in Beziehung stehen.

4. Lektion – Der Ideen-Stimulator

Hintergrund

Wie genau bringt man neue Ideen hervor? Wir werden jetzt eine *allgemeine* Methode vorstellen, mit der man auf neue Ideen kommt, und zwar durch den Gebrauch einer Checkliste.

Wenn man mit einer Einkaufsliste in den Supermarkt geht, wird man nicht vergessen, die Dinge zu kaufen, die man zu kaufen beabsichtigt.

Ein Pilot benutzt vor dem Start eine Checkliste, um sich zu versichern, daß alle Systeme des Flugzeugs einwandfrei arbeiten.

Sie können eine Checkliste benutzen, die Ihnen hilft, neue Ideen zu entwickeln, um ein Problem zu lösen. Die Checkliste garantiert nicht, daß Sie auf DIE Idee kommen, die Sie brauchen, aber sie kann Sie anregen, in neuen Bahnen zu denken.

Lernziele

- Lernen, wie man eine Checkliste benutzt, um auf Ideen zu kommen.
- Üben, wie man mit der Checkliste umgeht.

Unterrichtsverfahren

Nachstehend folgt die Checkliste, mit der man Ideen für Problemlösungen anregen kann:

SITUATIONEN

HILFSMITTEL

VERÄNDERUNGEN

GEGENSTÄNDE

EIGENSCHAFTEN

Situationen

Wer
- kann angesprochen werden?
- kann einen Beitrag leisten?
- kann helfen?
- ist in guter Position?
- sollte von mir überzeugt werden?

Was
- kann ich benutzen?
- kann dabei herauskommen?
- könnte ich gewinnen?
- könnte ich verlieren?

Welche(r)
- Terminplan?
- bestimmte Örtlichkeit?
- bestimmte Zeit?
- Schritte sind zu unternehmen?

Warum
- würden oder könnten sie helfen?
- sind andere gescheitert?
- besteht ein Problem?
- bin ich betroffen?

Wann
- kann ich anfangen?
- kann es beendet sein?
- könnten andere helfen?

Wo
- soll angefangen werden?
- sind Materialien?
- gibt es menschliche Hilfe?
- liegt das Problem?
- liegt kein Problem?
- gibt es Hindernisse?

Wie
- ist das Problem entstanden?
- erfahre ich, wie sich mein Handeln auswirkt (Feedback)?
- kann ich das Geschehen kontrollieren?
- kann ich effektiv sein?
- kann ich mich selbst motivieren?
- kann ich andere motivieren?
- machen es andere?

Hilfsmittel

Freunde
Handwerkszeug
Computer
Verwandte
Fachleute
Bücherei
Nachbarn
Fremde
Filme
Kollegen
Amtspersonen
Feinde

Veränderungen

Veränderung des/der
- Sinns, Bedeutung
- Farbe
- Bewegung
- Struktur
- Form
- Gestalt
- Gewichts
- Geschmacks
- Tons, Klangs
- Gebrauchs
- Inneren
- Äußeren
- Symmetrie
- Qualität

Vergrößern
- mehr Zeit
- öfter
- stärker
- einige Teile
- erweitern
- dicker
- Wert erhöhen
- Bestandteile hinzufügen
- vervielfältigen
- übertreiben
- beschleunigen
- Teile hinzufügen
- verschmelzen
- sortieren
- neue Ideen entwickeln
- neue Funktionen ersinnen
- neue Zwecke finden
- Geschmack hinzufügen
- Ton hinzufügen
- Geruch hinzufügen
- Struktur hinzufügen

Verbindung von
- Ideen
- Anwendungen
- Zwecken

Etwas Ähnliches benutzen
- ein anderes Geschehen
- eine andere Idee
- neue Verwendungsmöglichkeiten
- etwas kopieren

Verkleinern
- auseinandernehmen
- verdichten

miniaturisieren
verringern
verkürzen
Gewicht herabsetzen
stromlinienförmig machen
natürlicher machen
leichter machen
etwas auslassen
vereinfachen
verdünnen
abschwächen
Teile wegnehmen

Etwas ersetzen
jemand anders
etwas anderes
woanders, andere Örtlichkeit
anderes Material
anderer Vorgang
andere Energiequelle
anderer Ansatz
andere Gefühle
andere Funktion
andere Rolle
ein Teil

Neu anordnen
mehr Teile
unterschiedliches Muster
unterschiedliche Reihenfolge
Ursache und Wirkung vertauschen
Terminplan ändern
positiv in negativ verwandeln
entgegengesetzt
rückwärts
auf den Kopf gestellt
vertauschte Rollen

Gegenstände
Zahnpasta
Schildkröten
Kreditkarte
Schere
Schraubenzieher
Eiswürfel
Zeitung
Glühbirne
Sonnenbrille
Zahnstocher
Rollschuhe
Kalender

Eigenschaften
zusammenklappbar
einfach
wiederverwendbar
magnetisch
klebrig
transparent
unsichtbar
instabil
locker
tragbar
bequem

Alle Punkte auf der Checkliste sollen Dinge zu Bewußtsein bringen, die bedacht werden könnten, und das Denken anregen. Es kann nicht erwartet werden, daß alle Punkte für alle Probleme relevant sind, und nicht einmal, daß zwei Menschen mit demselben Problem durch denselben Punkt auf der Checkliste gleichartig angeregt werden.

Die Checkliste ist unterteilt in fünf Spalten, die die Bezeichnungen SITUATIONEN, HILFSMITTEL, VERÄNDERUNGEN, GEGENSTÄNDE und EIGENSCHAFTEN tragen. Die SITUATIONEN sehen Grundfragen vor, die man sich in bezug auf die Problemsituation stellen kann. Die HILFSMITTEL nennen in einigen allgemeinen Kategorien Menschen und Dinge, die einem helfen könnten. Die VERÄNDERUNGEN bieten eine umfangreiche Liste möglicher Methoden, eine Problemsituation oder einen Teil davon zu variieren. Bei den GEGENSTÄNDEN sind Dinge genannt, die man benutzen kann oder die, was wahrscheinlicher ist, dazu anregen, auf andere Dinge zu kommen, die man benutzen kann. Bei den EIGENSCHAFTEN sind ebenfalls Merkmale von Dingen und Situationen genannt, die das Denken anregen. Sie sollten ruhig allen Spalten einige Punkte hinzufügen, wenn Sie wollen.

Wenn Sie die Checkliste benutzen, gehen Sie jeden Punkt der einzelnen Kategorien durch und schauen, ob er Ihnen etwas sagt. Wenn Sie bei Ihrem Problem nichts damit anfangen können, gehen Sie weiter zum nächsten Punkt.

Schildern Sie den Schülern das folgende Problem:

Ihr habt euch aus eurem Haus oder aus eurer Wohnung ausgeschlossen. Wie kommt ihr wieder hinein?

1. SITUATIONEN

   Wer kann angesprochen werden?
   - Die Person, die die Tür abgeschlossen hat.
   - Ein Schlosser.

   Wer kann einen Beitrag leisten?
   - Jemand, der für ein Hotelzimmer bezahlt, bis das Haus wieder aufgeschlossen ist.

   Wer kann helfen?
   - Überlegt, wer einen Schlüssel besitzt.
   - Wer ist gelenkig genug, um durch das Fenster zu klettern?

   Wer ist in guter Position?
   - Von wessen Wohnung aus kann ich mein Fenster erreichen?
   - Wer kann entscheiden, daß die Tür aufgebrochen werden soll?

   Wer sollte von mir überzeugt werden?
   - Person mit Schlüssel.
   - Ich selbst – davon, daß ich durch das Fenster klettere.

Was kann ich benutzen?
- Einen Stein, um das Fenster einzuschlagen.
- Eine Leiter, um das Fenster zu erreichen.
- Einen Generalschlüssel, der in viele Schlösser paßt.

Was kann dabei herauskommen?
- Jemand, der mich einbrechen sieht, könnte die Polizei rufen.

Was könnte ich gewinnen?
- Zugang.
- Gelegenheit, beim Warten Nachbarn zu treffen.

Was könnte ich verlieren?
- Kaputtes Fenster, kaputte Tür.

Welcher Terminplan?
- Wann kommt die Person mit einem Schlüssel nach Hause?

Welche bestimmte Örtlichkeit?
- Wo hält sich die Person mit dem Schlüssel jetzt auf?

Welche bestimmte Zeit?
- Ist es vielleicht besser, während des Tageslichts durch das Fenster zu klettern?

Welche Schritte sind zu unternehmen?
- Überprüfen, ob irgendein Fenster oder irgendeine Tür offensteht.
- ›Schritte‹ zum Dach des Wohnhauses, von dem ich mich mit einem Seil zu meinem Fenster hinunterlassen kann.

Warum würden oder könnten sie helfen?
- Leute finden, denen ich einen Gefallen getan habe.

Warum sind andere gescheitert?
- Welche Leute sind auch ausgeschlossen worden, und was haben sie gemacht?
- Welche Methoden, sich Zutritt zu verschaffen, habe ich im Fernsehen oder im Kino gesehen oder in einem Buch gelesen?

Warum besteht das Problem?
- Ich habe meinen Schlüssel in Josefs Wohnung vergessen; ich kann ihn dort holen.

Warum bin ich betroffen?
- Muß ich jetzt eigentlich in die Wohnung?

Wann kann ich anfangen?
- Wird irgend jemand kommen, der helfen kann, wenn ich warte?

Wann kann es beendet sein?
- Wenn ich weggehe ...

Wann könnten andere helfen?
- Wenn sie nach dem Wochenende zurückkommen ...

Wo soll angefangen werden?
- Überprüfen, ob irgendein Fenster oder irgendeine Tür offensteht.
- Alle Taschen nach einem Schlüssel durchsuchen.

Wo sind Materialien?
- Womit kann ich das Fenster einschlagen?

Wo gibt es menschliche Hilfe?
- Wen kenne ich, der dieses Problem auch schon gehabt hat?
- Wen kenne ich, der sich auf kreative Problemlösungen versteht?
- Habe ich laut geklopft, um festzustellen, ob jemand in der Wohnung ist?
- Zirkusakrobaten können eine menschliche Pyramide bauen, um mein hochgelegenes Fenster zu erreichen.

Wo liegt das Problem?
- Geht es um das Türschloß oder um die Türangeln?

Wo liegt kein Problem?
- Ich habe Zugang zu der Wohnung darüber. Ich kann von dort aus den Fußboden durchbrechen.

Wo gibt es Hindernisse?
- Was blockiert mein Fenster?

Wie ist das Problem entstanden?
- Wo habe ich meinen Schlüssel gelassen?

Wie kann ich erfahren, wie sich mein Handeln auswirkt (Feedback)?
- Ich bitte einen Passanten, mich zu meinem Fenster zu dirigieren, wenn ich an einem Seil vom Dach hin und her pendele.

Wie kann ich das Geschehen kontrollieren?
- Ich probiere systematisch alle Möglichkeiten durch, um das Kombinationsschloß zu öffnen.

Wie kann ich effektiv sein?
- Ich kann diesem Problem in Zukunft aus dem Weg gehen, wenn ich kein Schloß an der Tür habe.

Wie kann ich mich selbst motivieren?
- Ich stelle mir vor, wie schön es ist, wenn ich in der Wohnung bin.

Wie kann ich andere motivieren?
- Ich kann ihnen anbieten, einen Extraschlüssel von ihnen in meiner Wohnung aufzubewahren, damit sie in Zukunft nicht vor demselben Problem stehen.

Wie machen es andere?
- Wie gehen Einbrecher vor?
- Wie verschafft sich die Polizei Zugang?

2. HILFSMITTEL

Amtspersonen
- Hat der Hausverwalter einen Schlüssel für meine Wohnung?

Feinde
- Kann ich einen meiner Feinde dazu bringen, bei mir einzubrechen?
- Hat irgend jemand meinen Schlüssel gestohlen?

3. VERÄNDERUNGEN
Veränderung des Inneren
- Kann ich jemanden, der in der Wohnung schläft, aufwecken, damit er die Tür öffnet?

Neue Funktionen ersinnen
- Der Kamin dient dem Zweck, Rauch abzulassen. Kann ich ihn als Fenster benutzen?

4. GEGENSTÄNDE
Zahnpasta
- Säubert Zähne. Muß mein Schloß nur mal geölt werden, so daß mein Schlüssel funktioniert?

Zeitung
- Ich schiebe eine Zeitung unter die Tür, drücke einen Bleistift ins Schlüsselloch, um den Schlüssel zu lösen, der fällt herunter, und ich ziehe die Zeitung mit dem Schlüssel darauf wieder heraus.

5. EIGENSCHAFTEN
Zusammenklappbar
- Ich nehme ein Stück aus der Wand, um eine Öffnung zu schaffen.

Magnetisch
- Ich ziehe einen Magnet an einer Schnur über den Boden, um den verlorenen Schlüssel zu lokalisieren.

Wir haben Beispiele für alle Punkte unter *Situationen* und einige Musterbeispiele für die Punkte unter *Hilfsmittel, Veränderungen, Gegenstände* und *Eigenschaften* gegeben, so daß die große Zahl von Ideen sichtbar wird, die diese Checkliste anregen kann. Einige werden sich in der geschilderten Situation anwenden lassen, einige nicht. Einige werden praktischer sein als andere.

Es sei bemerkt, daß die Checkliste zwangsläufig allgemein gehalten ist, so daß sie in jeder Situation benutzt werden kann. Wenn man sie jedoch in einem bestimmten Fall benutzt, dürften die Möglichkeiten, *Kategorien* von Ideen zu bilden, deutlich werden.

Im vorliegenden Fall beschäftigte sich beispielsweise eine Reihe von Ideen damit, wie man durch Öffnungen kommen kann, sowohl durch solche, die wie Türen und Fenster bereits vorhanden sind, als auch durch solche, die zur Zeit nicht existieren, wie ein Loch in der Wand. Wenn man über die Kategorie ›existierende Öffnungen‹ nachdenkt, wird einem vielleicht klar, daß der Kamin eine Öffnung ist, die man übersehen hat. Abbildung 12 zeigt ein Baumdiagramm, das viele der genannten Ideen in Kategorien ordnet und vielleicht weitere anregt.

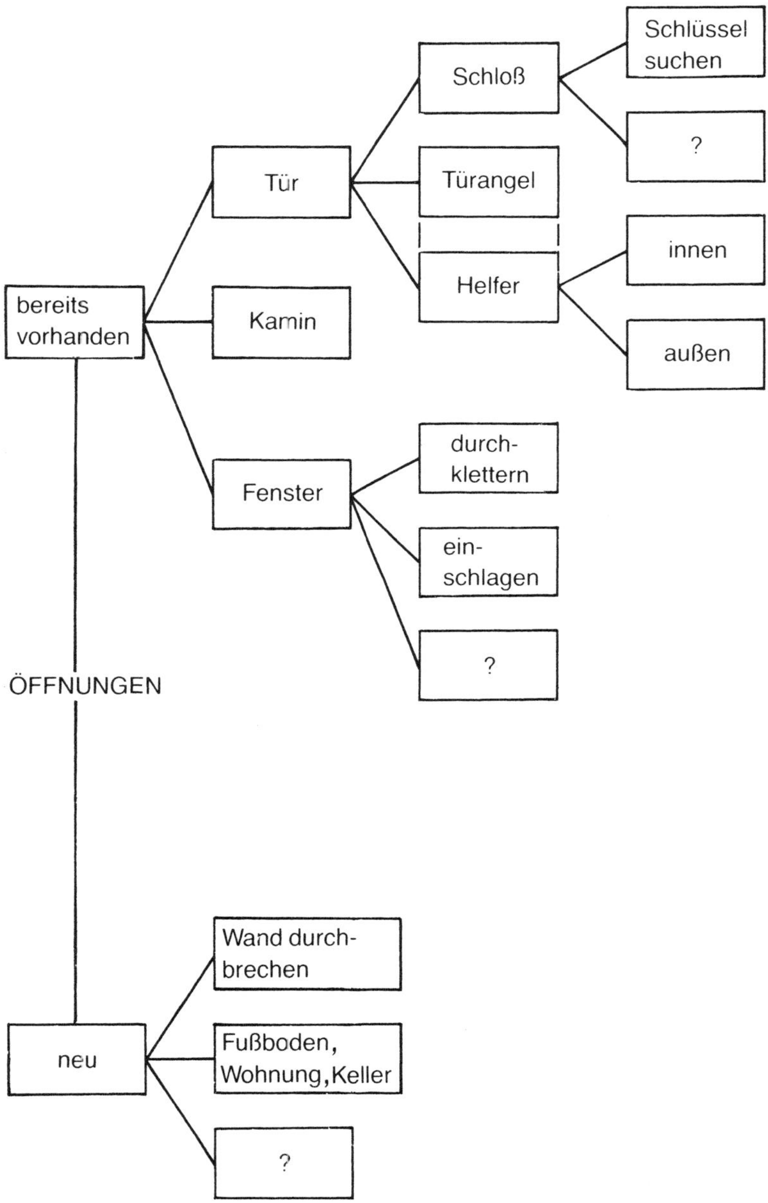

Abbildung 12
Baumdiagramm einiger Möglichkeiten, in eine verschlossene Wohnung zu gelangen

Es folgt eine weitere Situation, die Sie mit den Schülern besprechen können:

Du bist Schüler in einer Klasse, aber der Lehrer nimmt dich nicht dran, auch wenn du dich immer wieder meldest. Was kannst du tun, um aufgerufen zu werden?

Sehen wir einmal, wie die Checkliste in dieser Situation angewandt werden kann.

1. SITUATIONEN
   Wer kann angesprochen werden?
   - Ich könnte meine Klassenkameraden bitten, sich nicht zu melden, wenn sie sehen, daß ich mich melde. Dann müßte der Lehrer mich aufrufen.

2. HILFSMITTEL
   Amtspersonen
   - Ich könnte mein Problem dem Klassenlehrer oder dem Direktor vortragen.

3. VERÄNDERUNGEN
   Veränderung des Sinns, der Bedeutung
   - Wenn der Lehrer mich nicht aufruft, brauche ich mich nicht zu schämen, wenn ich die richtige Antwort nicht weiß.

   Veränderung der Farbe
   - Ich werde sehr helle Farben tragen, so daß ich auffalle.

   Veränderung der Bewegung
   - Ich werde die Hand nicht nur heben, sondern auch mit ihr winken.

   Veränderung des Tons, Klangs
   - Ich werde mir eine Glocke um das Handgelenk binden.

   Mehr Zeit
   - Ich halte meine Hand weiter in die Höhe, auch wenn der Lehrer bereits einen anderen aufgerufen hat.

   Öfter
   - Ich melde mich auch, um Fragen zu stellen oder Kommentare abzugeben, nicht nur, um Fragen zu beantworten.

   Stärker
   - Ich spreche lauter.

   Wert erhöhen
   - Ich eigne mir Spezialwissen an, das die anderen Schüler nicht haben, so daß ich der Klasse einen ganz besonderen Beitrag bieten kann.

   Vervielfältigen
   - Ich hebe beide Hände.

Übertreiben
- Ich stelle mich, wenn ich die Hand hebe.

Neue Verwendungsmöglichkeiten
- Ich halte einen Stab in der Hand, wenn ich mich melde.

Etwas kopieren
- Ich stelle fest, wie sich die Schüler verhalten, die oft aufgerufen werden.

Etwas auslassen
- Ich bitte die anderen Schüler, sich nicht zu melden, so daß ich auffalle.

Abschwächen
- Ich blicke aus dem Fenster, so als ob ich gar nicht interessiert daran sei, aufgerufen zu werden.

Jemand anders
- Ich bitte einen Schüler, der oft aufgerufen wird, zum Lehrer zu sagen: »Ich glaube, (mein Name) hat hierzu etwas zu sagen.«

Etwas anderes
- Ich hebe einen Stock, auf dem oben ein Handschuh steckt.

Woanders, andere Örtlichkeit
- Ich frage mich, ob ich auch von anderen Lehrern und Leuten ignoriert werde, und wenn ja, versuche ich, den Grund herauszufinden.

Anderer Ansatz
- Ich spreche den Lehrer vor dem Unterricht auf das Problem an.

Andere Gefühle
- Ich zeige Freude und Begeisterung, wenn ich mich melde.

Unterschiedliches Muster
- Ich setze mich auf einen anderen Platz, wo ich eher bemerkt werde.

Unterschiedliche Reihenfolge
- Ich melde mich schon, wenn der Lehrer gerade anfängt, eine Frage zu stellen, und noch keiner weiß, wie die Frage lautet.

Terminplan ändern
- Ich lasse mich in eine andere Klasse versetzen.

4. GEGENSTÄNDE

Sonnenbrille
- Sie bringt mich auf den Gedanken, einen Spiegel zu benutzen, mit dem ich das Sonnenlicht in die Augen des Lehrers reflektiere und somit die Aufmerksamkeit auf mich lenke.

5. EIGENSCHAFTEN

Tragbar und unsichtbar
- Ich komme auf den Gedanken, mich auf einen Platz in der ersten Reihe zu setzen, so daß ich für den Lehrer nicht unsichtbar bin.

Praktische Übungen

1. Wählen Sie aus jeder Spalte mindestens zwei Punkte aus. Fordern Sie einzelne Schüler auf, mit Hilfe dieser Punkte das Problem von eben zu lösen.
2. Lassen Sie die Schüler die Checkliste bei einem ähnlichen, aber unterschiedlichen Problem benutzen:

Nach langem Warten habt ihr im Restaurant endlich einen Tisch bekommen, aber der Kellner ignoriert euch.

3. Fordern Sie die Schüler auf, die Checkliste bei den nachstehenden Problemen zu benutzen:
   a) Wie nehme ich ab?
   b) Wie kann ein Vertreter erfolgreicher sein?
   c) Wie entzünde ich ein Feuer?
   d) Wie erkennt man, daß jemand lügt?
4. Lassen Sie die Schüler als Hausaufgabe mit Hilfe der Checkliste Ideen für ein Problem eigener Wahl hervorbringen, über das sie in der nächsten Unterrichtsstunde referieren sollen.
5. Bitten Sie die Schüler um Vorschläge für neue Kategorien und Punkte, die der Checkliste hinzugefügt werden können.

Kreative Spiele, Übungen und Diskussionsthemen

CRE 1

SPRUNGBRETTER

Konfrontieren Sie die Schüler mit einer Problemsituation. Wählen Sie eine zufällige Bilderkarte aus, die als ›Sprungbrett‹ dient, um Gedanken zur Lösung anzuregen.

Betrachten wir noch einmal eins der vorangegangenen Beispiele: Ein Schüler kommt aus der Schule nach Hause und findet das Haus verschlossen vor. Er hat seinen Schlüssel nicht bei sich.

Bild eines Bettes. Mögliche Lösung: Steht das Schlafzimmerfenster offen?

Bild zweier Hüte. Mögliche Lösung: Daran denken, daß es zwei Schlüssel gibt und einer davon immer unter der Fußmatte liegt.

Bild eines Jagdhorns. Mögliche Lösung: Laut rufen – für den Fall, daß ein Familienmitglied in der Nähe ist und einen Schlüssel bei sich hat.

CRE 2

BRAINSTORMING

Stellen Sie ein Problem vor, und lassen Sie die Schüler sich als Gruppe mögliche Lösungen ausdenken. *Jede* Idee sollte akzeptiert und an die Tafel geschrieben werden. Sie sollten auch Ideen willkommen heißen, die ziemlich ausgefallen und sogar ›verrückt‹ sind. Wenn die Ideen vorgetragen werden, sollte ihr Wert weder kritisiert noch diskutiert werden. Brainstorming ist ein *kooperativer* Gruppenprozeß.

Beispiele: Auf wie viele unterschiedliche Weisen kann man von einer Seite einer Mauer auf die andere kommen?

Es gibt viele Möglichkeiten. Es hilft, logisch vorzugehen und alle Methoden, auf die andere Seite zu gelangen, in *Kategorien* einzuteilen, als da wären: darüber hinweg, hindurch, darum herum.

Darüber hinweg:
- Klettern.
- Springen.
- Mit Hilfe eines Trampolins.
- Mit einem Hubschrauber.

Hindurch:
- Eine Öffnung in die Mauer brechen.
- Nach einer Tür Ausschau halten, sie öffnen und hindurchgehen.
- Die Mauer wie ein Geist durchdringen.

Darum herum:
- Am Ende der Mauer herumgehen.
- Die Welt umrunden und in entgegengesetzter Richtung aufbrechen.

Darunter durch:
- Ein Loch graben.
- Einen Tunnel suchen.

CRE 3

VERBESSERUNGEN

Kreatives Denken ist auch nützlich, wenn kein akutes Problem vorliegt, wie z. B. aus der Wohnung ausgesperrt zu sein, man aber das Gefühl hat, daß ein Produkt, ein Prozeß oder eine Arbeitsweise verbessert werden kann.

1. Setzen Sie Brainstorming ein, um zu versuchen, folgendes zu verbessern:
   a) einen Alltagsgegenstand wie beispielsweise
      - einen Tisch,
      - ein Kleidungsstück,
   b) die Durchführung einer schulischen Angelegenheit wie die Wahl eines Klassensprechers,
   c) ein System wie den Verkehr auf der Hauptstraße,
   d) ein größeres System wie ›Demokratie‹,
   e) ein öffentliches Transportsystem, um seine Effizienz, die Bequemlichkeit der Passagiere und den Komfort zu erhöhen.
2. Angenommen, die Schüler werden aufgefordert, einen neuen Stuhl zu entwerfen. Was genau ist ein ›Stuhl‹?
   - Es ist ein Sitz mit vier Beinen.

   Muß er genau vier Beine haben?

   Abbildung 13 zeigt eine Sammlung von Stuhlbeispielen, darunter einige nicht herkömmliche Exemplare.

Abbildung 13

Einige von vielen möglichen Varianten von Stühlen

Verschiedene Aktivitäten

Lassen Sie die Schüler die kreativen Denkfähigkeiten dieses Kapitels bei den folgenden Tätigkeiten anwenden:

1. Sie haben noch einen Tag zu leben. Was werden Sie tun?
2. Beschreiben Sie ein Ereignis nur mit Hilfe von Gebärden.
3. Schlagen Sie Veränderungen in der Organisation der Schule oder der Gemeinde vor.
4. Beschreiben Sie, inwieweit die Welt anders aussehen würde, wenn
   a) wir keine Uhren hätten, um die Zeit zu messen,
   b) das Papier nicht erfunden worden wäre.

Allgemeine Prinzipien

- Setzen Sie kreatives Denken ein, um neue Wege zum Erreichen Ihrer Ziele zu finden.
- Setzen Sie kreatives Denken ein, um Klarheit darüber zu gewinnen, welches Ziel Sie eigentlich haben.
- Bringen Sie neue Ideen hervor, indem Sie ein vertrautes Objekt in etwas anderes verwandeln oder es auf eine Weise verwenden, in der es normalerweise nicht verwendet wird.
- Denken Sie an den wichtigsten oder hervorstechendsten Aspekt eines Objekts oder eines Vorgangs. Suchen Sie dann nach einem Weg, ihn umzugestalten.
- Seien Sie sich bewußt, daß unterschwellige Annahmen Ideen im Wege stehen.
- Versuchen Sie, ›dasselbe‹ Objekt aus verschiedenen Blickwinkeln zu betrachten.
- Benutzen Sie eine Checkliste, die Ihnen hilft, neue Ideen zu entwickeln.
- Wählen Sie nach dem Zufallsprinzip ein Bild oder ein Wort aus, das Ihnen als ›Sprungbrett‹ dazu dienen kann, Gedanken zur Lösung anzuregen.
- Gehen Sie systematisch jeden Teil oder Aspekt einer Sache durch, einzeln und kombiniert, um festzustellen, welche Veränderungen Sie vornehmen könnten.
- Heißen Sie Ideen willkommen, die ziemlich ausgefallen oder sogar ›verrückt‹ sind.

8. Kapitel

Psychomotorische Aktivität

Dieses Kapitel stellt die Fähigkeiten vor, die bei *psychomotorischer Aktivität* beteiligt sind, und bietet fünf Spiele und andere Übungen an, mit deren Hilfe sich diese Fähigkeiten entwickeln lassen.

Die Fähigkeiten Psychomotorischer Aktivität

Bestimmte gewöhnliche Alltagsdinge, die wir tun, überschreiten die Grenze zwischen ›Geist‹ und ›Körper‹. Tätigkeiten wie Fahrrad oder Auto fahren verlangen von uns, gleichzeitig mehr als einen Sinn (Sehen, Gleichgewicht, Kinästhesie, Hören usw.) zu benutzen und zu kontrollieren sowie jeden einzeln und in Verbindung mit den anderen zu beherrschen.

Oft sind diese Tätigkeiten im Anfangsstadium sehr schwierig. Wenn wir sie gemeistert haben, vergessen wir diese schwierigen Anfangsphasen und denken auch nicht mehr daran, wie aktiv sowohl unser Geist als auch unser Körper während der Zeit des Lernens beteiligt waren. Später können wir diese Dinge nahezu automatisch und ohne bewußte Aufmerksamkeit tun: Wir können Radio hören und uns unterhalten, während wir mit dem Auto oder dem Fahrrad fahren.

Auch in der Ausbildung müssen wir lernen, eine Vorlesung zu hören und uns gleichzeitig Notizen zu machen.

Beim Sport gibt es Anfangsstadien, in denen wir mit Dingen zu kämpfen haben, die später für uns ganz einfache automatische Abläufe sind – beispielsweise wann und wie beim Basketball oder Fußball ein Paß zu spielen ist.

Viele berufliche Tätigkeiten erfordern ebenfalls Fähigkeiten, die die Grenze zwischen ›Geist‹ und ›Körper‹ überschreiten. Ein offenkundiges Beispiel ist Schreibmaschine schreiben: Die Bewegungen sind physisch, aber wenn man gut schreibt, benutzt man sein Gedächtnis, denn man muß wissen, wo sich die Tasten für jeden einzelnen Buchstaben befinden, und häufig vorkommende Buchstabenkombinationen vorhersehen. Andere Tätigkeiten wie die des Mechanikers, Fernsehtechnikers, Elektrikers, Zeichners usw. erfordern gleichfalls Koordination, Geschicklichkeit, Schnelligkeit und Genauigkeit bei den Bewegungen von Augen, Armen, Händen und Fingern.

Psychomotorische Aktivität hat mit Bewegungen zu tun, die die Koordination zwischen ›Geist‹ und ›Körper‹ betreffen und die Integration mehr als eines Sinnes erforderlich machen. In diesem Kapitel stellen wir Übungen vor, die dafür entworfen sind, eine Reihe von *psychomotorischen* Fähigkeiten zu schulen.

ARMBEWEGUNGEN IN UNTERSCHIEDLICHE RICHTUNGEN

1. Bewegen Sie an der Kante eines Tischs eine Hand mit ausgestrecktem Zeigefinger von links nach rechts hin und her. Die Bewegungsspanne sollte etwa zwanzig Zentimeter betragen. Gleichzeitig strecken Sie den Zeigefinger der anderen Hand aus bewegen diese von oben nach unten. Auch hier sollte die Bewegungsspanne zwanzig Zentimeter betragen.
   Wenn es Ihnen gelungen ist, diese beiden Bewegungen flüssig zu koordinieren, wechseln Sie Hände und Bewegungen, so daß sich die Hand, die sich bisher von links nach rechts bewegt hat, nun von oben nach unten bewegt und umgekehrt.
2. Bewegen Sie eine Hand von oben nach unten und die andere kreisförmig in der Horizontale.

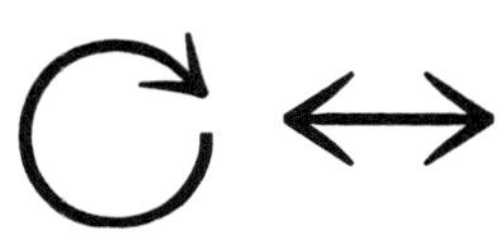

Abbildung 1
Eine Hand bewegt sich von oben nach unten, die andere im Kreis

Hinweise für den Unterricht

Dies sind gute Aufwärmübungen für die *psychomotorischen Fähigkeiten.* Wenn Sie die erste Übung mit der Klasse machen, warten Sie ab, bis die Bewegung bei allen Schülern glatt ist, und geben dann das Signal, Hände und Bewegungen zu wechseln. Wechseln Sie danach unerwartet noch einmal.

MÜNZEN IN EINEN HUT WERFEN

Ziel des Spiels:
Münzen aus einiger Entfernung in einen Hut werfen

Anzahl der Spieler:
Zwei oder mehr

Benötigtes Material:
Hut (oder Schachtel), zehn Münzen

Spielablauf:
Alle Spieler stehen hinter einer Linie, über die sie sich nicht vorbeugen dürfen, und werfen, wenn sie an der Reihe sind, nacheinander die zehn Münzen in den Hut, der in einer Entfernung von einem Meter auf dem Boden liegt.

Der Spieler bekommt einen Punkt für jede Münze, die im Hut landet und sich noch in ihm befindet, nachdem die zehnte Münze zur Ruhe gekommen ist. Nach einer Runde gewinnt der Spieler mit den meisten Punkten.

Variante:
Vergrößern Sie die Entfernung, jeweils um etwa dreißig Zentimeter pro Runde.

Variante:
Benutzen Sie statt der Münzen Spielkarten.

Variante:
Benutzen Sie statt der Münzen Papierflugzeuge.

Variante:
Werfen Sie die Objekte mit verbundenen Augen.

Hinweise für den Unterricht

Lassen Sie alle Schüler außer Konkurrenz mit unterschiedlichen Entfernungen experimentieren, wobei jeder Schüler nach einem Abstand suchen soll, aus dem er oder sie beständig acht der zehn Münzen in den Hut werfen kann. Dann lassen Sie den Schüler die Entfernung allmählich vergrößern, mit dem Versuch, auch hier acht Münzen in den Hut zu werfen.

Einige Schüler werden automatisch merken, wenn ihre Würfe generell in einer Richtung fehlgehen (links, zu weit usw.), und ihre Wurftechnik umstellen. Andere benötigen Hilfe, um festzustellen, warum ihre Würfe eventuell ständig fehlgehen, und brauchen möglicherweise auch Ratschläge, wie sie ihre Wurftechnik umstellen müssen.

Beobachten Sie, wie schnell die einzelnen Schüler die Entfernung vergrößern. Dies ist ein Anzeichen für ihre Bereitschaft, Risiken einzugehen.

Lassen Sie die Schüler Fragen wie diese diskutieren:

- Welche Techniken haltet ihr für nützlich?
- Ändert ihr eure Technik je nachdem, ob ihr eine Münze, eine Karte oder ein Papierflugzeug werft?
- Ändert ihr eure Technik je nachdem, aus welcher Entfernung ihr werft?
- Beobachtet ihr die erfolgreichsten Spieler, und versucht ihr, sie nachzuahmen?
- Ist der beste Münzenwerfer auch beim Werfen von Karten und Papierflugzeugen der beste?
- Welche speziellen Techniken wendet ihr an, wenn ihr mit verbundenen Augen werft?

Sie können die obigen Unterrichtshinweise an die Situation vieler der folgenden Übungen anpassen.

SCHREIBEN UND BEWEGEN

Schreiben Sie im Sitzen Ihren Namen, während Sie

a) einen Fuß kreisförmig im Uhrzeigersinn bewegen,
b) die andere Hand kreisförmig im Uhrzeigersinn bewegen,
c) sowohl den Fuß als auch die andere Hand kreisförmig im Uhrzeigersinn bewegen,
d) ihren Fuß kreisförmig im Uhrzeigersinn und die andere Hand ebenfalls kreisförmig, aber gegen den Uhrzeigersinn bewegen.

SING-SING

Lassen Sie die Schüler den Text eines Liedes zur Melodie eines anderen singen. Beginnen Sie mit einfachen Liedern. Prüfen Sie, ob es bestimmte Lieder, Texte und Melodien gibt, die diese Aufgabe erleichtern.

SPIEGLEIN, SPIEGLEIN AN DER WAND

1. Zeichnen Sie einen einfachen Gegenstand, und blicken Sie nur auf das Spiegelbild der Zeichnung.
2. Schreiben Sie Ihren Namen, und blicken Sie dabei nur in den Spiegel.
3. Kopieren Sie Wörter und Muster, die Sie nur im Spiegel betrachten.
4. Lesen Sie in einem Buch, das Sie nur im Spiegel sehen.

Statt einen Spiegel zu benutzen, kann man auch auf Transparentpapier schreiben. Drehen Sie das Papier um, und projizieren Sie die Rückwärtsschrift auf einen Schirm.

HANDBEWEGUNGEN

1. Ziehen Sie zügig einen Strich zwischen vorgegebene Begrenzungslinien wie in Abbildung 2. Beginnen Sie mit breiteren Zwischenräumen, und machen Sie sie allmählich schmaler, um die Schwierigkeit zu erhöhen. Punktwertung: Bei jeder Berührung einer Begrenzungslinie gibt es einen Minuspunkt.
2. Nehmen Sie kleine Gegenstände mit einer Pinzette und mit Eßstäbchen auf.

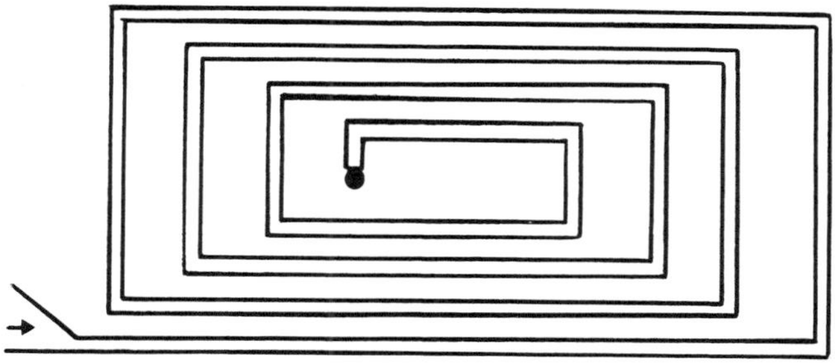

Abbildung 2

Ziehen Sie zügig einen Strich zwischen die Begrenzungslinien

BLINDEKUH

1. Zeichnen Sie mit verbundenen Augen ein einfaches Objekt.
2. Schreiben Sie Ihren Namen mit verbundenen Augen.
3. Schreiben Sie drei Sätze mit verbundenen Augen.
4. Erkennen Sie mit verbundenen Augen Objekte, die man Ihnen in die Hand gibt.
5. Schreiben Sie Worte rückwärts.

UNGEWÖHNLICHE BEWEGUNGEN

1. Schreiben mit der nicht bevorzugten Hand.
2. Schreiben mit einem Bleistift zwischen den Zehen.
3. Schreiben mit einem Bleistift, der am Ellenbogen festgebunden ist.

BALANCIEREN

1. Balancieren Sie auf einem Fuß.
2. Balancieren Sie einen Stapel Dominosteine oder Streichholzschachteln.
   Punktwertung: Einen Punkt für jeden Stein.
3. Bauen Sie ein Kartenhaus.
   Punktwertung: Einen Punkt für jede Karte.
4. Legen Sie eine Spielkarte so auf den Tisch, daß sie genau mit der Kante abschließt. Dann legen Sie nacheinander weitere Karten darauf, und zwar so, daß sie über die Tischkante hinausstehen. Messen Sie, wie lang Sie den Überhang höchstens machen können, bevor alle Karten herunterfallen.

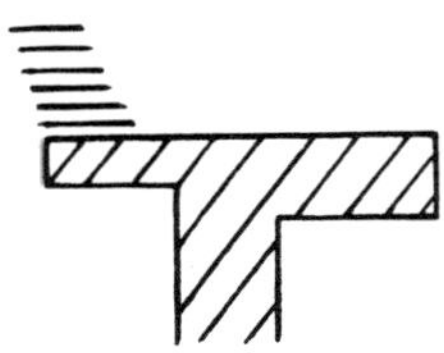

Abbildung 3

Wie viele Karten können Sie überstehen lassen, ohne daß sie vom Tisch fallen?

Allgemeine Unterrichtshinweise

Kombinieren Sie die verschiedenen psychomotorischen Fähigkeiten mit den Denkfähigkeiten, die in den anderen Kapiteln dieses Buchs besprochen werden. Nachstehend folgen einige Beispiele:

Kommunikation
Ein Schüler beschreibt ein Objekt, das gezeichnet werden soll, und ein zweiter Schüler zeichnet es im Spiegel.

Erkennen von Regeln (Induktive Logik)
Der Spielleiter führt eine Reihe von Posen vor und sagt, welche der Regel unterliegen und welche nicht. Die Merkmale dieser Posen können ein Augenblinzeln sein, eine zur Faust geballte Hand, ein ausgestreckter Arm, ein erhobener Fuß, eine Kopfdrehung usw.

Erinnerungsvermögen
Der Lehrer führt eine Reihe von Bewegungen vor, die der Schüler wiederholen muß.

Erinnerungsvermögen
Der Schüler sieht sich eine Zeitlang die Zeichnung eines Hinderniskurses wie in Abbildung 4 an und setzt seinen Bleistift auf den Startpunkt. Dann werden ihm die Augen verbunden, und er muß den Bleistift zum Ziel führen, ohne ein Hindernis zu berühren oder das Blatt Papier zu verlassen.

Entwerfen Sie eine Reihe eigener Zeichnungen, bei denen Sie allmählich die Anzahl der Hindernisse erhöhen.

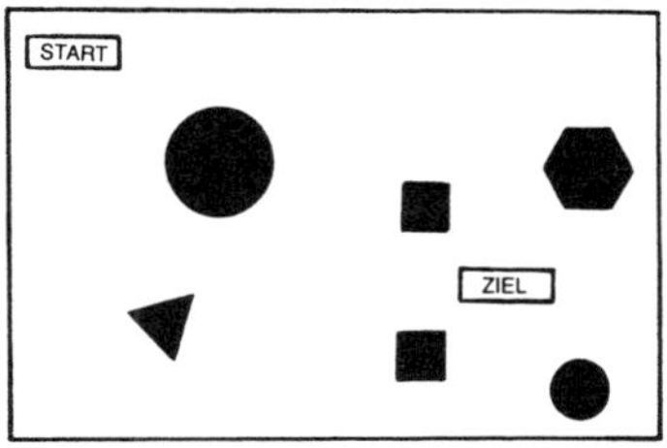

Abbildung 4
Gehen Sie von START bis ZIEL,
ohne Hindernisse zu berühren oder das Papier zu verlassen

Kommunikation und Erinnerungsvermögen
Wie eben, nur daß andere Schüler den Zeichnenden durch kurze Anweisungen leiten, z. B.: »Sieben Zentimeter nach links (rechts, geradeaus, rückwärts usw.).«

9. Kapitel

Visuelles Denken

Dieses Kapitel stellt die Fähigkeiten des *Visuellen Denkens* vor und bietet vier Musterlektionen für den Unterricht sowie Regeln für zusätzliche Spiele und andere Aktivitäten, mit denen sich die Fähigkeiten ausbilden lassen.

Die Fähigkeiten des Visuellen Denkens

Visuelle Denkfähigkeiten beschäftigen sich mit dem Problem, sich vorzustellen, wie Dinge aussehen werden, wenn sie verändert worden sind. Dazu gehört, sich vorstellen zu können, wie Dinge in einer neuen Position, aus einem anderen Blickwinkel oder in einer anderen Umgebung aussehen werden, wie etwas, das man jetzt in drei Dimensionen sieht, in zwei Dimensionen aussehen wird (und umgekehrt) und wie man einen effizienten Weg plant, um von einem Ort zum anderen zu gelangen.

Visuelle Denkfähigkeiten bilden die Grundlage für viele Denkaufgaben, Spiele und Intelligenztestfragen und haben auch Bedeutung im Alltagsleben:

- Wenn Sie sich eine neue Couch kaufen, wollen Sie sich bildlich vorstellen, wie sie in Ihrem Wohnzimmer aussehen wird.
- Wenn Sie sich ein Hemd kaufen, wollen Sie sich bildlich vorstellen, wie gut es zu der Hose paßt, die Sie zu Hause haben.
- Wenn ein Teil Ihres Automotors abbricht, wollen Sie sich vor Augen führen können, wie und wo es angebracht war.
- Ein Archäologe versucht, sich anhand eines Tonfragments ein ganzes Gefäß vorzustellen.
- Und in vielen anderen Situationen.

Lektionsübersicht

Erste Lektion
Sie lehren das Konzept der Symmetrie.

Zweite Lektion
Sie üben, sich bildlich vorzustellen, wie etwas aussehen wird, wenn es gedreht worden ist.

Dritte Lektion
Sie üben, ein Papier so zu falten und zu schneiden, daß die Schnitte beim Entfalten dort erscheinen, wo sie erscheinen sollen.

Vierte Lektion
Sie üben, visuell vorauszuplanen, wie man den effizientesten Weg durch ein Labyrinth findet.

Erste Lektion – Symmetrie

Hintergrund

Sagen Sie den Schülern, daß sie mit einem Satz von Plättchen wie denen in Abbildung 1a) und einem Gitter arbeiten werden, in dessen Felder jeweils ein Plättchen genau paßt.

Wir wollen sehen, was passiert, wenn die Plättchen viermal im Uhrzeigersinn um 90 Grad gedreht werden. Betrachten wir zuerst das Plättchen, das diagonal in eine schwarze und eine weiße Hälfte unterteilt ist. Zuerst versehen wir jede Ecke mit einer Nummer. Bei der ersten 90-Grad-Drehung im Uhrzeigersinn wandert die ›1‹ von oben links nach oben rechts. Dieses Plättchen sieht in allen vier möglichen Positionen verschieden aus (Abbildung 1b).

Als nächstes betrachten wir das Plättchen, das vertikal in eine schwarze und eine weiße Hälfte unterteilt ist. Auch dieses Plättchen sieht in allen vier möglichen Positionen verschieden aus (Abbildung 1c).

Das völlig schwarze Plättchen sieht natürlich in allen vier Positionen gleich aus.

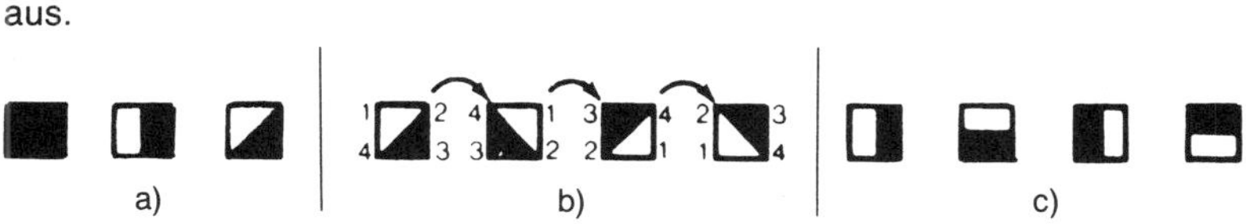

Abbildung 1
Die Plättchen

Wenn ein Feld auf dem Netzgitter frei gelassen wird, entsteht im Endeffekt ein weißes Plättchen, so daß insgesamt *zehn* unterschiedliche Plättchen vorhanden sind. Wir werden diese zehn unterschiedlichen Plättchen benutzen, um *Mosaike* zu bauen.

Ein *Mosaik* ist eine Gruppe von Plättchen, die so angeordnet sind, daß sie ein Bild oder Muster bilden, indem sie an den Kanten miteinander verbunden werden, so daß die Ecken übereinstimmen (Abbildung 2a).

Die Abbildungen 2b und 2c sind *keine* Mosaike. In Abbildung 2b sind nicht alle Kanten miteinander verbunden, und in Abbildung 2c stimmen die Ecken nicht überein.

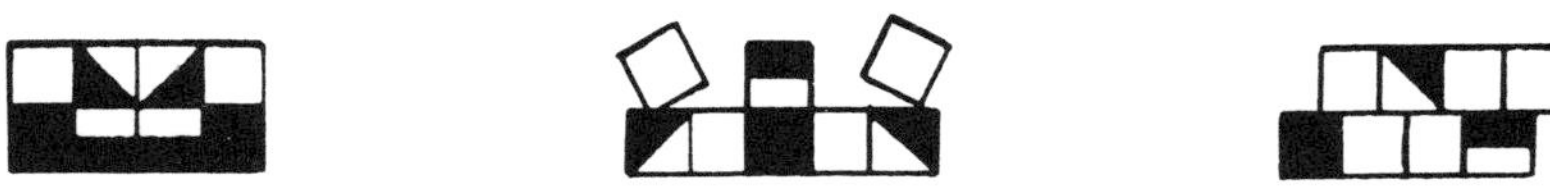

a) b) c)

Abbildung 2
a) Mosaik, b) und c) keine Mosaike

Lernziele

- Zwischen symmetrischen und unsymmetrischen Mosaiken unterscheiden.
- Lernen, wie man symmetrische Mosaike baut.
- Die Fähigkeit verbessern, sich bildlich vorzustellen, wie sich ein Ganzes aus seinen Teilen aufbaut.
- Ein Ganzes aus seinen Teilen bauen.

Unterrichtsverfahren

Es gibt zwei unterschiedliche Arten von Mosaiken, *symmetrische* und *unsymmetrische.*

Ein *symmetrisches* Mosaik kann in zwei Hälften unterteilt werden, die ›Spiegelbilder‹ voneinander sind. Dies bedeutet, daß man, wenn man das *halbe* Mosaik vor einen Spiegel hält, tatsächlich das ganze Mosaik sieht. Abbildung 3a zeigt ein Beispiel. Wenn Sie keinen Spiegel zur Hand haben, können Sie ein symmetrisches Mosaik immer so *falten,* daß die beiden Hälften, wie in Abbildung 3b gezeigt, genau deckungsgleich sind.

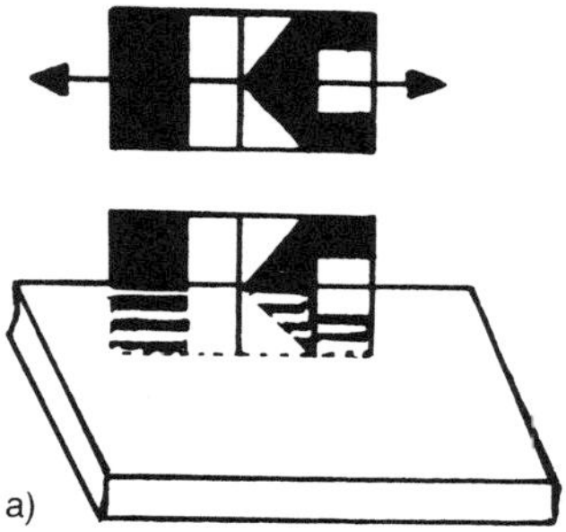

a)

b)

Abbildung 3 Prüfung der Symmetrie eines Mosaiks, a) mit einem Spiegel, b) durch Falten

Ein *unsymmetrisches* Mosaik kann *nicht* in zwei Hälften unterteilt werden, die Spiegelbilder voneinander sind. Man kann ein unsymmetrisches Mosaik auch nicht in zwei Hälften falten, die deckungsgleich sind.

Abbildung 4 zeigt einige Beispiele für symmetrische und unsymmetrische Mosaike. Es sei bemerkt, daß man bei einigen symmetrischen Mosaiken den Spiegel (oder die Faltung) an mehr als einer Stelle anbringen kann.

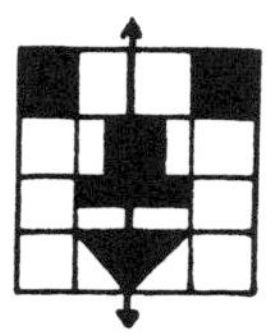

VERTIKAL SYMMETRISCH

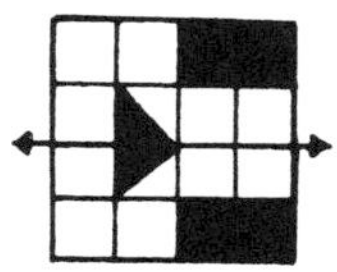

HORIZONTAL SYMMETRISCH

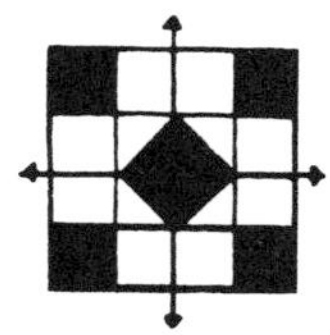

VERTIKAL UND HORIZONTAL SYMMETRISCH

UNSYMMETRISCH

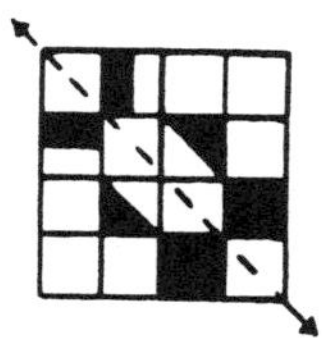

DIAGONAL SYMMETRISCH

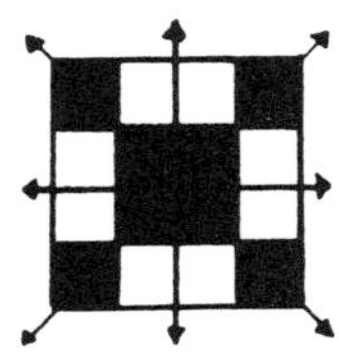

HORIZONTAL, VERTIKAL UND DIAGONAL (beide Richtungen) SYMMETRISCH

Abbildung 4

Modelle für symmetrische und unsymmetrische Mosaike

Man kann ein aus zwei unterschiedlichen Farben wie beispielsweise schwarz und weiß bestehendes Mosaik umkehren, indem man, wie in Abbildung 5 gezeigt, die schwarzen Flächen weiß und die weißen Flächen schwarz macht.

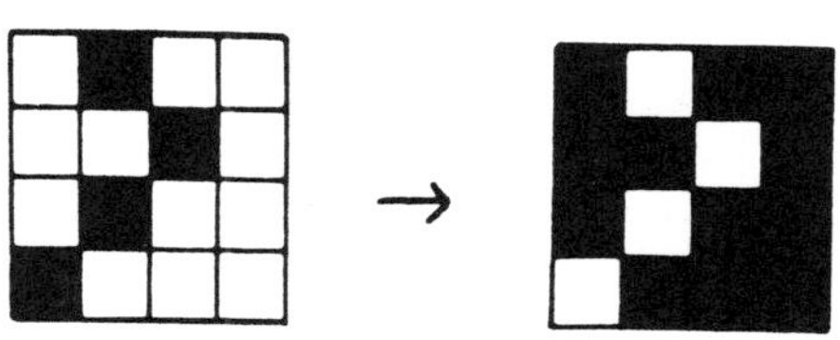

Abbildung 5

Umkehren der Farben eines Mosaiks

Hinweise für den Unterricht

Es gibt fünf grundsätzliche Möglichkeiten, ein Mosaik oder eine andere Figur zu verwandeln (Abbildung 6).

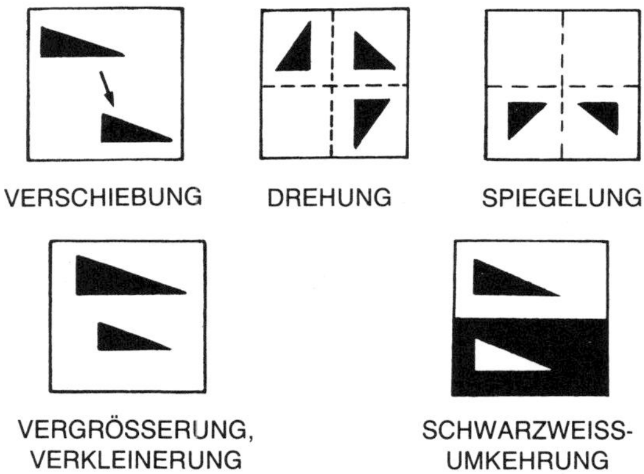

Abbildung 6
Fünf grundsätzliche Möglichkeiten zur Umwandlung eines Mosaiks oder einer anderen Figur

Keine dieser Umwandlungen kann ein symmetrisches Mosaik in ein unsymmetrisches Mosaik (oder umgekehrt) überführen.

Praktische Übungen

Lassen Sie die Schüler zunächst so viele *unterschiedliche* symmetrische Modelle bauen, wie sie können.

Wir nennen zwei Mosaike unterschiedlich, wenn man das eine nicht durch Drehung oder Schwarzweiß-Umkehrung in das andere verwandeln kann. Unter diesem Gesichtspunkt sind alle Mosaike in der Abbildung 7 gleich.

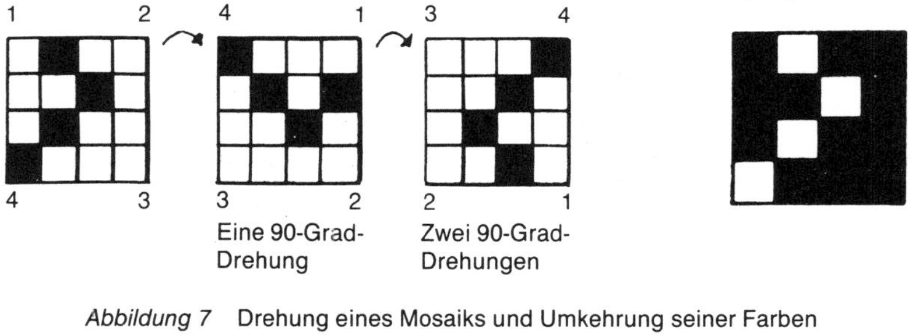

Abbildung 7 Drehung eines Mosaiks und Umkehrung seiner Farben

Bilden Sie so viele unterschiedliche symmetrische Mosaike, wie Sie können, und zwar unter Verwendung von

1. jeweils 18 ganz schwarzen und ganz weißen Plättchen (Mosaikgröße 6 × 6),
2. jeweils 12 schwarzen, weißen und diagonal geteilten Plättchen (Mosaikgröße 6 × 6),
3. jeweils 9 schwarzen, weißen, diagonal geteilten und vertikal geteilten Plättchen (Mosaikgröße 6 × 6),
4. jeweils 12 schwarzen und weißen sowie jeweils 20 diagonal geteilten und vertikal geteilten Plättchen (Mosaikgröße 8 × 8).

   Überprüfen Sie, daß jedes von Ihnen gebildete Mosaik symmetrisch ist:
   a) Trennen Sie die Plättchen ein Stückchen voneinander, so daß Ihrer Ansicht nach zwei Spiegelbildhälften vorhanden sind (Abbildungen 8a und 8b).
   b) Nehmen Sie ein paar neue Plättchen, um eine Kopie einer Hälfte des Mosaiks zu bilden.
   c) Legen Sie die Kopie auf den Tisch. Stellen Sie im rechten Winkel einen Spiegel davor (Abbildung 8c).
   d) Nur wenn die Kopie und ihr Spiegelbild zusammen genau wie Ihr Originalmosaik aussehen, ist das Original symmetrisch. Die Kreise in Abbildung 8 zeigen an, wo sie unterschiedlich aussehen.

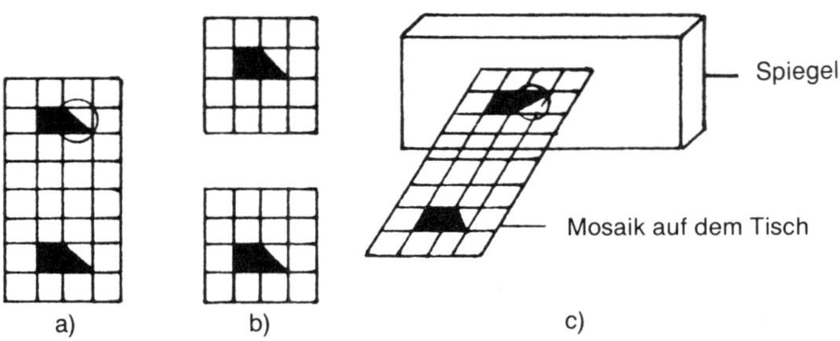

Abbildung 8
Prüfung, ob ein Mosaik symmetrisch ist

Hinweise für den Unterricht

Zeigen Sie den Schülern die folgende systematische Methode zum Entwurf symmetrischer Mosaike.

Nehmen wir an, Sie wollen ein horizontal symmetrisches 6 × 6-Mosaik bilden.

1. Legen Sie irgendein Plättchen irgendwo auf ein 6 × 6-Gitter (Abbildung 9a).
2. Stellen Sie sich vor, daß das Gitter durch einen Spiegel in zwei gleiche Zonen geteilt wird.

3. Legen Sie ein zweites Plättchen in die andere Zone, so daß es aussieht wie das Spiegelbild des ersten Plättchens (Abbildung 9b).
   a) Beide Plättchen werden die gleiche Entfernung vom Spiegel haben, allerdings auf entgegengesetzten Seiten.
   b) ein einfarbiges Plättchen wird durch die Spiegelung wieder zu einem gleichartigen einfarbigen Plättchen. Ein zweifarbiges Plättchen wird mit umgekehrten Farben gespiegelt, links wird rechts, oben wird unten (Abbildung 9c).

   Legen Sie weiter erst ein Plättchen und dann seine Spiegelung aus, und Sie werden auf diese Weise ein symmetrisches Mosaik aufbauen.

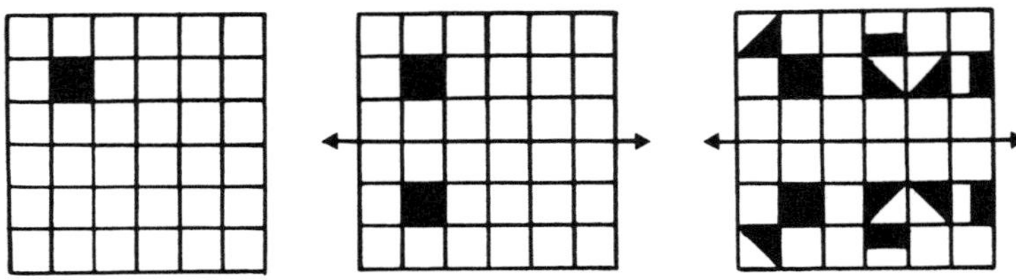

a) b) c)

Abbildung 9

Aufbau eines symmetrischen Mosaiks

Noch ein Tip, wie man sich merken kann, wie man ein Plättchen »reflektiert«: Stellen Sie sich vor, daß das Gitter in der Mitte mit einem Scharnier versehen ist, und klappen Sie, wie in Abbildung 10 gezeigt, die linke Seite um.

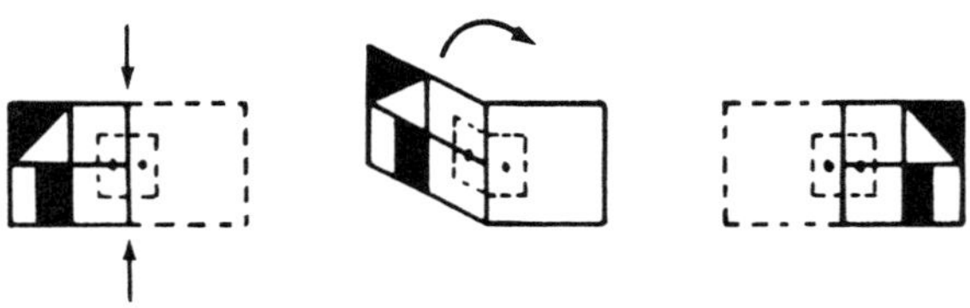

Abbildung 10

Benutzung eines imaginären Scharniers, um ein Plättchen zu spiegeln

Sie können dieselbe systematische Methode anwenden, um Mosaike aufzubauen, die
- vertikal symmetrisch (Abbildung 11a),
- diagonal symmetrisch (Abbildung 11b),
- horizontal und vertikal symmetrisch (Abbildung 11c),
- diagonal in beiden Richtungen symmetrisch (Abbildung 11d)

sind.

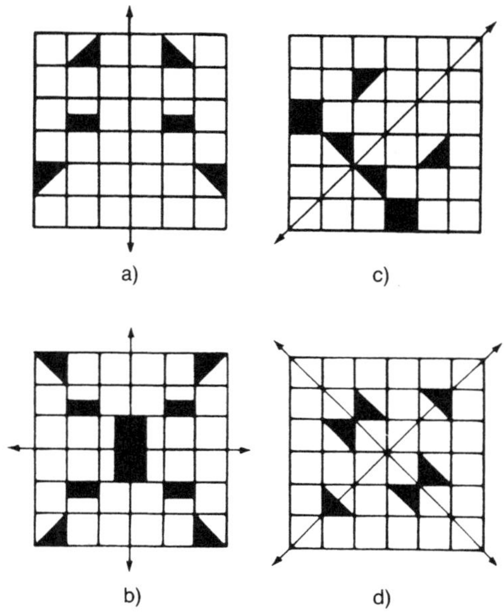

Abbildung 11
Aufbau von Mosaiken mit unterschiedlichen Symmetrien

Stellen Sie sich in den letzten beiden Fällen ein Gitter vor, das durch zwei Spiegel in vier Stücke geteilt wird.

Bei diagonal symmetrischen Mosaiken werden einige Plättchen zur Hälfte auf der einen Seite des Spiegels und zur Hälfte auf der anderen Seite ausgelegt. Beachten Sie, daß ein diagonal geteiltes Plättchen nur wie in Abbildung 12a ›spiegelgerecht‹ ausgelegt werden kann, nicht wie in Abbildung 12b.

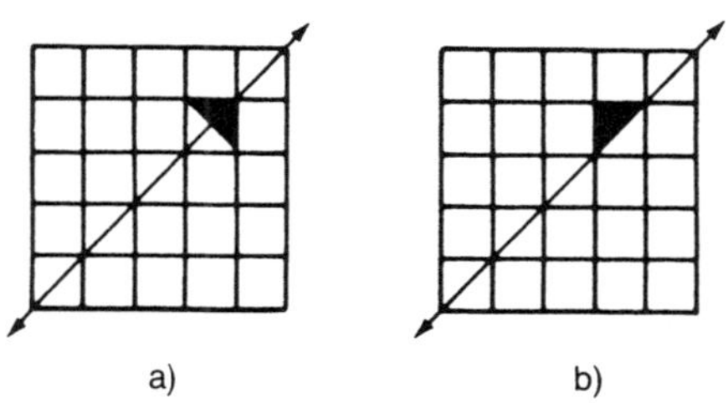

Abbildung 12
Korrektes (a) und unkorrektes (b) Auslegen eines diagonal geteilten Plättchens auf die Spiegelungslinie in einem diagonal symmetrischen Mosaik

2. Lektion – Drehung

Hintergrund

Wir haben bereits gesehen, daß man ein einzelnes Plättchen in vier unterschiedliche Positionen drehen kann, wenn die Kanten horizontal und vertikal bleiben sollen. Wie in Abbildung 7 gezeigt, kann man dasselbe auch mit einem Mosaik machen. In dieser Lektion soll das Drehen von Mosaiken geübt werden.

Lernziele

– Lernen, wie man im Geiste Mosaike dreht.

Unterrichtsverfahren

Bei diesen Aktivitäten zeigen Sie den Schülern, wie man ein Mosaik zunächst aufbaut, dann im Uhrzeigersinn einmal oder zweimal um 90 Grad gedrehte Kopien davon anfertigt und seine Arbeit schließlich überprüft.

Hier sind die notwendigen Arbeitsschritte:

a) Legen Sie nach dem Zufallsprinzip Plättchen aus, um das erste 4×4-Mosaik zu bilden.
b) Bauen Sie auf einem Stück Pappe mit anderen Plättchen ein zweites Mosaik auf, das zeigt, wie das erste Mosaik aussehen würde, wenn es im Uhrzeigersinn um 90 Grad gedreht wird.
c) Drehen Sie zur Überprüfung die Pappe einmal um 90 Grad *gegen* den Uhrzeigersinn. Wenn Sie das zweite Mosaik korrekt aufgebaut haben, werden beide Mosaike jetzt identisch aussehen.
d) Nehmen Sie die Plättchen des zweiten Mosaiks wieder weg, und legen Sie sie neu aus, so wie das erste Mosaik aussehen würde, wenn es *zweimal* um 90 Grad im Uhrzeigersinn gedreht wird.
e) Drehen Sie zur Überprüfung die Pappe zweimal um 90 Grad *gegen* den Uhrzeigersinn.

Auf folgende Weise kann man den Schülern helfen, diese Drehungen durchzuführen: Man muß überlegen, wohin sich, wie in Abbildung 13 a gezeigt, die erste Reihe bewegt: Plättchen 1 wird sich in Position 1' bewegen, Plättchen 2 in Position 2' usw. Ein einfarbiges Plättchen wird in seiner neuen Position gleich aussehen. Allerdings:

Ein 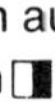 -Plättchen wird aussehen wie .
Ein  -Plättchen wird aussehen wie 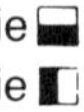.
Ein  -Plättchen wird aussehen wie 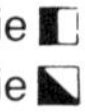 usw.

Abbildung 13b zeigt ein richtiges Mosaik, das einmal um 90 Grad im Uhrzeigersinn gedreht wird.

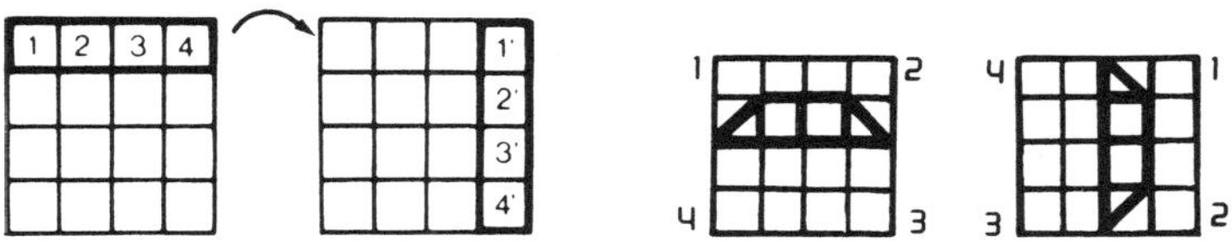

a) b)

Abbildung 13
Modell für die Drehung eines Mosaiks

Praktische Übungen

1. Lassen Sie die Schüler die Schritte a–e mit einem 6 × 6-Mosaik statt eines 4 × 4-Mosaiks wiederholen.
2. Wie sehen die Mosaike in den Abbildungen 14a und 14b aus, wenn man sie um 90 Grad im Uhrzeigersinn dreht? Sie sollen mit Plättchen konstruiert werden, ohne das Buch dabei zu drehen.
3. Wie sehen die Mosaike in den Abbildungen 15a und 15b aus, wenn man sie um 90 Grad im Uhrzeigersinn dreht *und* schwarz und weiß vertauscht? Sie sollen mit Plättchen konstruiert werden.

a) 

b) 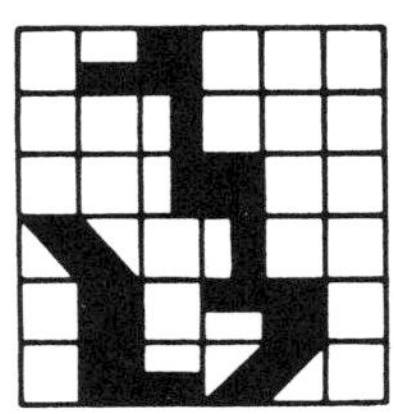

Abbildung 14
Mosaike, die gedreht gebaut werden sollen

a) 

b) 

Abbildung 15
Mosaike, die gedreht und mit umgekehrten Farben gebaut werden sollen

3. Lektion – Falten und Schneiden

Hintergrund

Diskutieren Sie mit den Schülern die Natur der Fähigkeit *Visuelles Denken,* wie wir es eben getan haben. Sagen Sie, daß Sie ihnen in dieser Lektion zeigen werden, wie man ein Papier faltet und dann Schnitte daran anbringt, so daß die Schnitte beim Entfalten des Papiers an bestimmten Stellen erscheinen.

Lernziele

– Lernen, wie man an einem gefalteten Papier Schnitte anbringt, so daß die Schnitte beim Entfalten an den gewünschten Stellen erscheinen.

Unterrichtsverfahren

Beginnen Sie mit einem quadratischen Blatt Papier. (Wenn Ihr Blatt länger als breit ist, zeigen Sie der Klasse, wie man es quadratisch macht (Abbildung 16)).

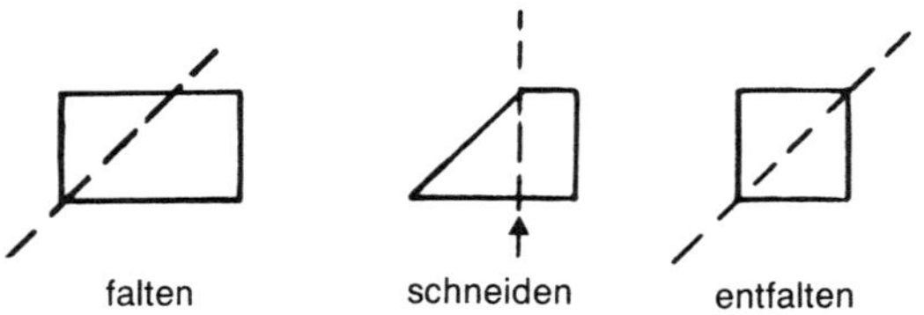

Abbildung 16

Wie man ein rechteckiges Blatt Papier zu einem Quadrat macht

Zeigen Sie der Klasse zuerst den einfachsten Fall: Falten Sie das Blatt Papier ein einziges Mal, und schneiden Sie ein symmetrisches Stück heraus, bevor Sie es wieder entfalten.

a) Falten Sie das quadratische Blatt gleichmäßig von links nach rechts, schneiden Sie oben rechts ein kleines Quadrat heraus, und zeigen Sie den Schülern beim Entfalten das Ergebnis (Abbildung 17a).
b) Falten Sie das quadratische Blatt gleichmäßig von links nach rechts, und schneiden Sie oben links ein kleines Quadrat heraus. Fordern Sie jemanden in der Klasse auf, das Ergebnis beim Entfalten vorherzusagen und an die Tafel zu zeichnen. Dann erst entfalten Sie das Blatt (Abbildung 17b).
c) Falten Sie das quadratische Blatt gleichmäßig von oben nach unten, und schneiden Sie unten rechts ein kleines Quadrat heraus. Fordern Sie

jemanden in der Klasse auf, das Ergebnis beim Entfalten vorherzusagen und an die Tafel zu zeichnen. Dann entfalten Sie das Blatt (Abbildung 17c). Das Ergebnis ist wie das in Abbildung 17a – um 90 Grad im Uhrzeigersinn gedreht.

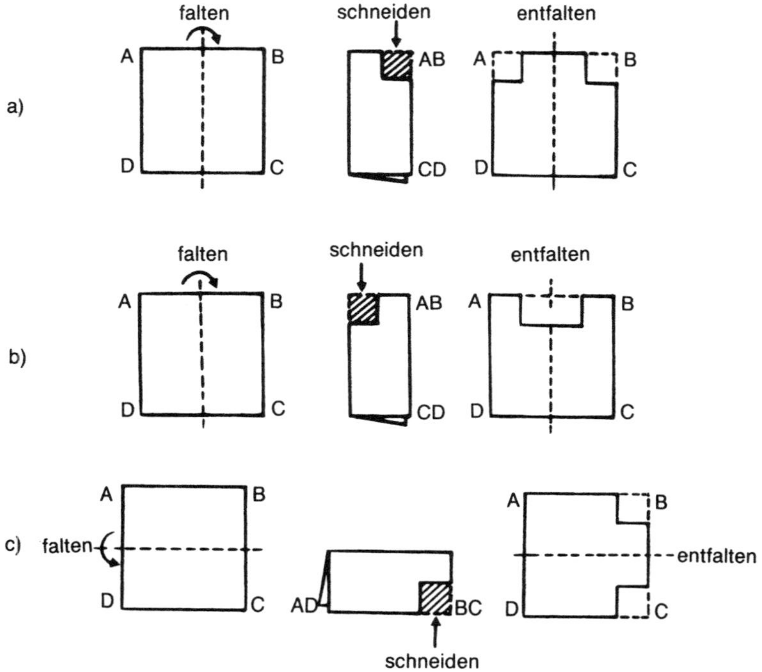

Abbildung 17
Die einfachsten Fälle: Falten, Schneiden, Entfalten

Zeigen Sie der Klasse die Abbildung 18. Fragen Sie, wie das Blatt Papier gefaltet und geschnitten werden muß, um die gezeigten Ergebnisse zu erhalten.

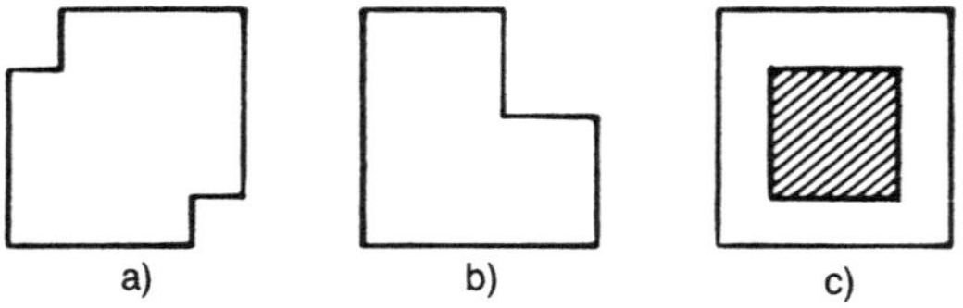

Abbildung 18
Wie sollte das Blatt Papier gefaltet und geschnitten werden, um diese Ergebnisse zu erhalten?

Hinweis: Falten Sie das quadratische Blatt Papier diagonal in der Mitte. Die Lösungen sind in Abbildung 19 zu sehen.

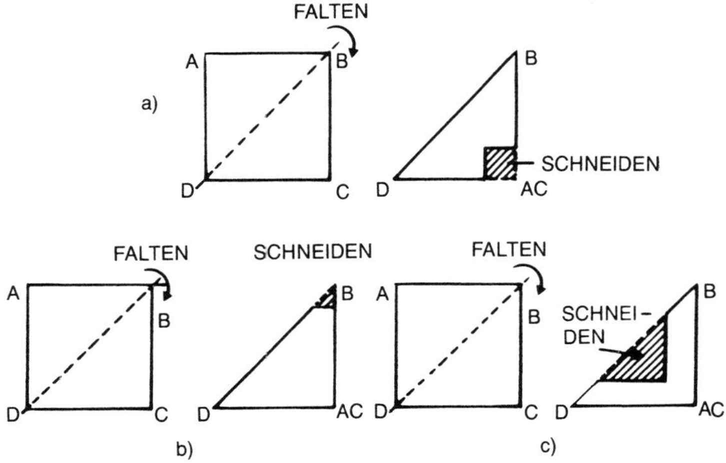

Abbildung 19

Wie man die Ergebnisse aus Abbildung 18 erhält

Jetzt stellen Sie eine etwas kompliziertere Situation vor. Falten Sie das quadratische Blatt Papier gleichmäßig von links nach rechts, und machen Sie

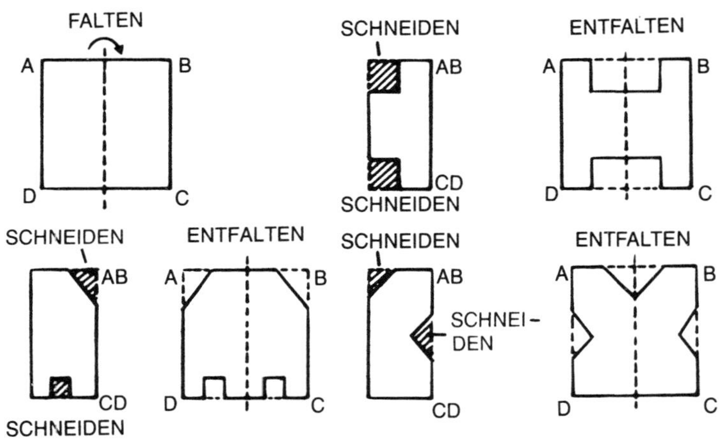

Abbildung 20

Ein Blatt Papier wird gefaltet und mit zwei symmetrischen Schnitten versehen. Wie sieht das Blatt beim Entfalten aus?

zwei symmetrische Schnitte. Fordern Sie jemanden auf, die Ergebnisse vorherzusagen, und entfalten Sie das Blatt dann (Abbildung 20).

Dann stellen Sie eine noch kompliziertere Situation vor. Falten Sie das Blatt vor dem Schneiden *zweimal* (Abbildung 21).

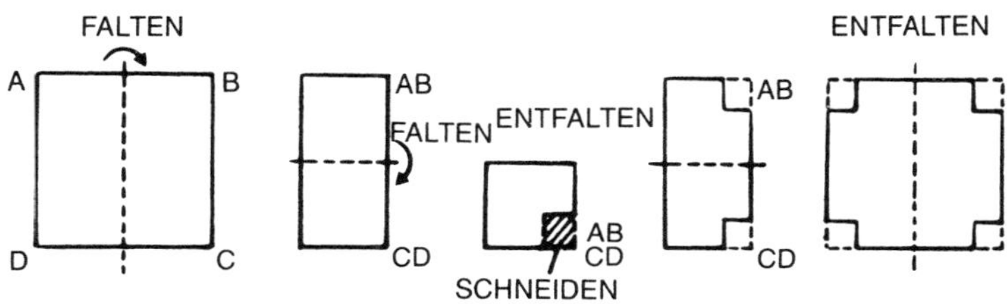

Abbildung 21

Ein Blatt wird zweimal gefaltet und mit einem symmetrischen Schnitt versehen. Wie sieht das Blatt beim Entfalten aus?

Zeigen Sie den Schülern schließlich, daß Sie ein unsymmetrisches Stück herausschneiden und eine symmetrische Figur herbeiführen können (Abbildung 22).

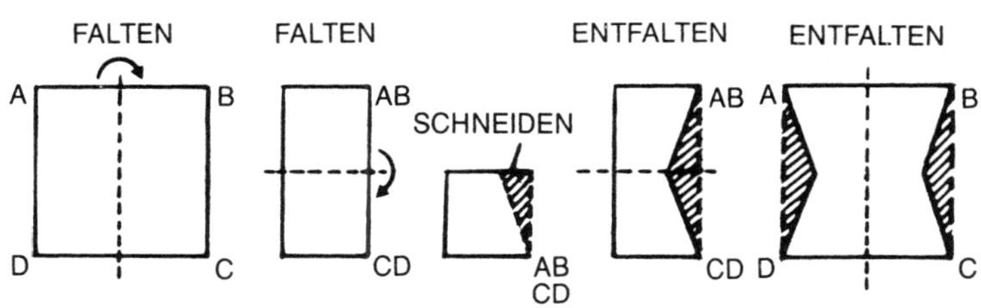

Abbildung 22

Ein unsymmetrisches Stück wird herausgeschnitten und führt eine symmetrische Figur herbei

Das erste Entfalten wird ein fehlendes Stück in der Form eines Dreiecks zeigen, das doppelt so groß ist wie das herausgeschnittene Dreieck.

Das nächste Entfalten wird zeigen, daß das gleiche größere dreieckige Stück, das auf der rechten Seite fehlt, auch (umgeklappt) auf der linken Seite fehlt.

(Wenn Sie den Schnitt an dem doppelt gefalteten Blatt Papier wie in Abbildung 23c angebracht hätten, würde das entfaltete Ergebnis wie in Abbildung 23e aussehen.)

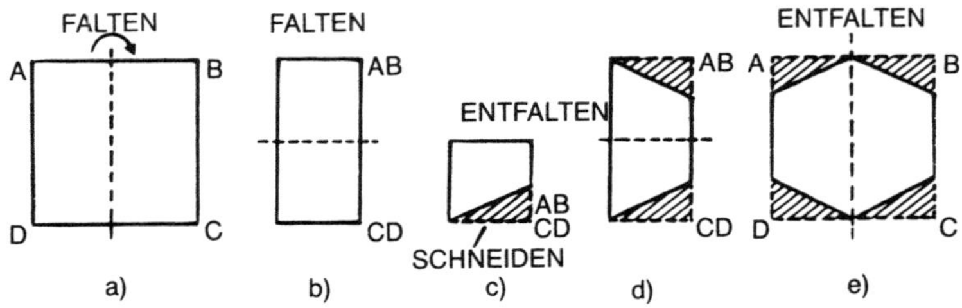

Abbildung 23

Herausschneiden eines unsymmetrischen Stücks an anderer Stelle als in Abbildung 22

Praktische Übungen

1. Lassen Sie die Schüler verschiedene Arten, ein Blatt Papier zu falten und etwas auszuschneiden, ausprobieren, damit sie sehen, welche Ergebnisse sie erhalten.
2. Stellen Sie zwei Arten von Problemen vor, die gelöst werden sollen:
   a) Zeigen Sie, wie das Blatt Papier gefaltet und beschnitten wurde (Abbildung 24). Dann lassen Sie die Schüler zeichnen, wie das Blatt in den einzelnen Fällen aussehen wird, wenn es völlig entfaltet ist.
   b) Zeigen Sie, wie ein Blatt Papier aussieht, nachdem es gefaltet, geschnitten und wieder entfaltet wurde (Abbildung 25). Lassen Sie die Schüler zeichnen, wie es in den einzelnen Fällen gefaltet und mit Schnitten versehen wurde.

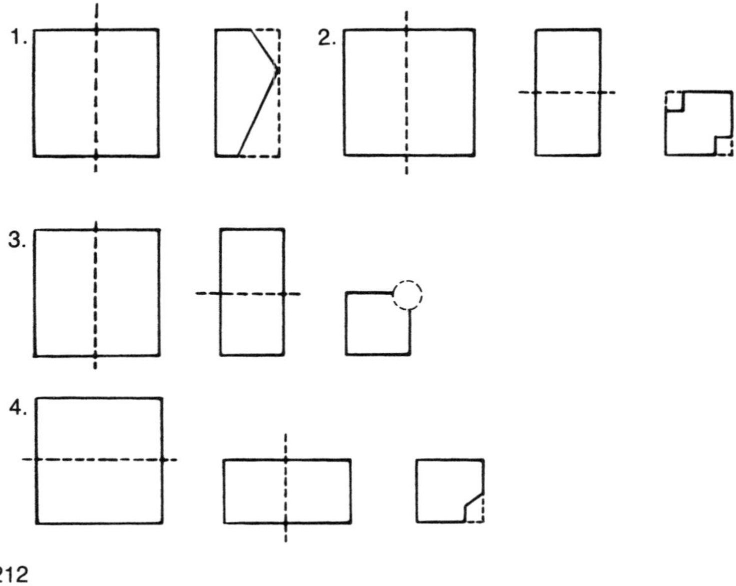

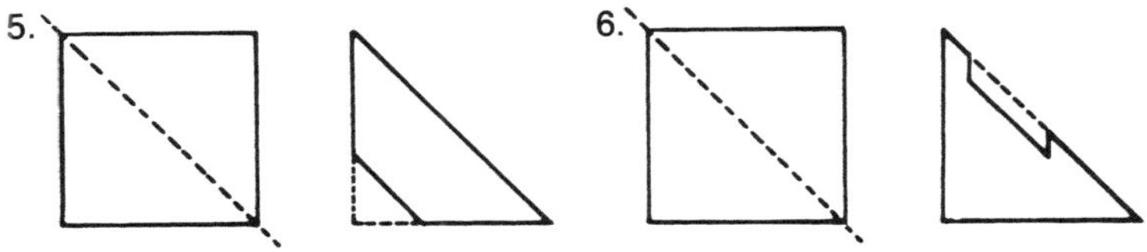

LÖSUNGEN

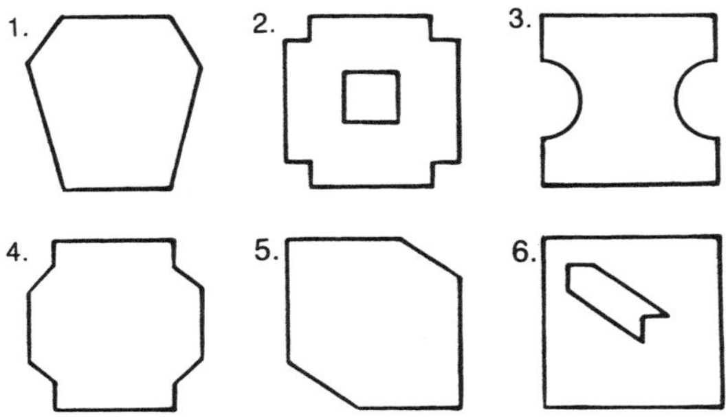

Abbildung 24

Wie sieht das Blatt Papier aus, wenn es völlig entfaltet ist?

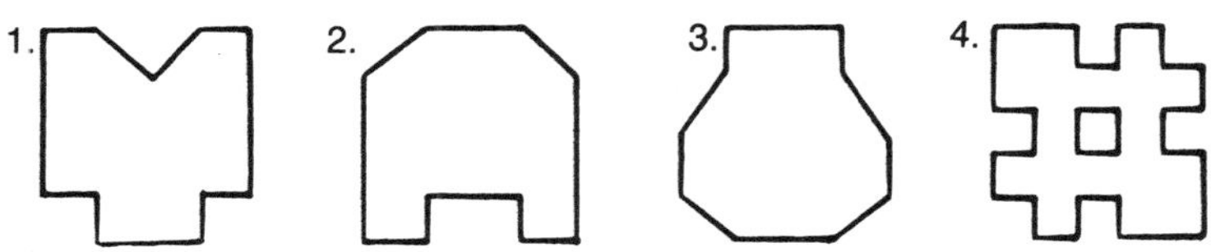

LÖSUNGEN

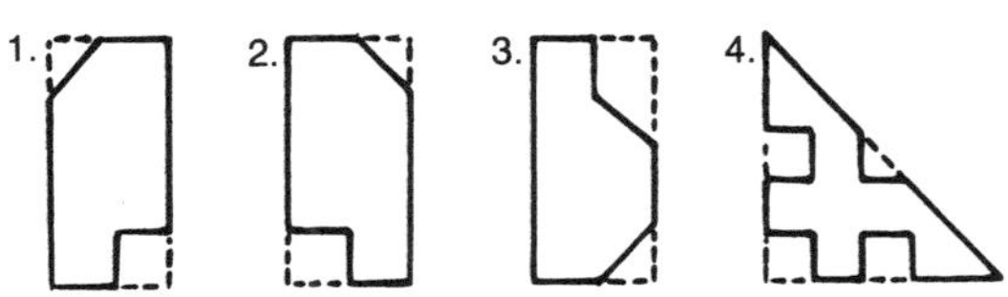

Abbildung 25

Wie wurde das Blatt Papier gefaltet und geschnitten?

Hinweise für den Unterricht

In Übung 2a können die Schüler versuchen, das Blatt Papier im Geiste ›zu entfalten‹. Dies ist vergleichbar mit dem Gebrauch eines imaginären Scharniers in der 1. Lektion dieses Kapitels zur Spiegelung eines Plättchens.

Genau wie 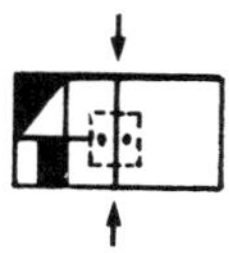 durch die Spiegelung zu  wurde,

so wird aus 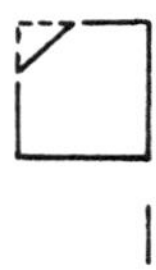 nach dem Entfalten 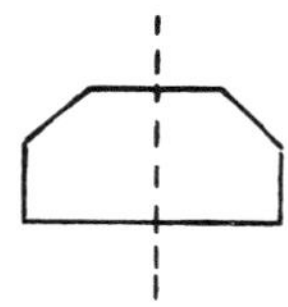

In Übung 2b muß der Schüler zuerst eine Symmetrieachse (siehe 1. Lektion) in der betrachteten Zeichnung finden. Längs dieser Linie wurde das Blatt Papier gefaltet.

4. Lektion – Labyrinthe

Hintergrund

Die Schüler werden wahrscheinlich bereits mit einigen Labyrinthen vertraut sein, in denen man Sackgassen vermeiden und einen Weg von Punkt A zu Punkt B finden muß. In dieser Lektion werden Sie sie über mehrere verschiedene Arten von Labyrinthen unterrichten: Was sie sind, wie man sie baut, wie man durch sie hindurch findet und wie man mit ihnen spielt.

Lernziele

- Bauen und Lösen des ›Viele-Wege-Labyrinths‹.
- Lösen des ›Mini-Labyrinths‹.
- Lösen des ›Maxi-Labyrinths‹.

Unterrichtsverfahren

Beginnen Sie damit, daß Sie das ›Viele-Wege-Labyrinth‹ aus Abbildung 26a an die Tafel zeichnen. Es enthält sechs verschiedene Linien, die von oben nach unten laufen. Sagen Sie den Schülern, daß die Linien folgenden Regeln unterliegen:

- Lediglich zwei Linien kreuzen sich in einem Punkt.
- Die Linien kreuzen einander in einem Winkel von ungefähr 90 Grad.
- Eine Linie läuft nach dem Kreuzen einer anderen Linie in derselben Richtung weiter.

Verfolgen Sie mit einem Zeigestock die Linie, die bei Nr. 1 beginnt und beim Buchstaben ›E‹ endet.

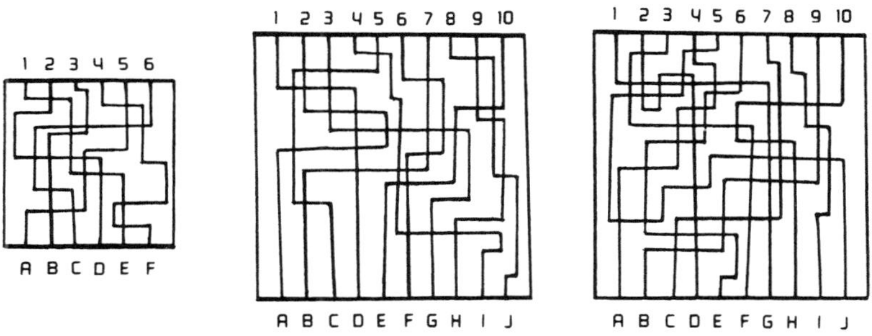

a) b) c)

Abbildung 26

Viele-Wege-Labyrinthe

Fragen Sie die Klasse, wo die Linien, die bei Nr. 2, Nr. 3, Nr. 4, Nr. 5 und Nr. 6 beginnen, enden.

Man kann sich mittels zweier Methoden durch ein Labyrinth bewegen:

- Indem man einen Gegenstand wie einen Bleistift oder einen Zahnstocher den Weg entlangwandern läßt wie einen Zeigestock (und dabei den Bleistift ein kleines Stück über das Papier hält, um keine Striche zu ziehen) oder
- indem man den Weg nur im Geiste verfolgt.

Bei jeder Methode braucht man etwas unterschiedliche Fähigkeiten. Wenn man einen Zeigestock benutzt, weiß man jederzeit, an welchem Punkt man sich befindet. Wenn man den Weg nur im Geist verfolgt, kann man den Punkt, an dem man angelangt ist, aus den Augen verlieren.

Das Auge mit Hilfe eines Zeigestocks durch das Labyrinth zu führen, erfordert also weniger Geschick als das rein gedankliche Durchwandern. Daher schlagen wir vor, jede Labyrinth-Übung zuerst mit einem Zeigestock durchzuführen. Wenn Sie Ihre Fähigkeiten verbessert haben und sich sicher fühlen, wiederholen Sie die Übung und verfolgen den Weg diesmal nur mit dem Auge.

Praktische Übungen

Die Abbildungen 26b und 26c stellen andere Viele-Wege-Labyrinthe dar. Lassen Sie sie von den Schülern durchwandern. Die Lösungen lauten:

b)		c)	
1. D	6. F	1. G	6. E
2. A	7. B	2. D	7. C
3. G	8. J	3. F	8. I
4. I	9. H	4. A	9. B
5. C	10. E	5. J	10. H

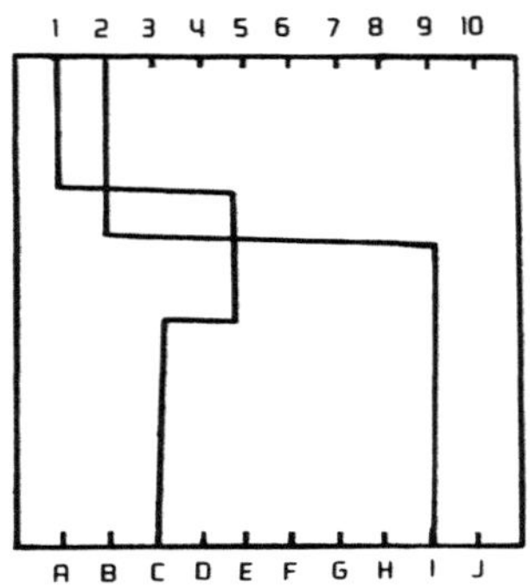

Abbildung 27

Aufbau eines eigenen Viele-Wege-Labyrinths

Die Schüler können ihre eigenen Viele-Wege-Labyrinthe aufbauen und bei der Lösung immer noch Spaß haben und Nutzen daraus ziehen. Hier folgen die Anleitungen für die Schüler.

a) Teilt einen 11 × 11-Kasten auf Millimeterpapier ab.
b) Markiert oben und unten jeweils zehn Punkte.
c) Verbindet jeden Punkt oben mit einem Punkt unten, der jedoch *nicht* genau unter dem Punkt oben liegt (Abbildung 27). Nachdem ihr die erste Verbindung hergestellt habt, müßt ihr die folgenden drei Regeln beachten:
   - Lediglich zwei Linien dürfen sich in einem Punkt kreuzen.
   - Die Linien kreuzen sich in einem Winkel von ungefähr 90 Grad.
   - Eine Linie läuft nach dem Kreuzen einer anderen in derselben Richtung weiter.
d) Bezeichnet die oberen Punkte mit den Nummern 1–10 und die unteren Punkte mit den Buchstaben A–J. Dadurch, daß ihr die Punkte erst am Ende bezeichnet, verhindert ihr, daß ihr wißt, welche Nummer zu welchem Buchstaben gehört, und könnt die Wege deshalb so verfolgen, als ob jemand anders das Labyrinth aufgebaut hätte.

e) Die Linien können wenige oder viele Richtungswechsel haben. Je mehr Richtungswechsel eine Linie hat, desto schwieriger ist es, den Anfang und das Ende einer Linie zu finden.

Jetzt seid ihr so weit, daß ihr nacheinander jede numerierte Linie von oben nach unten verfolgen könnt.

Ihr könnt eure Labyrinthe auch ›aus der Hand‹ mit krummen Linien und ohne Millimeterpapier wie in Abbildung 28 entwerfen.

Abbildung 28

Ein Viele-Wege-Labyrinth mit krummen Linien

Zusätzliche Spiele und Übungen

VISU 1

FALTEN UND SCHNEIDEN

Ziel des Spiels:
Ein gefaltetes Blatt Papier so zurechtschneiden, daß es nach dem Auffalten einem vorgegebenen Modell entspricht

Anzahl der Spieler:
Zwei

Benötigtes Material:
Papierquadrate mit einer Mindestgröße von 10 × 10 cm, Schere

Spielablauf:

a) Ohne daß der andere Spieler zusieht, falten Sie wie in Abbildung 21 ein quadratisches Blatt Papier zweimal in der Mitte.
b) Schneiden Sie aus dem gefalteten Blatt ein Stück heraus.

c) Falten Sie das Blatt auf, und zeigen Sie es dem anderen Spieler.
d) Der andere Spieler nimmt nun ein weiteres Blatt Papier, das er faltet, schneidet und wieder auffaltet, so daß er dasselbe Ergebnis wie Sie erhält.

Wenn das zweite Blatt nach dem Entfalten dem Modell entspricht, bekommt der andere Spieler einen Punkt. Wenn nicht, bekommen Sie einen Punkt.

Dann tauschen Sie die Rolle mit dem anderen Spieler. Derjenige, der zuerst fünf Punkte erzielt hat, gewinnt.

Variante:
Schneiden Sie zwei Stücke aus dem gefalteten Blatt Papier.

Variante:
Falten Sie das Blatt einmal oder zweimal. Bringen Sie so viele Schnitte an, wie Sie wollen. Sagen Sie dem anderen Spieler nicht, wie oft das Blatt gefaltet und geschnitten worden ist.

Man kann dieses Spiel auch mit mehr als zwei Spielern spielen:
- Jeder der anderen Spieler muß versuchen, das Blatt Papier so zu falten und so auszuschneiden, daß er dasselbe Ergebnis wie bei dem vorgegebenen Modell erreicht.
- Spieler A zeigt Spieler B ein Muster, Spieler B zeigt Spieler C ein Muster, Spieler C zeigt Spieler D ein Muster usw. Dann muß jeder Spieler versuchen, ein Blatt Papier so zu falten und auszuschneiden, daß es dem ihm gezeigten Modell entspricht.

VISU 2

TANGRAM

Ziel des Spiels:
Bilden eines Quadrats aus Teilstücken

Anzahl der Spieler:
Zwei

Benötigtes Material:
Papierquadrate mit einer Mindestgröße von 10 × 10 cm, Schere

Spielablauf:

a) Ohne daß der andere Spieler zusieht, zerschneiden Sie ein quadratisches Blatt Papier mit zwei geradlinigen Schnitten in drei Teilstücke.

b) Der andere Spieler muß das Quadrat nun aus den Teilstücken rekonstruieren.

Variante:

Zerschneiden Sie ein quadratisches Blatt Papier mit zwei geradlinigen Schnitten in vier Teilstücke.

Variante:

Zerschneiden Sie ein quadratisches Blatt Papier mit drei geradlinigen Schnitten in sechs Teilstücke.

VISU 3

FOTORATEN

Ziel des Spiels:

Herausfinden, welches Foto von Mosaikplättchen verborgen wird

Anzahl der Spieler:

Zwei

Benötigtes Material:

Fotos aus Zeitungen oder Zeitschriften, Mosaikplättchen

Spielablauf:

Spieler A schneidet aus einer Zeitung oder einer Zeitschrift ein Bild aus, das leicht und klar beschrieben werden kann: eine bekannte Persönlichkeit, ein Flugzeugunglück, eine Torwartparade bei einem Fußballspiel usw. Er bedeckt das Bild vollständig mit Mosaikplättchen. Spieler B entfernt die Plättchen eins nach dem anderen (Abbildung 29). Nach jedem entfernten Plättchen rät Spieler B das allgemeine Thema (nicht die Details) der auf dem Foto dargestellten Szene. Das Spiel endet, wenn Spieler B richtig geraten hat.

Das Spiel setzt sich fort, bis jeder Spieler in beiden Rollen die gleiche Anzahl von Runden hinter sich gebracht hat. Spieler A bekommt einen Punkt für jedes Plättchen, das Spieler B entfernt. Der Spieler mit der höchsten Gesamtpunktzahl gewinnt.

Das Spiel kann auf zwei Weisen gespielt werden:

a) Der Spieler kann frei wählen, welche Plättchen entfernt werden.
b) Die Plättchen werden nach dem Zufallsprinzip entfernt (Zahlen- und Buchstabenkärtchen oder Würfel bestimmen die Koordinaten).

Abbildung 29
Plättchen werden entfernt, um ein Foto freizulegen

VISU 4

WEGSUCHE

Ziel des Spiels:
Als erster ein Viele-Wege-Labyrinth lösen

Anzahl der Spieler:
Zwei

Benötigtes Material:
Millimeterpapier, Bleistifte

Spielablauf:
Jeder Spieler zeichnet ein Viele-Wege-Labyrinth mit zehn Linien auf ein Millimeterpapier-Netzgitter, und zwar nach den folgenden Regeln:

- Lediglich zwei Linien dürfen sich in einem Punkt kreuzen.
- Die Linien kreuzen einander in einem Winkel von ungefähr 90 Grad.
- Eine Linie läuft nach dem Kreuzen einer anderen Linie in derselben Richtung weiter.

Die Startpunkte der Linien werden mit den Zahlen von 1 bis 10, die Endpunkte mit den Buchstaben von A bis J bezeichnet.

Die Spieler tauschen ihre Labyrinthe aus und versuchen, das Labyrinth des anderen zu lösen. Der erste Spieler, der alle zehn Linien verfolgt hat, meldet sich. Wenn alle richtig sind, gewinnt dieser Spieler. Wenn nicht, bekommt jeder Spieler einen Punkt für jede richtig bestimmte Linie und verliert drei Punkte für jede nicht richtig bestimmte Linie. Der Spieler mit den meisten Punkten gewinnt.

Variante:
Jeder Spieler zieht die zehn Linien nicht auf Millimeterpapier, sondern aus der Hand.

VISU 5

DAS MINI-LABYRINTH

Ziel des Spiels:
Mit der niedrigsten Gesamtpunktzahl von einer Ecke zur entgegengesetzten Ecke gelangen

Anzahl der Spieler:
Zwei oder mehr

Benötigtes Material:
5 × 5-Gitter auf Millimeterpapier

Vorbereitung:
Das Gitter wird in willkürlicher Reihenfolge mit den Zahlen 1, 2, 3, 4 und 5, die sich natürlich wiederholen können, ausgefüllt. Jeder Spieler bekommt eine exakte Kopie des Gitters.

Spielablauf:
Jeder Spieler startet im oberen linken Kästchen seines Gitters und zieht mit einem Bleistift eine Linie von Kästchen zu Kästchen, bis das Zielkästchen in der Ecke rechts unten erreicht ist. Es darf sowohl nach oben und unten als auch nach links und rechts (aber nicht diagonal) gezogen werden.

Jeder Spieler erhält die Zahlenwerte jedes betretenen Kästchens (einschließlich des ersten und des letzten) als Punkte. Der Spieler mit der *niedrigsten* Gesamtpunktzahl gewinnt. Es spielt keine Rolle, *wie viele* Kästchen ein Spieler betreten hat.

Variante:
Es werden die Zahlen 1–10, nicht nur 1–5 benutzt.

Hinweise für den Unterricht

Nachstehend folgt eine praktische Anwendung des Mini-Labyrinth-Konzepts. Lassen Sie die Schüler die Denkaufgabe lösen und anschließend ähnliche eigene Aufgaben konstruieren, die sie mit anderen Schülern austauschen und lösen.

Es gilt, in Abbildung 30 einen Weg von Punkt A zur Schule zu finden und dabei so *wenige* Tore wie möglich zu durchschreiten.

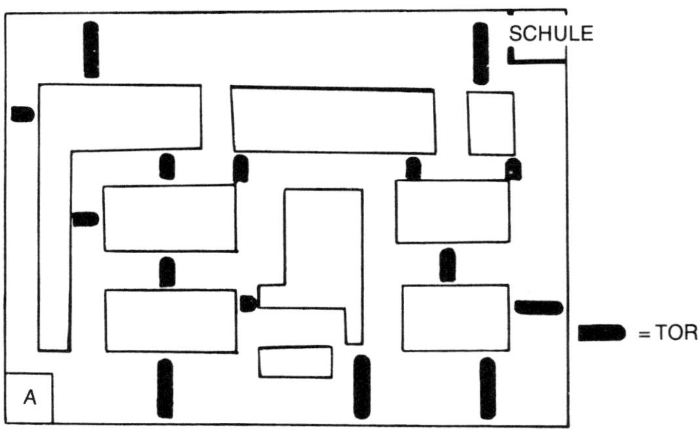

Abbildung 30

Suche einen Weg von Punkt A zur Schule, wobei so wenige Tore wie möglich durchschritten werden sollen

VISU 6

DAS MAXI-LABYRINTH

Ziel des Spiels:

Von einer Ecke zur entgegengesetzten Ecke gelangen, dabei genau acht Kästchen betreten und die Höchstpunktzahl erreichen

Anzahl der Spieler:

Zwei oder mehr

Benötigtes Material:

5 × 5-Gitter auf Millimeterpapier

Vorbereitung:

Das Gitter wird in willkürlicher Reihenfolge mit den Zahlen 1, 2, 3, 4 und

5, die sich natürlich wiederholen können, ausgefüllt. Jeder Spieler bekommt eine exakte Kopie des Gitters.

Spielablauf:
Jeder Spieler startet im oberen linken Kästchen seines Gitters und zieht mit einem Bleistift eine Linie von Kästchen zu Kästchen. Es darf nach oben und unten, nach links und rechts (aber nicht diagonal) gezogen werden. Das Zielkästchen rechts unten muß als achtes Kästchen betreten werden.

Jeder Spieler erhält die Zahlenwerte jedes betretenen Kästchens (einschließlich des ersten und des letzten) als Punkte. Der Spieler mit der *höchsten* Gesamtpunktzahl gewinnt.

Variante:
Es werden die Zahlen 1–10, nicht nur 1–5 benutzt.

Variante:
Das Zielkästchen in der Ecke rechts unten muß das *zehnte* Kästchen sein, das betreten wird, nicht das achte.

FIGURENBAUEN MIT PLÄTTCHEN

Es folgt ein systematischer Weg, die Abbildung 31a aufzubauen:

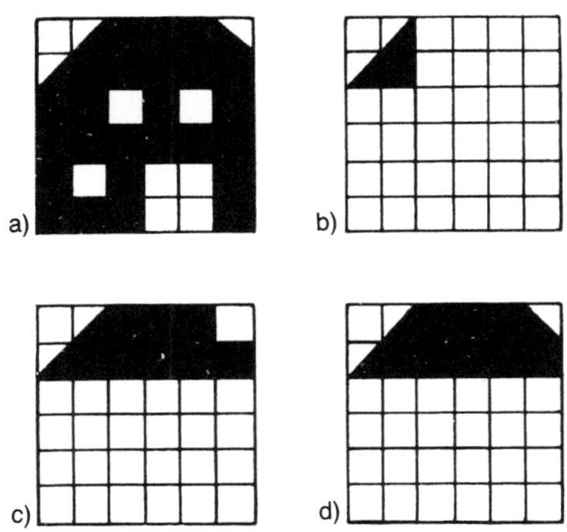

Abbildung 31
Figur, die mit Mosaikplättchen gebaut werden soll

Betrachten Sie zuerst den oberen linken Teil der Figur.

a) Legen Sie ein ◪ links neben ein ■ und ein weiteres oberhalb davon, so daß Sie Abbildung 31 b erhalten.
b) Fügen Sie, wie in Abbildung 31 c, rechts sieben weitere ■ hinzu.
c) Fügen Sie oben rechts ein ◣ hinzu, und Sie erhalten Abbildung 31 d.
d) Füllen Sie nun das Gitter darunter mit einfarbigen schwarzen Plättchen auf, wobei Sie das, was Sie bisher gelegt haben, mit dem Modell vergleichen, und, wenn erforderlich, Lücken lassen, bis Sie Abbildung 31 a aufgebaut haben.

Ganz allgemein sollten Sie eine Zeichnung in kleinere Teile aufteilen, wenn Sie sie kopieren wollen.

Legen Sie mit Ihren Plättchen die Abbildungen 32 a, 32 b, 32 c und 32 d.

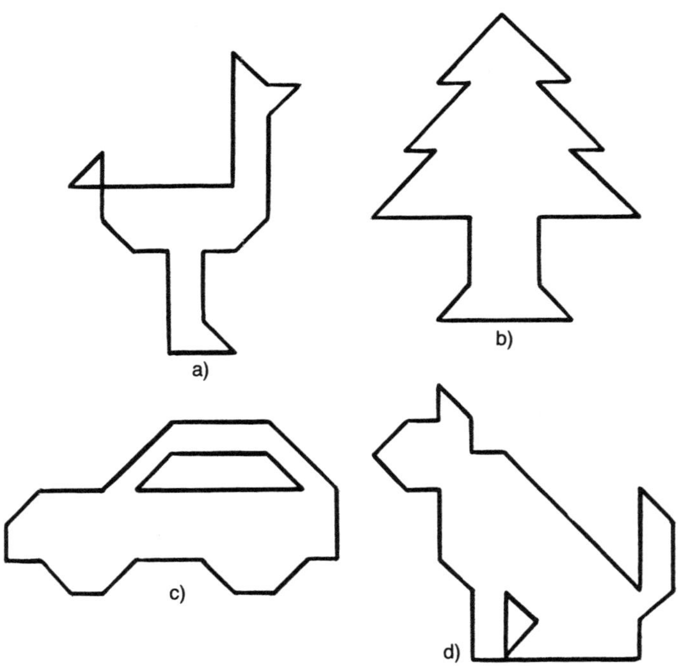

Abbildung 32
Figuren, die mit Mosaikplättchen gebaut werden sollen

ANWENDUNG VON LABYRINTH-FÄHIGKEITEN

Abbildung 33 enthält 24 Punkte. Ziehen Sie, ohne dabei den Bleistift vom Papier zu nehmen, gerade Linien, die an einem beliebigen Punkt beginnen, durch alle Punkte laufen und dort wieder enden, wo Sie angefangen haben. Die Linien dürfen sich nicht kreuzen.

a) Machen Sie so viele Linien wie möglich.
Wertung: ein Punkt für jede gezogene Linie.
b) Machen Sie so wenige Linien wie möglich.
Wertung: ein Minuspunkt für jede gezogene Linie.
c) Lassen Sie die Schüler einige Probleme dieser Art entwerfen. Es gilt, ein Punktgitter aufzubauen und alle Punkte mit so wenigen oder so vielen Linien wie möglich zu verbinden.

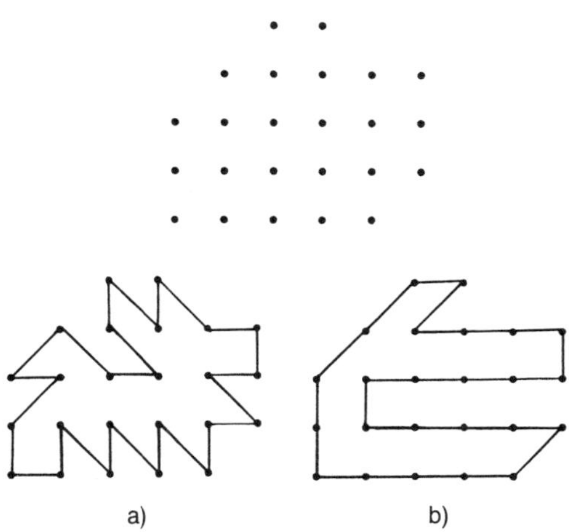

Abbildung 33
Ziehen Sie gerade Linien, die alle Punkte miteinander verbinden, und gebrauchen Sie dabei a) so viele und b) so wenige Linien wie möglich

Allgemeine Unterrichtshinweise

Lassen Sie bei jeder Übung dieses Kapitels (Falten und Schneiden, Labyrinthe usw.) die Schüler eigene Probleme entwerfen, die von den anderen Schülern gelöst werden sollen. Benutzen Sie dort, wo es möglich ist, ein Bewertungssystem mit Punkten.

10. Kapitel

Kommunikation

Dieses Kapitel stellt die Denkfähigkeit *Kommunikation* vor und bietet zwei Musterlektionen für den Unterricht sowie Regeln für zusätzliche Spiele, mit denen sich die Fähigkeit ausbilden läßt.

Die Fähigkeit Kommunikation

Kommunikation ist die Fähigkeit, die wir in Alltagssituationen zu Hause, in der Schule und am Arbeitsplatz am meisten benutzen. Bei der Kommunikation geht es darum, eine Nachricht zu übermitteln. In den meisten normalen Alltagssituationen ist der Sender einer Nachricht ein Sprecher, und der Empfänger der Nachricht ist ein Zuhörer (Abbildung 1).

Sprecher → Nachricht → Zuhörer

Abbildung 1
Einseitige Kommunikation

Der Sender der Nachricht muß nicht unbedingt ein Sprecher sein. Es kann sich um eine geschriebene Nachricht handeln, um eine realistische Zeichnung, eine Folge von Symbolen, eine schematische Zeichnung oder eine Folge von Gesten. Der ›Zuhörer‹ kann ein Beobachter oder Leser sein. Die ›Nachricht‹ kann an unseren Tastsinn gerichtet sein, an unseren Geruchssinn usw.

In jedem Fall ist eine gute Kommunikation klar, vollständig und knapp: Klar – der Empfänger versteht sie so, wie der Sender sie verstanden haben will; vollständig – der Empfänger erhält alle Informationen, die der Sender mitteilen will; knapp – die Nachricht ist so kurz wie möglich, aber dennoch klar und vollständig.

Abbildung 1 illustriert *einseitige Kommunikation,* bei der man eine Nachricht erhält, die man so gut wie möglich verstehen muß, ohne die Möglichkeit zu haben, Rückfragen zu stellen. Es folgen einige Beispiele für einseitige Kommunikation: Betriebsanleitungen für ein neues Gerät, Kochrezepte, Vorträge, Radio- und Fernsehprogramme.

Abbildung 2 illustriert *zweiseitige Kommunikation,* bei der Sprecher und Zuhörer Mitteilungen austauschen können. Bei mündlicher Kommunikation kann der Zuhörer an den Sprecher Informationen in Form einer gesprochenen Antwort, einer Geste, oder vielleicht auch einer Änderung seiner Haltung zurückgeben. Durch Fragen kann der Zuhörer zeigen, was er von der Nachricht des Sprechers nicht verstanden hat. Der Sprecher kann dann Informationen hinzufügen, um die Übermittlung seiner Nachricht zu verbessern.

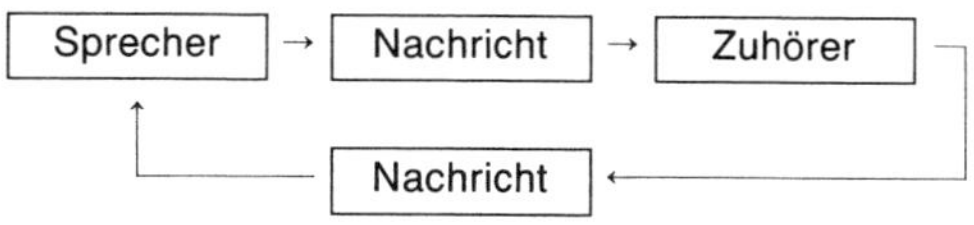

Abbildung 2
Zweiseitige Kommunikation

Bei zweiseitiger Kommunikation muß der Zuhörer wissen, wie man sich mitteilt – welche Fragen er oder sie wie stellen muß, so daß der Sprecher verstehen kann, was er oder sie nicht versteht.

Lektionsübersicht

Die Begriffe *einseitige* und *zweiseitige* Kommunikation haben mit den *Kommunikationskanälen* zu tun. Wir können auch einen Blick auf die Art der Nachrichten werfen, die übermittelt werden sollen. Bei einer Art von Mitteilungen versucht man, jemandem klarzumachen, wie etwas getan werden soll, bei einer anderen versucht man zu erklären, wie irgend etwas funktioniert.

Erste Lektion:
Sie machen jemandem klar, wie irgend etwas getan werden soll.

Zweite Lektion:
Sie versuchen zu erklären, wie irgend etwas funktioniert.

1. Lektion – Erklären, wie irgend etwas getan werden soll

Hintergrund

Ein *Sprecher* (oder *Schreiber*) hat eine Nachricht für einen *Zuhörer* (oder *Leser*). Den Vorgang des Übermittelns dieser Nachricht nennt man *Kommunikation.* Kommunikation sollte klar, vollständig und so kurz wie möglich sein.

Es folgen einige Beispiele für Nachrichten, die nicht klar sind:

- Vereinbarung eines Treffens: »Wir treffen uns am Zebrastreifen an der Ecke.« (Damit wird keine unverwechselbare Örtlichkeit festgelegt.)
- Eine Bitte an eine Person, die einem gegenübersteht: »Gib mir bitte das Buch auf der linken Seite.« (Auf wessen linker Seite?)

Lernziele

- Informationen übermitteln, die klar, vollständig und knapp sind.
- Berücksichtigen, was der Zuhörer vielleicht annimmt und wie er das Mitgeteilte interpretieren könnte.
- Versuchen, sich vor Augen zu führen, was der Zuhörer bei jedem Schritt tut.

Unterrichtsverfahren

Sie schaffen eine Situation zwischen zwei Schülern, einem Sprecher und einem Zuhörer. Der Sprecher gibt dem Zuhörer Instruktionen. Der Zuhörer darf dem Sprecher *keine* Fragen stellen, wenn etwas von dem Gesagten nicht klar ist. Der Sprecher kann nicht sehen, wie gut der Zuhörer die Instruktionen ausführt, bis die Aufgabe ganz erledigt ist.

Kommunikation: eine Anweisung, etwas zu zeichnen

Wählen Sie zwei Schüler aus, die als Sprecher und Zuhörer fungieren. Zeigen Sie dem Sprecher nur einen Zettel mit der Zeichnung aus Abbildung 3 darauf. Zeichnen Sie ein großes Rechteck an die Tafel (hochkant), das ein Blatt Papier darstellt.

Fordern Sie den Sprecher auf, dem Zuhörer zu erklären, wie er die Abbildung 3 auf das ›Blatt Papier‹ an der Tafel zeichnen soll. (Gleichzeitig können die übrigen Schüler auf einem richtigen Blatt Papier mittun.) Erlauben Sie dem Sprecher nicht, zuzusehen, wie der Zuhörer seine Anweisungen ausführt. Der Zuhörer darf in bezug auf die Anweisungen keinerlei Rückfragen stellen und auch keinen Teil seiner Zeichnung auswischen oder durchstreichen.

›Guten‹ und ›schlechten‹ Sprechern und Zuhörern können Punkte gegeben werden. Die Klasse wird in zwei Mannschaften unterteilt, aus denen Sprecher und Zuhörer ausgewählt werden. Der Lehrer vergibt die Punkte. Nach jedem Durchgang wird ein neuer Sprecher aus der Mannschaft, die den Zuhörer stellte, und ein neuer Zuhörer aus der Mannschaft, die den Sprecher stellte, ausgewählt.

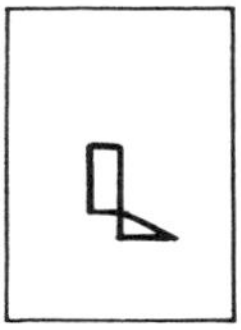

Abbildung 3
Figur, die kopiert werden soll

Hinweise für den Unterricht

Nahezu jeder, der zum erstenmal versucht, die Abbildung 3 zu beschreiben, schneidet nicht gut dabei ab. Oft geschieht es, daß der Sprecher
- einige wichtige Details ausläßt,
- fälschlicherweise annimmt, daß der Zuhörer weiß, was er, der Sprecher, gemeint hat,
- es nicht schafft, vorherzusehen, wie der Zuhörer seine Anweisungen interpretiert.

Werfen wir einen Blick auf einige typische Fehler, die Sprecher in dieser speziellen Situation machen.

Üblicherweise wendet der Sprecher eine von zwei Methoden an: Er beschreibt (1) die Abbildung 3 als eine Kombination aus Rechteck und Dreieck oder beginnt (2) damit, daß er den Zuhörer anweist, eine Linie zu ziehen. Es folgen einige Dinge, die der Sprecher gesagt haben könnte und die nicht klar sind.

1. Die Rechteck-und-Dreieck-Methode:
   - »Zeichne ein Rechteck.«

   Der Sprecher hat nicht gesagt, welche Größe (Abbildung 4a), welche Lage (Abbildung 4b) oder welche Ausrichtung (Abbildung 4c).
   - »Setz ein Dreieck unten rechts an das Rechteck.«

Der Sprecher hat nicht gesagt, daß das Dreieck das Rechteck berührt (Abbildung 4d) oder daß es eine Ecke des Rechtecks berührt (Abbildung 4e). Und er hat weder die Art des Dreiecks (Abbildung 4f) noch seine Größe (Abbildung 4g) oder seine Ausrichtung (Abbildung 4h) beschrieben.

2. Die Zieh-eine-Linie-Methode:
   – »Fang ungefähr in der Mitte des Blattes an, und zieh eine fünf Zentimeter lange Linie.«
   Der Sprecher hat nicht von einer *geraden* Linie (Abbildung 4i) gesprochen und auch die Richtung der Linie (Abbildung 4j) nicht angegeben.

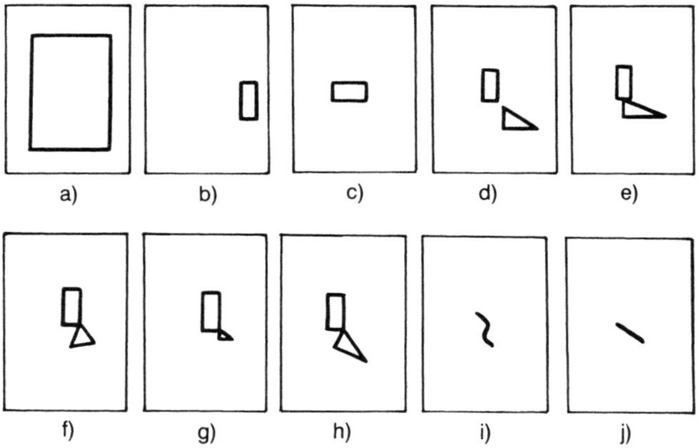

Abbildung 4
Ergebnisse schlechter Kommunikation

Wenn der Zuhörer oder irgendein Klassenmitglied die Abbildung 3 nicht richtig gezeichnet hat, sorgen Sie dafür, daß der Sprecher (und alle anderen Schüler) versteht, *inwieweit* die Instruktionen unklar waren.

Manchmal wird ein Sprecher mit einem Zuhörer streiten: »Du hast nicht gemacht, was ich dir gesagt habe.« Bei dieser Übung sollte der Sprecher nicht annehmen, daß der Zuhörer gemein, nicht kooperativ, dumm oder nachlässig war. Der Sprecher sollte davon ausgehen, daß seine Anweisungen unklar waren. Falls der Sprecher nicht von der Unklarheit seiner Anweisungen zu überzeugen ist, sollte er oder sie dieselben Anweisungen außerhalb der Klasse mit ein paar Freunden nochmals ausprobieren.

Unten folgt ein Satz von Anweisungen, die nicht voraussetzen, daß der Zuhörer die Bedeutung der Begriffe ›Rechteck‹, ›rechtwinkliges Dreieck‹ und ›rechter Winkel‹ kennt. Natürlich gibt es auch andere mögliche gute Anweisungen. Und wenn der Zuhörer die genannten Begriffe doch kennt, können die Anweisungen verkürzt werden.

Benutzen Sie nur gerade Linien. ›Nach oben‹ und ›nach unten‹ bedeuten eine vertikale Linie. › Nach links‹ und ›nach rechts‹ bedeuten eine horizontale Linie. Von einem Punkt ungefähr in der Mitte des Blatts aus gesehen:

a) Zieh eine fünf Zentimeter lange gerade Linie nach unten.
b) Setze die Linie zweieinhalb Zentimeter weit gerade nach rechts fort,
c) dann fünf Zentimeter gerade nach oben.
d) Und nun zweieinhalb Zentimeter weit nach links.

Es ist ein fünf Zentimeter langes und zweieinhalb Zentimeter breites Kästchen entstanden. Von der rechten unteren Kästchenecke aus gesehen:

e) Zieh eine zweieinhalb Zentimeter lange Linie nach unten,
f) setze die Linie fünf Zentimeter weit nach rechts fort.
g) Und jetzt verbinde sie wieder mit der rechten unteren Ecke des bei den ersten vier Schritten gezeichneten Kästchens.

Praktische Übungen

Wählen Sie zwei andere Schüler als Sprecher und Zuhörer aus. Geben Sie dem Sprecher einen Zettel mit der Abbildung 5 darauf, und wiederholen Sie die Übung von eben, bei der der Sprecher den Zuhörer anweist, was er zeichnen soll.

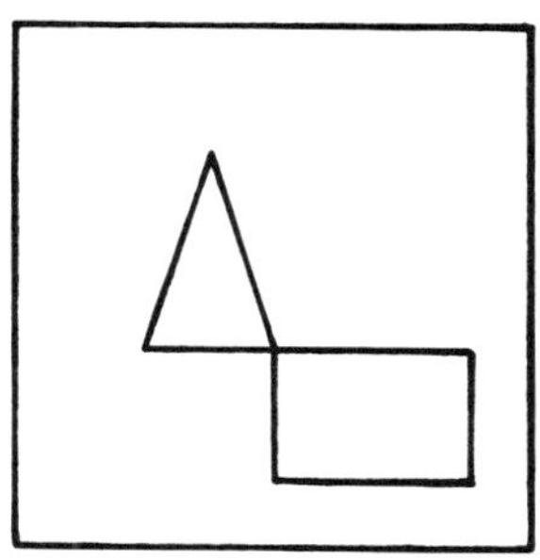

Abbildung 5
Neue Figur, die kopiert werden soll

Hinweise für den Unterricht

Lassen Sie die übrigen Schüler Notizen über das machen, was an den Anweisungen unklar war.

Wenn der Sprecher und der Zuhörer fertig sind, geben Sie den übrigen Schülern Gelegenheit, dem Sprecher Fragen über die Anweisungen zu stellen. Wenn keiner der Schüler etwas zu sagen hat, diskutieren Sie mit der Klasse Fragen, die *Ihnen* als Zuhörer gekommen sind.

Manchmal sind Anweisungen klar und vollständig, aber auch länger und komplizierter als notwendig. Fragen Sie die Schüler, was sie über die Länge und Komplexität der Anweisungen denken.

Praktische Übungen

Lassen Sie die Schüler paarweise mit anderen einfachen Figuren üben.

1. Geben Sie den Schülern Gelegenheit, ihre eigenen Zeichnungen zum Üben zu entwerfen. Sie können die FfD-Karten benutzen, um die Zeichnungen zu entwerfen, die sie machen wollen (Abbildung 6).
2. Wiederholen Sie die obige Übung mit neuen, von den Schülern entworfenen Figuren, aber erlauben Sie dem Zuhörer nicht, Fragen zu stellen. Dadurch fehlt dem Sprecher eine Kontrollmöglichkeit, und er wird gezwungen, seine Kommunikationsfähigkeiten noch weiter zu schärfen.
3. Geben Sie jedem ›Sprecher‹ eines Paars einen Zettel mit vier Rechtecken:
   a) Jedes Rechteck ist entweder nach oben und unten oder seitwärts ausgerichtet und grenzt wie in Abbildung 7a an ein anderes.
   b) Die Rechtecke können auch winklig ausgerichtet sein und sich wie in Abbildung 7b nur an einem Punkt berühren.

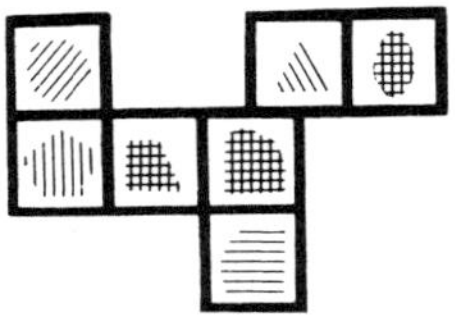

Abbildung 6

Benutzung von FfD-Karten, um Zeichnungen zu entwerfen, die beschrieben und kopiert werden sollen

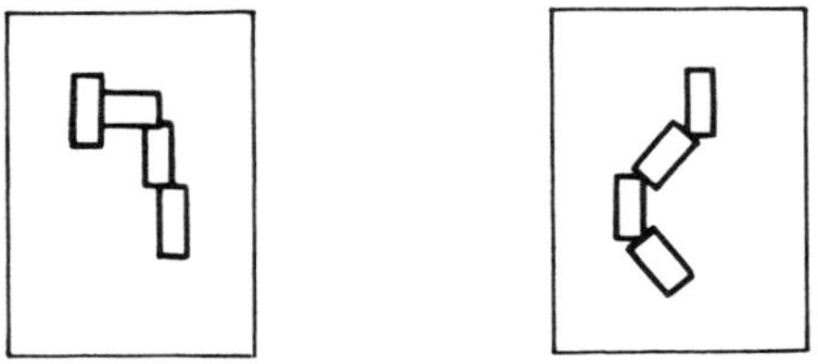

a) b)

Abbildung 7

Gruppen von Rechtecken, die beschrieben und kopiert werden sollen

2. Lektion – Erklären, wie irgend etwas funktioniert

Hintergrund

Lernen, wie irgend etwas funktioniert, ist ein bedeutender Teil der Erziehung. Das ›irgend etwas‹ kann ein technisches Gerät wie ein Auto, ein Fernsehapparat oder eine Waschmaschine sein; aber auch ein Vorgang wie das Entstehen eines Gesetzes; oder ein soziales System wie das Krankenversicherungswesen oder die Renten- und Pensionsordnung.

Da die Schüler verschiedene Hintergründe, Interessen und Hobbys haben, besitzt jeder einzelne spezielle Kenntnisse, wie gewisse Dinge funktionieren, die er oder sie mit den anderen Schülern teilen kann. Um anderen aber erfolgreich erklären zu können, wie irgend etwas funktioniert, muß ein Schüler bestimmte Kommunikationsfähigkeiten besitzen, zu deren Entwicklung diese Lektion beitragen wird.

Zielsetzungen der Lektion

- Einige allgemeine Prinzipien lernen, die bei Erklärungen, wie irgend etwas funktioniert, gelten.
- Sich darin üben, zu erklären, wie irgend etwas funktioniert.

Unterrichtsverfahren

Um zu erklären, wie irgend etwas funktioniert, ist es am besten, in drei Phasen vorzugehen:

1. Geben Sie einen Überblick über das, was Sie beabsichtigen.
2. Geben Sie Erklärungen Stück für Stück ab, und geben Sie vor jedem Abschnitt an, wovon er handelt.
3. Fassen Sie zusammen, was Sie erklärt haben.

   »Ich werde der Klasse erklären, wie ein Brief befördert wird, von dem Augenblick an, in dem ihn der Absender in den Briefkasten wirft, bis zu dem Zeitpunkt, an dem er an seinem Bestimmungsort ausgeliefert wird.«

Phase 1:
»Die Erklärung, die ich hier gebe, mag nicht hundertprozentig genau sein. Aber der Sinn dieser Lektion ist es nicht, euch zu Experten auf dem Gebiet des Postwesens zu machen. Es geht vielmehr darum, eure Kommunikationsfähigkeiten zu schärfen.

Die wesentlichen Schritte bei der Postbeförderung sind:

1) Sammeln der Post aus den Briefkästen und Vorbereitung zum Versand in die richtige Stadt.
2) Beförderung der Post in die richtige Stadt.
3) Beförderung der Post zur richtigen Adresse in der richtigen Stadt.«

Phase 2:

»Nun werde ich erklären, wie die Post aus den Briefkästen geholt und zum Versand in die richtige Stadt vorbereitet wird. Wir wollen den Weg eines Briefs verfolgen, der aus der Stadt X in die Ulmenstraße Nr. 17 in der Stadt Y geschickt wird.

a) Alle Briefkästen der Stadt X werden geleert, und die Post wird zur zentralen Sortier- und Verteilungsstelle der Stadt X gebracht.
b) Die gesamte Post aus Stadt X wird nach Bestimmungsorten sortiert. Der Brief, dessen Weg wir verfolgen, kommt auf den Stapel für die Stadt Y.

Nun werde ich erklären, wie der betrachtete Brief aus der Stadt X in die Stadt Y kommt.

c) Die gesamte Post aus Stadt X, die für Stadt Y bestimmt ist, wird zusammen zur zentralen Sortier- und Verteilungsstelle der Stadt Y geschickt.
d) Dort wird sie mit der für die Stadt Y bestimmten Post, die aus den Briefkästen der Städte W, Z und Y selbst eingetroffen ist, zusammengeworfen.

Nun werde ich erklären, wie der Brief, dessen Weg wir verfolgen, von der zentralen Verteilungsstelle der Stadt Y zur richtigen Adresse in der Stadt Y kommt.

e) Die Post wird nach Zustellwegen sortiert. Unser Brief kommt in einen bestimmten Zustellweg, der alle Häuser in der Ulmenstraße einschließt.
f) Er wird innerhalb seines Zustellwegs an der passenden Stelle eingeordnet: zwischen die Post für das Haus Ulmenstraße Nr. 15 und das Haus Ulmenstraße Nr. 19.
g) Der Brief wird ausgeliefert.«

Phase 3:

»Nun werde ich diese Erklärung, wie ein Brief befördert wird, von dem Augenblick an, in dem ihn der Absender in den Briefkasten wirft, bis zu dem Zeitpunkt, an dem er an seinem Bestimmungsort ausgeliefert wird, zusammenfassen.

Zuerst habe ich euch erzählt, wie der Brief aus dem Briefkasten geholt und zur Verschickung an den Bestimmungsort vorbereitet wird. Dann habe ich euch gesagt, wie der Brief zum Bestimmungsort geschickt wird. Und zum Schluß habe ich euch gesagt, wie der Brief an die richtige Adresse ausgeliefert wird.«

Praktische Übungen

1. Fordern Sie einen Schüler auf, der Klasse zu erklären, wie ein Paket von einem privaten Zustelldienst, der einen Vertrag mit allen fünf Kaufhäusern in einer Stadt abgeschlossen hat, in die Wohnung eines Kunden zugestellt wird.

   Geben Sie dem Schüler mehrere Minuten Zeit zur Vorbereitung seiner Erklärung. Betonen Sie, daß Sie von dem Schüler keine hundertprozentig exakte Erklärung erwarten, aber daß der Schüler die drei von Ihnen demonstrierten Phasen berücksichtigt.

   Lassen Sie die Klasse die Erklärung des Schülers unter diesem Gesichtspunkt kritisieren. Fügen Sie selbst Kommentare über Dinge, die Sie für wichtig halten, auf die die Klasse aber nicht eingegangen ist, hinzu.
2. Lassen Sie die Schüler paarweise arbeiten und einander erklären, wie irgend etwas funktioniert. Dann überprüfen Sie, wie gut die Erklärungen verstanden worden sind. Anschließend lassen Sie die Schüler die Rollen tauschen.

   Zum Beispiel:

   a) A erklärt B, wie ein Fernsehapparat funktioniert.
   b) B erklärt A seinerseits, wie ein Fernsehapparat funktioniert, so daß man feststellen kann, wie gut die Erklärung verstanden worden ist.
   c) B erklärt nun A, wie ein Auto funktioniert.
   d) A erklärt B seinerseits, wie ein Auto funktioniert, so daß man feststellen kann, wie gut die Erklärung verstanden worden ist.

   Je nach Niveau und Hintergrund der Schüler können Sie ein Telefon, einen Zigarettenautomaten usw. als zu erklärenden Apparat auswählen.
3. Fordern Sie alle Schüler zu folgendem auf:
   - Sie sollen sich etwas überlegen, das sie nicht verstehen, aber gerne verstehen würden.
   - Sie sollen jemanden suchen (Elternteil, Nachbar, Lehrer, Arbeiter), der bereit ist, es ihnen zu erklären.
   - Sie sollen diese Person befragen.
   - Sie sollen sich darauf vorbereiten, der Klasse ihrerseits davon zu berichten und nach dem gelernten Dreiphasenmodell zu erklären, was sie erfahren haben.

Zusätzliche Spiele und Übungen

Navigation

Bisher haben die Schüler gelernt, wie sie sich bei ihren Anweisungen zum Figurenzeichnen klar, vollständig und kurz ausdrücken sollen. Jetzt lassen Sie sie gute Kommunikation in einer vollkommen anderen Situation üben: Ein Zuhörer mit verbundenen Augen bewegt sich eine gewisse Strecke nach den Kommandos des Sprechers. Der Sprecher sieht, wie sich der Zuhörer bewegt, darf aber keine Fragen beantworten.

1. Bauen Sie Hindernisse auf dem Fußboden auf. Der Sprecher leitet den Zuhörer von einer Zimmerecke zur entgegengesetzten Ecke, ohne daß dabei die Hindernisse berührt werden dürfen, und zwar
   - mit Hilfe von Worten (z. B. drei Schritte nach rechts, zwei Schritte nach vorne),
   - mit Hilfe von vereinbarten Signalen (z. B. Händeklatschen – nach links, Pfeifen – nach rechts, usw.).
2. Stecken Sie mit Büroklammern einen ›Flughafen‹ und eine Landebahn auf einer Tischplatte ab. Benutzen Sie Bücher, um Hindernisse wie Berge, Häuser und Bäume darzustellen. Der Zuhörer hält einen Bleistift in der Hand, der ein Flugzeug darstellt. Der Sprecher dirigiert den Zuhörer bei der Landung des Flugzeugs (Bleistifts) auf dem ›Flugfeld‹.

   Die Instruktionen können in Form von Worten erfolgen (nach oben, nach unten, links, rechts, Kurve von 30, 45, 90 Grad) oder auch in Form von Zeichen und Tönen, die für bestimmte Worte oder Kommandos stehen.

   Punktwertung:
   10 Punkte für die Landung auf dem Flugfeld,
   5 Zusatzpunkte für eine sichere Landung,
   5 Punkte Abzug für das Berühren eines Hindernisses,
   5 Punkte Abzug für ein Abkommen von der Bahn,
   10 Punkte Abzug für den Zusammenprall mit einem Hügel.
3. Bauen Sie Hindernisse auf einem Tisch auf. Der Sprecher dirigiert die Hand des Zuhörers von einer Ecke des Tischs zur Mitte, wobei kein Hindernis berührt werden darf.
4. Erklären Sie, wie man in Abbildung 8 von A nach B kommt, wobei Sie möglichst wenige Worte oder Anweisungen in Ihrer Anleitung benötigen sollen.

(Diese Spiele können auch gespielt werden, ohne daß dem Zuhörer die Augen verbunden werden.)

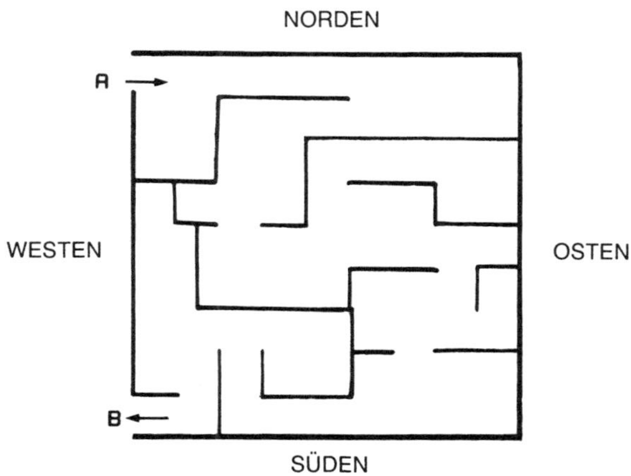

Abbildung 8

Erklären Sie mit möglichst wenigen Worten, wie man von A nach B kommt, oder geben Sie eine Anleitung mit möglichst wenigen Schritten

DER ROBOTER

Bei den letzten Übungen kannte der Zuhörer die Lage der Hindernisse nicht und mußte sich auf die Güte der Anweisungen des Sprechers verlassen. Sprecher und Zuhörer erfuhren, wie gut die Anweisungen waren, wenn der Zuhörer ein Hindernis traf. Bei den nächsten Übungen weiß der Zuhörer ganz genau, wie er seine Aufgabe zu erfüllen hat, folgt den Anweisungen des Sprechers jedoch so *präzise* wie möglich, so daß der Sprecher merkt, wenn die Kommunikation schlecht ist. Im Endeffekt versucht der Zuhörer, wie ein Roboter zu sein.

Die Schüler arbeiten paarweise wie folgt:

Der Sprecher gibt dem Zuhörer Anweisungen, eine einfache Aufgabe des Alltagslebens durchzuführen oder auf bekannten Wegen an gut bekannte Orte zu gelangen, und der Zuhörer bemüht sich, jedwede Vorkenntnisse außer acht zu lassen. Die Anweisungen erfolgen

- ohne Hilfe von Zeichnungen und Karten oder
- mit Hilfe von Zeichnungen und Karten, wenn der Sprecher diese für nützlich hält.

1. Erklären, wie man einen Brief in einen Umschlag steckt und diesen zuklebt (Abbildung 9).

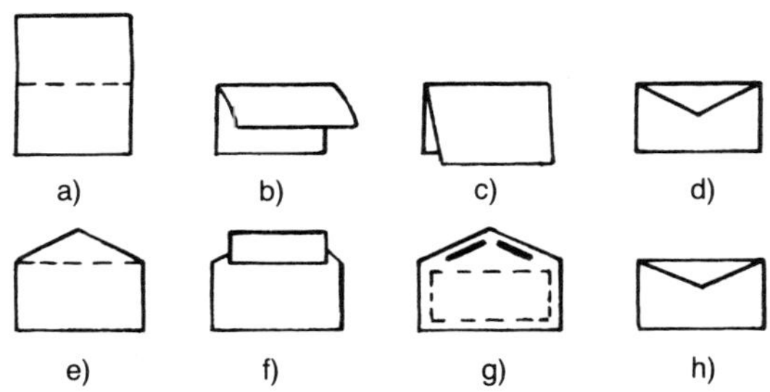

Abbildung 9
Einzelschritte, in denen man einen Brief in einen Umschlag steckt und diesen zuklebt

- Brief auf den Tisch legen (Abbildung 9a).
- Umklappen, bis die obere Kante die untere Kante erreicht (Abbildung 9b).
- Brief falten und Falz glattstreichen (Abbildung 9c).
- Klappe des Umschlags öffnen (Abbildung 9d und 9e).
- Brief in den Umschlag schieben (Abbildung 9f).
- Rand der Klappe anfeuchten (Abbildung 9g).
- Klappe schließen und durch Drücken zukleben (Abbildung 9h).

2. Erklären, wie man eine Schraube losschraubt.
3. Erklären, wie man die Batterie einer Taschenlampe wechselt.
4. Erklären, wie man im Kühlschrank Eis herstellt.
5. Erklären, wie man ein Bett macht.
6. Erklären, wie man im Telefonbuch eine Nummer nachschlägt.
7. Erklären, wie man zu Fuß vom gegenwärtigen Standort zum Hauptbahnhof kommt.
8. Erklären, wie man mit einem öffentlichen Verkehrsmittel vom gegenwärtigen Standort zum Hauptbahnhof kommt.
9. Erklären, wie man systematisch und wirkungsvoll den gesamten Fußboden eines Zimmers wischt.
10. Erklären, wie man herausfindet, in welchem Kino zu welchen Uhrzeiten ein bestimmter Film läuft.

›Guten‹ und ›schlechten‹ Sprechern und Zuhörern können Punkte gegeben werden, wobei der Lehrer die Punkte verteilt.

Bei dieser Übung ist es wichtig, vorher festzulegen, welche Kenntnisse der Roboter bereits besitzen soll. Weiß der Roboter im ersten Beispiel beispielsweise, was ein ›Umschlag‹ und ein ›Brief‹ ist?

Es folgen einige Beispiele für die Art und Weise, in der der ›Roboter‹ in einigen der genannten Fälle etwas zurückmelden könnte:

1. Er versucht, den Brief in den Umschlag zu stecken, ohne ihn vorher zu falten, weil der Sprecher nichts vom Falten gesagt hat.
2. Er steckt den Schraubenzieher nicht in den Schraubenschlitz, weil ihm der Sprecher dazu keine Anweisung gegeben hat.
3. Der Sprecher sagt: »Wende dich nach rechts, und geh bis zur Ecke.« Und der Roboter sagt: »Ich muß zuerst das Haus verlassen.«

DER LESENDE ROBOTER

Es werden einige der Dinge aus *Der Roboter* erklärt, allerdings in schriftlicher Form. Statt eines Sprechers und eines Zuhörers gibt es einen Schreiber und einen Leser.

DEFINITIONEN

Geben Sie allen Schülern einen Zettel, auf dem jeweils unterschiedliche Worte stehen (beispielsweise Tisch, hungrig, Raumschiff, Idiot). Jeder Schüler muß auf einen anderen Zettel eine Definition dieses Wortes schreiben und den Zettel an einen Nachbarn weitergeben. Der Nachbar muß versuchen, herauszufinden, welches Wort definiert wurde.

WORTASSOZIATIONEN

Der Sprecher denkt sich ein Zielwort aus, das an den Zuhörer übermittelt werden soll, ohne tatsächlich ausgesprochen zu werden. Der Sprecher benutzt andere Worte, die zu dem Zielwort in Verbindung stehen, und der Zuhörer reagiert auf jedes Wort, indem er ein Wort nennt, das er damit assoziiert. Durch Beachtung der Assoziationen des Zuhörers kann der Sprecher die Möglichkeiten für das Zielwort selbst einengen.

Beispiel: Das Zielwort lautet ›Herd‹.

	Sprecher	**Zuhörer**
1.	Haus	Familie
2.	Küche	Essen
3.	Koch	Topf
4.	Hitze	Herd

VERSCHIEDENES

- Erzählen Sie eine Geschichte oder einen Vorfall, den Sie beobachtet haben.
- Beschreiben Sie ein Objekt oder ein Design, das Sie in einem Geschäft gesehen haben.
- Erklären Sie, wie man etwas findet, das im Zimmer versteckt ist.
- Erklären Sie, wie man ein quadratisches Blatt Papier in 3, 4 oder 8 Stücke zerschneidet (Abbildung 10).

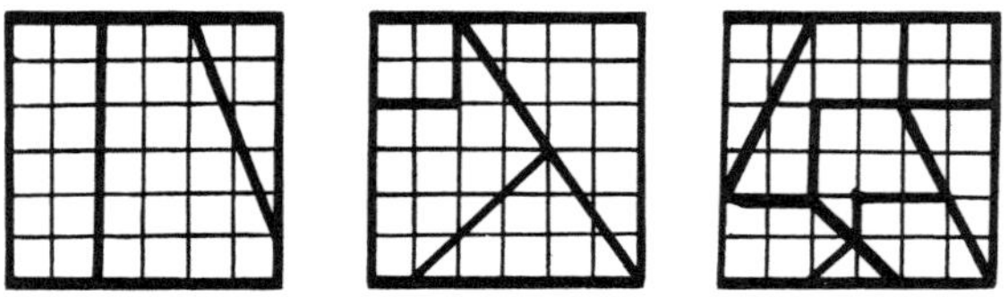

Abbildung 10
Quadrat, das nach Anweisungen in 3, 4 oder 8 Stücke zerschnitten werden soll

Prinzipien

- Versetzen Sie sich immer geistig in den Zuhörer, wenn Sie eine Nachricht übermitteln. Von welchen Annahmen könnte der Zuhörer ausgehen?
- Gehen Sie in drei Phasen vor, wenn Sie erkären, wie irgend etwas funktioniert:
  1. Geben Sie einen Überblick über das, was Sie beabsichtigen.
  2. Geben Sie Ihre Erklärungen Stück für Stück, und geben Sie vor jedem Abschnitt an, wovon er handelt.
  3. Fassen Sie zusammen, was Sie erklärt haben.
- Der Zuhörer muß gute Kommunikationsfähigkeiten haben, um
  a) zu wissen, welche Fragen er stellen soll,
  b) zu wissen, wie er fragen muß, damit der Sprecher weiß, was nicht verstanden worden ist.
- Versuchen Sie klare Fragen zu stellen, um Antworten auf das zu bekommen, was Sie nicht verstanden haben.
- Es ist wichtig, zu wissen, wie man Fragen so stellt, daß man die Informationen bekommt, die man braucht (der gute Arzt).
- Eine gute Mitteilung ist klar, vollständig und kurz. Sie können die Kürze

anhand der Anzahl der Worte oder der in Anspruch genommenen Zeit messen.
- Ein Symbol kann eine gewaltige Abkürzung sein: Ein paar gezeichnete Linien können ganze Seiten ersetzen.

Hinweise für den Unterricht

Fragen zur Diskussion

- Warum gibt es so viele Kommunikationspannen?
- Warum fallen Leute so oft durch Prüfungen?
  - Der Lehrer könnte den Lehrstoff nicht klar genug dargelegt haben.
  - Der Lehrer könnte nicht klar gemacht haben, was bei der Prüfung verlangt wird.
  - Der Schüler könnte nicht verstanden haben, was bei der Prüfung verlangt wird.
  - Die Antworten des Schülers könnten nicht klar und vollständig gewesen sein.
  - Die Antworten des Schülers könnten Überflüssiges enthalten haben.

Alle diese Möglichkeiten deuten auf Kommunikationsmängel als eigentliches Problem hin und nicht auf Mangel an Wissen.

Die Rolle von Annahmen bei der Kommunikation

Im 7. Kapitel haben wir gesehen, daß wir manchmal von Annahmen ausgehen, die uns dabei im Wege stehen, kreative Lösungen für Probleme zu finden: Bei dem Problem, zwei Streichhölzer so zu bewegen, daß alle 16 Streichhölzer zusammen *vier* Quadrate bilden, waren wir beispielsweise von der Annahme ausgegangen, daß die neuen Quadrate die gleiche Größe wie die ursprünglichen haben müssen. Die Spielanweisung verlangt dies jedoch nicht.

Im Leben nehmen wir oft etwas an, das vielleicht gar nicht »von der Spielanweisung verlangt wird« und deshalb der Kommunikation im Wege steht:

- Der Chef geht von der Annahme aus, daß die Arbeiter dieselben Prioritäten setzen wie er selbst.
- Der Lehrer geht von der Annahme aus, daß dasselbe Beispiel für alle Schüler gleichermaßen aussagekräftig und interessant ist.
- Der Sprecher und der Zuhörer gehen von der Annahme aus, daß jeder von ihnen demselben Wort auch dieselbe Bedeutung zumißt:
  - »Es befindet sich auf der linken Seite.«
  - »Ich werde es bald machen.«

Kommunikationskategorien

Es folgen einige Kategorien von Kommunikationssituationen. Lassen Sie Ihre Schüler wenigstens eine Situation jeder Kategorie üben.

- Der Sprecher erklärt etwas, der Zuhörer darf Fragen stellen.
- Der Sprecher erklärt etwas, der Zuhörer darf keine Fragen stellen.
- Der Sprecher beobachtet, was der Zuhörer tut.
- Der Sprecher darf nicht beobachten, was der Zuhörer tut.
- Erinnerungsvermögen ist gefragt: Irgend etwas wird später getan. (Zum Beispiel: Der Kellner nimmt viele Bestellungen entgegen.)
- Erinnerungsvermögen ist nicht gefragt: Irgend etwas wird auf der Stelle getan.

Lernen, ein guter Sprecher zu sein

Raten Sie Ihren Schülern dazu, beim Üben von Kommunikationsfähigkeiten einen Kassettenrecorder zu benutzen. Wenn sie sich selbst hören, können sie sich bewußt werden, wie gut sie die auf den vorstehenden Seiten genannten Kommunikationsprinzipien befolgen.

Lernen, ein guter Zuhörer zu sein

- Hören Sie dem Sprecher mit voller Aufmerksamkeit zu.
- Vermeiden Sie, sich ablenken zu lassen – beispielweise durch die Kleidung des Sprechers.
- Konzentrieren Sie sich auf das, was Ihnen der Sprecher mitteilen will.
- Schweifen Sie in Gedanken nicht zu anderen Themen ab.
- Versuchen Sie, klare Fragen zu stellen, um Antworten auf das zu bekommen, was Sie nicht verstanden haben.
- Stellen Sie sich vor, wie der Sprecher Ihre Frage interpretieren könnte.

11. Kapitel

Problemlösungen, Übertragung und Anwendungen

Dieses Kapitel stellt den Problemlösungsprozeß vor, gibt Beispiele für die Anwendung von Spielprinzipien auf Alltagssituationen und zeigt, wie die FfD-Methode beim Unterrichten von Fachgebieten angewandt werden kann.

Der Problemlösungsprozeß

Der Problemlösungsprozeß ist eine allgemeine Folge von Schritten für den Umgang mit Problemsituationen. Bei jedem Schritt haben Sie Gelegenheit, die in den vorangegangenen Kapiteln gelehrten wichtigen Denkfähigkeiten des *Fitneßtrainings für Denker* (Deduktive Logik, Induktive Logik, Strategie usw.) einzusetzen.

In seiner reinsten Form besteht der Prozeß aus den folgenden sechs Schritten:

1. Sammeln von Informationen.
2. Nochmaliges Feststellen des Problems.
3. Entwickeln vieler unterschiedlicher Ideen.
4. Auswählen der Idee, die am besten erscheint.
5. Die Idee in die Tat umsetzen.
6. Bewerten der Idee.

Hintergrund

Es folgen einige Problemkategorien, bei denen ein allgemeiner Problemlösungsprozeß angewandt werden kann:

1. Einfache technische Probleme:
   - einen Nagel in die Wand schlagen,
   - dafür sorgen, daß die Kühlschranktür geschlossen bleibt,
   - ein Messer schärfen.

2. Probleme bei einem größeren technischen System:
   - ein Fahrrad reparieren,
   - einen Fotokopierer hochwertige Kopien machen lassen,
   - die Qualität von gefiltertem Kaffee verbessern.
3. Probleme bei einem Vorgang:
   - eine Mahlzeit zubereiten,
   - eine Lektion zur Einführung eines Computersystems ausarbeiten
   - den Bau eines Hauses planen,
   - Brot backen.
4. Probleme beim Organisieren und Leiten einer Tätigkeit:
   - organisieren des Tischabräumens nach dem Essen,
   - Aktivitäten eines Vereins,
   - Hausputz.
5. Probleme beim Entwurf und der Einteilung von Räumlichkeiten:
   - ein Kongreßzentrum, eine Bibliothek, ein Museum oder andere Gemeindeeinrichtungen optimal nutzen.
6. Probleme bei Organisationsstrukturen:
   - ein Postamt,
   - eine Bank, ein Laden,
   - eine Bürokratie.
7. Probleme bei der Motivation:
   - einen Kunden überzeugen,
   - Schüler zum Lernen bewegen,
   - Leute zum sicheren Fahren anleiten.
8. Probleme bei der Verhaltens- und Meinungsbildung:
   - Gruppenbeziehungen,
   - Frieden,
   - Umweltfragen.

Diese Liste soll den weiten Bereich von Situationen aufzeigen, bei denen der Problemlösungsprozeß anwendbar ist. Es ist nicht von Bedeutung, ein spezielles Problem *einer bestimmten Kategorie* zuordnen zu können. Tatsächlich kann ein Problem in mehr als eine Kategorie gehören.

1. Lektion – Schritte beim Anwenden von kreativem Denken

Lernziele

- Die generellen Schritte beim Anwenden eines allgemeinen Problemlösungsprozesses im Alltagsleben.
- Üben dieser Schritte.

Unterrichtsverfahren

Sagen Sie den Schülern, daß die folgenden sechs allgemeinen Schritte bei Problemlösungen oft hilfreich sind:

1. Schritt: Sammeln von Informationen.
2. Schritt: Nochmaliges Feststellen des Problems.
3. Schritt: Entwickeln vieler unterschiedlicher Ideen.
4. Schritt: Auswählen der Idee, die am besten erscheint.
5. Schritt: Die Idee in die Tat umsetzen.
6. Schritt: Bewerten der Idee.

Erklären Sie, daß man nicht jedesmal, wenn man den Problemlösungsprozeß anwendet, unbedingt alle sechs Schritte benötigt. Wenn sich während des Prozesses eine Lösung herausschält, können einige Schritte ausgelassen werden. Wenn sich die Natur eines Problems während eines Schritts verändert, kann man zu einem früheren Schritt zurückgehen.

Bei jedem Schritt hat man Gelegenheit, die in den vorangegangenen Kapiteln gelehrten Denkfähigkeiten (Deduktive Logik, Induktive Logik, Strategie usw.) des *Fitneßtrainings für Denker* einzusetzen.

Jetzt zeigen Sie, wie man bei dem nachstehenden Motivationsproblem die obigen Schritte durchführt und welche wichtigen Denkfähigkeiten dabei angewandt werden können.

Wie kann ich meinen Lehrer dazu bringen, weniger Hausaufgaben aufzugeben?

1. Schritt: Sammeln von Informationen

Bevor man ein Problem lösen kann, braucht man Informationen über alle Aspekte des Problems. Folgendes muß man herausfinden:

- Wieviel Zeit verbringe ich jede Woche bei meinen Hausaufgaben?
  (ERINNERUNGSVERMÖGEN)
- Wieviel Zeit verbringen andere Schüler meiner Klasse jede Woche bei den Hausaufgaben?
  (KOMMUNIKATION)
- Wieviel Zeit verbringen Schüler anderer Klassen derselben Schulstufe jede Woche bei ihren Hausaufgaben?
  (KOMMUNIKATION)
- Was würde ich, wenn ich weniger Hausaufgaben hätte, mit der zusätzlichen Zeit anfangen?
  (KREATIVES DENKEN)

2. Schritt: Nochmaliges Feststellen des Problems

Die beim ersten Schritt gesammelten Informationen könnten zu einer Neueinschätzung des Problems führen. Zum Beispiel:

- Sie finden heraus, daß Sie mehr Zeit bei Ihren Hausaufgaben verbringen als jeder in Ihrer Klasse oder in Parallelklassen. Sie könnten das Problem nun so formulieren: »Wie kann ich mir eine bessere Lerntechnik aneignen?« (PLANUNG)
- Sie finden heraus, daß Sie weniger Zeit bei Ihrer Hausarbeit verbringen als jeder andere in Ihrer Klasse und in Parallelklassen. Sie erkennen, daß es nicht vernünftig wäre, vom Lehrer zu erwarten, daß er Ihnen weniger Hausaufgaben aufgibt.
  (DEDUKTIVE LOGIK)
- Sie erkennen, daß Ihnen, wenn Sie weniger Hausaufgaben hätten, mehr Zeit zum Basketballspielen zur Verfügung stünde, was Sie sehr gerne tun. Ihnen wird klar, daß Sie der Umstand, weniger Basketball gespielt zu haben, als Sie gerne möchten, gestört hat (ERINNERUNGSVERMÖGEN). Sie formulieren Ihr Problem nun so: »Wie kann ich mehr Zeit zum Basketballspielen finden?«

3. Schritt: Entwickeln vieler unterschiedlicher Ideen

Nachdem Sie das Problem neu gestellt haben, denken Sie über viele verschiedene Möglichkeiten nach, wie Sie es lösen könnten.

Sie kommen zu der Ansicht, daß Ihr Problem am besten so formuliert wird: »Wie kann ich mehr Zeit zum Basketballspielen finden?« Jetzt entwickeln Sie Ideen zur Lösung dieses Problems:
(KREATIVES DENKEN)

- Ich wache morgens früher auf.
- Ich gehe abends später ins Bett.
- Ich schränke andere Beschäftigungen wie das Herumstehen an der Ecke mit Freunden ein.
- Ich fahre nach der Schule mit dem Bus nach Hause, statt zu Fuß zu gehen.
- Ich spiele Basketball, wenn in der Schule Unterrichtsstunden ausfallen.
- Ich nehme das, was ich an jedem Tag lernen muß, auf einem Kassettenrecorder auf und spiele das Band beim Basketballspielen per Kopfhörer ab.
  (PSYCHOMOTORISCHE AKTIVITÄT)
- Ich eigne mir effiziente Lerntechniken an, so daß ich bei meinen Hausaufgaben weniger Zeit brauche.

4. Schritt: Auswählen der Idee, die am besten erscheint

Um die Idee auszuwählen, die Ihnen am besten erscheint, wägen Sie bei allen die Vor- und Nachteile ab.

- Sie schlafen gerne, und es macht Ihnen auch Spaß, noch im Bett liegenzubleiben. Deshalb verwerfen Sie die beiden ersten Ideen.
  (PLANUNG)
- Wenn Sie sich effiziente Lerntechniken aneignen, brauchen Sie nicht auf die Gespräche mit Ihren Freunden an der Ecke zu verzichten, und diese Techniken können sowohl dazu beitragen, bessere Zeugnisse zu bekommen, als auch für Ihr Hauptziel, mehr Zeit zum Basketballspielen zu haben, hilfreich sein. Sie kommen zu der Überzeugung, daß diese Idee die beste ist.
  (DEDUKTIVE LOGIK)

5. Schritt: Die Idee in die Tat umsetzen

Nachdem Sie die Ihrer Ansicht nach beste Idee ausgewählt haben, probieren Sie sie aus:

- Sie sprechen mit einigen Ihrer Lehrer, deren Unterrichtsmethoden Sie bewundern, und mit mehreren Freunden, die gut in der Schule sind, um herauszufinden, welche Lerntechniken sie empfehlen.
  (KOMMUNIKATION)
- Sie wählen die Techniken, die häufiger genannt werden, praktisch zu sein scheinen und zu Ihrer Person und zu Ihren Planungen passen.
  (DEDUKTIVE LOGIK)

6. Schritt: Bewerten der Idee

Sie bewerten die Idee, indem Sie überprüfen, ob das, was Sie wollen, erreicht wird, und indem Sie herausfinden, ob die Idee irgendwelche Folgen hat, positiv oder negativ, die Sie nicht vorhergesehen haben.
(DEDUKTIVE UND INDUKTIVE LOGIK)

- Sind Sie nach dem Lernen und der Anwendung der besseren Lerntechniken in der Schule noch genauso gut oder besser, brauchen aber für Ihre Hausaufgaben weniger Zeit?
- Verbringen Sie die eingesparte Zeit beim Basketballspielen?

Praktische Übungen

1. Fordern Sie die Schüler auf, diese sechs Schritte bei dem folgenden Problem anzuwenden: In eine Schule gehen zu viele Schüler, aber die Gemeinde hat kein Geld, um eine neue zu bauen.
2. Geben Sie den Schülern als Hausaufgabe auf, diese sechs Schritte bei einem Problem ihrer eigenen Wahl anzuwenden. Beim nächsten Unterricht sollen sie der Klasse darüber berichten.
3. Nachdem die Schüler einige Erfahrung mit dem Problemlösungsprozeß gesammelt haben, bitten Sie sie, darüber zu diskutieren, warum jeder der Schritte wichtig oder nicht wichtig ist.

Es folgt ein Beispiel, wie die genannten Schritte bei einem einfachen technischen Problem angewandt werden können:

> Sie sind Lehrer und stellen fest, daß Ihre Finger beim Schreiben an der Tafel voll mit weißem Kreidestaub werden. Sie wollen die Kreide benutzen, ohne daß Ihre Finger voll Kreidestaub werden.

1. Schritt: Sammeln von Informationen

Folgende Dinge müssen Sie herausfinden:
- Passiert dies immer, wenn ich an der Tafel schreibe? (ERINNERUNGSVERMÖGEN)
- Passiert es anderen Lehrern ebenfalls? (KOMMUNIKATION)
- Passiert es nur an *dieser* Tafel? Mit *dieser* Kreidemarke? (INDUKTIVE LOGIK)
- Kann ich den Kreidestaub später leicht wieder entfernen? (PLANUNG)

2. Schritt: Nochmaliges Feststellen des Problems

Statt sich zu fragen, wie Sie die Kreide benutzen können, ohne daß Ihre Hände voll Kreidestaub werden, könnten Sie das Problem auch folgendermaßen beschreiben:

»Wie kann ich meinen Schülern etwas mitteilen, ohne meine Finger voll Kreidestaub zu bekommen?«

3. Schritt: Entwickeln vieler unterschiedlicher Ideen

(KREATIVES DENKEN)
Mit Kreide:
- Ich lackiere die Kreide an der Stelle, an der ich sie anfasse.
- Ich wickele die Kreide in Papier ein.
  (PSYCHOMOTORISCHE AKTIVITÄT: Wird sie herausrutschen?)
- Füllfederhalterlösung: Ich besorge mir einen Metallhalter für die Kreide – und dazu eine Kappe, damit ich die Kreide auch in die Tasche stecken kann.

Ohne Kreide:
- Ich benutze an der Tafel keine Kreide, sondern einen Filzstift.
- Ich benutze einen Bildprojektor und einen Filzstift.
- Ich mache mich mündlich verständlich.
- Ich benutze Poster, Wegwerfpapier.
- Ich benutze vervielfältigte Zettel.

4. Schritt: Auswählen der Idee, die am besten erscheint

Vorteile von Tafellösungen:
- Ich kann sofort auf das reagieren, was die Schüler sagen.
- Ich kann die Schreibfläche wieder benutzen.

Aufgrund dieser Vorteile benutzen Sie weiterhin Kreide und versuchen es mit Seidenpapier als Umwicklung.

5. Schritt: Die Idee in die Tat umsetzen

Sie probieren es aus.

6. Schritt: Bewerten der Idee

Es funktioniert. Das Papier hält den Kreidestaub von Ihren Händen fern, ist billig und läßt die Kreide nicht herausrutschen.

Hinweise für den Unterricht

Oft lernen wir ein Prinzip in einer spezifischen Situation oder einem spezifischen Zusammenhang kennen und glauben dann, daß einige spezifische Details dieser Situation wichtig sind, obwohl dies nicht zutrifft.

Die folgende Demonstration ist von Erziehern in der ganzen Welt mit ähnlichen Ergebnissen durchgeführt worden:

Der Kursleiter legt zwei Stabmagnete auf einen Tisch. Er schiebt den Magneten A von links auf den Magneten B zu (Abbildung 1 a). Magnet B weicht nach rechts zurück (Abbildung 1 b).

»Aha«, sagt einer der Zuhörer. »Die gleichen Pole liegen einander gegenüber, so daß sich die beiden Magneten abstoßen. Drehen Sie einen Magneten um, und sie werden sich anziehen.« Die anderen Zuhörer nicken zustimmend.

Der Kursleiter dreht den Magneten um, ohne ihn dabei vom Tisch hochzuheben (Abbildung 1 c), und schiebt ihn wieder von links nach rechts. Abermals weicht der Magnet B nach rechts zurück (Abbildung 1 d).

Unter den Zuhörern entsteht überraschtes Gemurmel. Einige von ihnen werden aufgefordert, die Magneten selbst auf dem Tisch herumzubewegen. Aber wie auch immer die beiden Magneten einander genähert werden – sie stoßen sich ab.

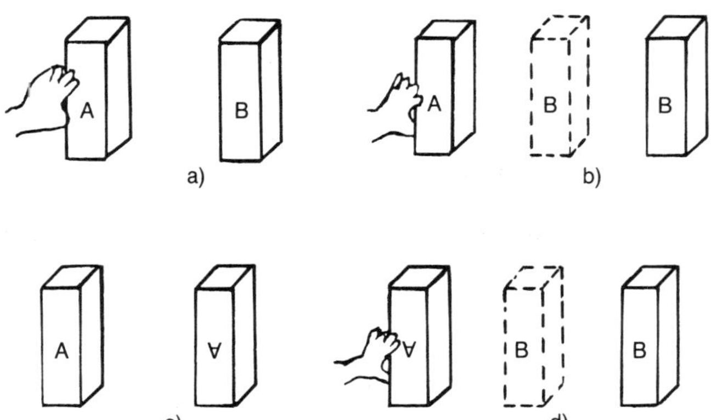

Abbildung 1

a) Magnet A wird in Richtung von Magnet B geschoben
b) Magnet B weicht nach rechts zurück
c) Magnet A wird umgedreht, ohne dabei hochgehoben zu werden
d) Magnet B weicht abermals nach rechts zurück

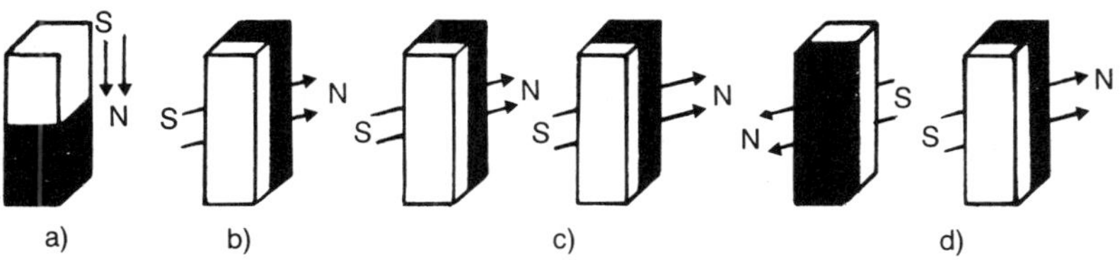

Abbildung 2

a) ›Herkömmliche‹ Lage der Pole an Magneten
b) Lage der Pole an den Magneten bei der Demonstration
c) Grund, aus dem Magnet B zurückweicht
d) Nachdem ein Magnet auf seine obere Seite gelegt worden ist, werden sich die beiden Magneten anziehen

Sie haben wahrscheinlich gelernt, daß jeder Magnet einen ›Nordpol‹ und einen ›Südpol‹ besitzt. Wenn Sie zwei Magneten zusammenbringen, werden sich ›ungleiche‹ Pole (ein *Nordpol* und ein *Südpol*) anziehen, während sich ›gleiche‹ Pole (ein *Nordpol* und ein *Nordpol*) abstoßen. Viele Erwachsene erinnern sich an dieses Prinzip polarer Anziehung und Abstoßung oder können sich nach ein paar Hinweisen darauf besinnen.

Das Problem liegt darin, daß die Leute das allgemeine Prinzip der polaren Anziehung und Abstoßung auf Magneten anzuwenden gelernt haben, deren Pole sich an entgegengesetzten Enden befinden (wie in Abbildung 2a durch dunkle und helle Zonen kenntlich gemacht). Fälschlicherweise identifizieren die Leute das *allgemeine Prinzip* des Magnetismus mit einer *speziellen Art* von Magnet. Daher können sie das Prinzip nicht in einem neuen Kontext anwenden.

Die bei der Demonstration benutzten Magneten waren jedoch Spezialkonstruktionen mit den Polen an den Seitenflächen (wie in Abbildung 2b durch dunkle und helle Zonen kenntlich gemacht). Der Kursleiter stellt sie so auf, daß ein Pol ganz auf dem Tisch aufliegt (Abbildung 2c). Sie werden sich nur anziehen, wenn einer vom Tisch hochgehoben und auf die vorher obere Seite zurückgelegt wird (Abbildung 2d).

Es besteht *immer* die Gefahr, daß Schüler ein allgemeines Prinzip in einem einzigen Kontext lernen und dann nur schwer in der Lage sind, es zu übertragen und in neuen Zusammenhängen und Situationen anzuwenden. Deshalb haben wir Sie gedrängt, bei der Benutzung des *Fitneßtrainings für Denker* jede allgemeine Denkfähigkeit in vielfältigen Spielen und Aktivitäten und mit vielen verschiedenen Materialien üben zu lassen.

Jetzt empfehlen wir Ihnen dringend, Ihre Schüler dazu zu bringen, den *Problemlösungsprozeß, die wichtigen Denkfähigkeiten und die Prinzipien,* die sie aus den Spielen des *Fitneßtrainings für Denker* gelernt haben, bei jeder Gelegenheit in den verschiedensten Situationen anzuwenden: in der Schule, zu Hause und im Alltagsleben.

Die Schüler müssen kreativ die gemeinsamen Elemente von Rätsel- und Spielsituationen einerseits und Alltagsproblemen andererseits erkennen. Probleme des Alltagslebens kommen nicht mit einem hübschen Schild wie »Erinnere dich an das Prinzip des zweiten Spiels im Kapitel *Planung* und wende es an« einher. Sie müssen den Schülern helfen, zu erkennen, daß in einigen Problemsituationen die Verwendung der Spielprinzipien, die sie gelernt haben, geradezu auf der Hand liegt; in anderen Situationen brauchen sie vielleicht erst eine gewisse Einsicht, um zu erkennen, wo und wie sie das Gelernte anwenden können.

Es folgt eine Liste aller allgemeinen Prinzipien, die wir in den vorangegangenen Kapiteln behandelt haben. Danach bringen wir detaillierte Beispiele dafür, wie diese Spielprinzipien in vier sehr unterschiedlichen Situationen angewandt werden können:

- Sie planen eine Party.
- Sie planen eine Reise.
- Ein Arzt behandelt einen Patienten.
- Ein Vertreter versucht, seine Umsätze zu erhöhen.

Anschließend werden wir weitere Situationen vorstellen, für die die Schüler unter Ihrer Anleitung Vorschläge machen können, wie man die Prinzipien der Spiele anwenden sollte. Anhand dieser Beispielsammlung werden sie besser lernen, diejenigen guten Denkgewohnheiten, die sie sich beim *Fitneßtraining für Denker* bereits angeeignet haben, auf vielfältige Situationen zu übertragen und dort anzuwenden.

Deduktive Logik

- Listen Sie alle Möglichkeiten in einer Situation auf.
- Fassen Sie die Möglichkeiten zu Gruppen zusammen, um effizient Informationen zu erhalten.
- Überlegen Sie in Ja/Nein-Situationen, wie Sie Informationen bekommen, durch die die Möglichkeiten auf die Hälfte reduziert werden, egal ob die Antwort ›ja‹ oder ›nein‹ lautet.
- In Situationen mit mehr als zwei Möglichkeiten haben Sie Gelegenheit, mit jeder Frage mehr als die Hälfte aller Möglichkeiten auszuschließen.
- Finden Sie eine effektive Methode, um erhaltene Informationen laufend auswerten zu können.

Induktive Logik

- Probieren Sie zuerst einfache Regeln aus.
- Schreiben Sie Möglichkeiten auf, holen Sie weitere Informationen ein, und schließen Sie dann Möglichkeiten aus.
- Achten Sie auf alle Merkmale, die ein Element von einem anderen unterscheiden.
- Achten Sie auf alle Merkmale, die das erste Beispiel, das einer Regel ent-

spricht, vom ersten Beispiel, das dieser Regel nicht entspricht, unterscheiden.

- Betrachten Sie jedes Merkmal als die mögliche Grundlage einer Regel.
- Stellen Sie fest, was Beispiele, die einer Regel genügen, gemein haben.
- Stellen Sie fest, was Beispiele, die einer Regel nicht genügen, gemein haben.
- Suchen Sie nach einem Zyklus, der die auftretenden Elemente vollständig enthält, bevor sich ein Muster wiederholt.
- Dieselbe Gruppe von Objekten kann nach unterschiedlichen Sequenzregeln aufgereiht werden – abhängig davon, auf welches Merkmal man sich konzentriert.

Planung

- Planen Sie, wie Sie Ihre Ziele erreichen können.
- Sehen Sie gegnerische Züge vorher.
- Protokollieren Sie Ihre Züge, so daß Sie aus Ihren Erfahrungen lernen können.
- Erkennen Sie Muster, und teilen Sie Situationen in Kategorien ein.
- Setzen Sie sich Zwischenziele.
- Gehen Sie vom Ziel aus rückwärts vor.
- Bereiten Sie Ihre Züge sorgfältig vor, und steuern Sie nicht direkt aufs Ziel zu.
- Ziehen Sie alle Möglichkeiten in Betracht.
- Sie können strategische Prinzipien durch Logik, durch die Erfahrungen anderer und durch eigene Erfahrungen erfassen.
- In einigen Situationen ist es am besten, offensiv vorzugehen, in anderen ist die Defensive besser.

Erinnerungsvermögen

- Geordnetes Material ist einprägsamer.
- Aussagekräftiges, etwas bedeutendes Material ist einprägsamer.
- Sie können sich leichter erinnern, wenn Sie auf bereits Bekanntem aufbauen.
- Merken Sie sich wenn möglich zu lernende Informationen in Form von Bildern.
- Wenn Sie etwas in Ihrem Gedächtnis speichern, sollten Sie sich überlegen, wie Sie es später wieder verfügbar machen.
- Bedienen Sie sich vertrauter Dinge, die Sie an ein abstraktes Wort oder an einen abstrakten Gedanken erinnern sollen.

Kreatives Denken

- Setzen Sie kreatives Denken ein, um neue Wege zum Erreichen Ihres Ziels zu finden.

- Setzen Sie kreatives Denken ein, um Klarheit darüber zu gewinnen, welches Ziel Sie eigentlich haben.
- Bringen Sie neue Ideen hervor, indem Sie ein vertrautes Objekt in etwas anderes verwandeln oder es auf eine Weise verwenden, in der es normalerweise nicht verwendet wird.
- Denken Sie an den wichtigsten oder hervorstechendsten Aspekt eines Objekts oder eines Vorgangs. Suchen Sie dann nach einem Weg, ihn umzugestalten.
- Seien Sie sich bewußt, daß unterschwellige Annahmen Ideen im Wege stehen.
- Versuchen Sie, ›dasselbe Objekt‹ aus verschiedenen Blickwinkeln zu betrachten.
- Benutzen Sie eine Checkliste, die Ihnen hilft, neue Ideen zu entwickeln.
- Wählen Sie nach dem Zufallsprinzip ein Bild oder ein Wort aus, das Ihnen als ›Sprungbrett‹ dazu dienen kann, Gedanken zur Lösung anzuregen.
- Gehen Sie systematisch jeden Teil oder Aspekt einer Sache durch, einzeln und kombiniert, um festzustellen, welche Veränderungen Sie vornehmen können.
- Heißen Sie Ideen willkommen, die ziemlich ausgefallen oder sogar ›verrückt‹ sind.

Kommunikation

- Versetzen Sie sich immer geistig in den Zuhörer, wenn Sie eine Nachricht übermitteln. Von welchen Annahmen könnte der Zuhörer ausgehen?
- Gehen Sie in drei Phasen vor, wenn Sie erklären, wie irgend etwas funktioniert:
  1. Geben Sie einen Überblick über das, was Sie beabsichtigen.
  2. Geben Sie Ihre Erklärungen Stück für Stück, und geben Sie vor jedem Abschnitt an, wovon er handelt.
  3. Fassen Sie zusammen, was Sie erklärt haben.
- Der Zuhörer muß gute Kommunikationsfähigkeiten haben, um
  a) zu wissen, welche Fragen er stellen soll,
  b) zu wissen, wie er fragen muß, damit der Sprecher weiß, was nicht verstanden worden ist.
- Versuchen Sie, klare Fragen zu stellen, um Antworten auf das zu bekommen, was Sie nicht verstanden haben.
- Sie müssen wissen, wie man Fragen so stellt, daß man die Informationen bekommt, die man braucht (der gute Arzt).
- Eine gute Mitteilung ist klar, vollständig und kurz. Sie können die Kürze anhand der Anzahl der Worte oder der in Anspruch genommenen Zeit messen.
- Ein Symbol kann eine gewaltige Abkürzung sein: Ein paar gezeichnete Linien können ganze Seiten ersetzen.

1. Die Party

Sie wollen eine Party geben und müssen entscheiden,
- wen Sie einladen,
- wie Sie die Gäste einladen,
- welche Art Party es sein soll,
- welche Vorbereitungen erforderlich sind.

Sehen wir einmal, wie jede wichtige Fähigkeit bei diesen Entscheidungen beteiligt ist und wie Sie bestimmte Spielprinzipien anwenden können.

Wen sollen Sie einladen?

- Schreiben Sie alle Möglichkeiten in dieser Situation auf. (DEDUKTIVE LOGIK)
  Notieren Sie die Namen Ihrer Freunde und der Leute, die Sie zu ihren Parties eingeladen haben, usw.
- Unterziehen Sie Ihre Annahmen einer kritischen Prüfung. (KREATIVES DENKEN)
  Sie könnten von der Annahme ausgehen, daß Sie nur Ihre Freunde einladen. Aber Sie könnten Leute einladen, die Sie nicht gut kennen oder die Sie gut kennen, aber nicht mögen, um eine Gelegenheit zu schaffen, neue Freundschaften zu schließen.
- Stellen Sie fest, was Beispiele, die einer Regel genügen, gemein haben. (INDUKTIVE LOGIK)
  Was haben die Leute, mit denen Sie gerne zusammen sind, gemein? Laden Sie andere Leute dieser Kategorie ein.
- Finden Sie eine effektive Methode, um erhaltene Informationen laufend auswerten zu können. (DEDUKTIVE LOGIK)
  Wenn die Leute Ihre Einladung annehmen oder ablehnen, registrieren Sie die Antworten, damit Sie wissen, wie viele Leute – und welche – kommen.

Wie sollen Sie die Gäste einladen?

- Versetzen Sie sich immer in die Gedanken des Zuhörers, wenn Sie eine Nachricht übermitteln. Von welchen Annahmen könnte der Zuhörer ausgehen? (KOMMUNIKATION)
  Achten Sie darauf, daß Ihre Einladung Datum, Zeitpunkt und Ort angibt. Sie könnten auch noch angeben, ob die Party formell ist, ob die Leute Kostüme tragen sollen, ob Geschenke mitzubringen sind usw.

Welche Art Party sollen Sie veranstalten?

- Achten Sie auf alle Merkmale, die das erste Beispiel, das einer Regel entspricht, vom ersten Beispiel, das dieser Regel nicht entspricht, unterscheiden. (INDUKTIVE LOGIK)

Denken Sie an andere Parties, die Sie veranstaltet oder besucht haben. Was hatten die erfolgreichen Parties gemeinsam, das bei den nicht erfolgreichen anders war?

Welche Vorbereitungen sollen Sie für die Party treffen?

- Planen Sie, wie Sie Ihre Ziele erreichen können. (PLANUNG)
  Denken Sie an folgende Dinge:
  Souvenirs, Blumen, Preise;
  Erfrischungen;
  Stühle, Schüsseln usw.
  Bedenken Sie zum Beispiel
  Ort:
  Wählen Sie, gestützt auf Ihre Fähigkeit des VISUELLEN DENKENS, die Sie durch die Arbeit mit Labyrinthen und Wegen entwickelt haben, einen Ort aus, der die Anfahrtswege der Gäste minimiert. Planen Sie den Bedarf an Räumlichkeiten für die Party, einschließlich einer Garderobe für die Mäntel. (VISUELLES DENKEN)
  Beaufsichtigen Sie andere beim Umstellen von Mobiliar. (KOMMUNIKATION, PSYCHOMOTORISCHE AKTIVITÄT)
  Unterhaltung:
  Wer war dieser gute Jongleur, dessen Vorführung Sie bei einer anderen Party gesehen haben? (ERINNERUNGSVERMÖGEN)
  Welche PSYCHOMOTORISCHEN AKTIVITÄTEN können Sie als Spiel abhalten?
  Dekoration:
  Sie können PSYCHOMOTORISCHE Fähigkeiten einsetzen, wenn Sie auf eine Leiter klettern und die Hände ausstrecken, um Dekorationen aufzuhängen.
  Benötigte Hilfe:
  Wem haben Sie schon mal geholfen, den Sie jetzt bemühen könnten? (ERINNERUNGSVERMÖGEN)
  Musik:
  Benutzen Sie KOMMUNIKATIONSFÄHIGKEITEN, um herauszufinden, welche Art Musik den Gästen gefallen wird.
- Gehen Sie vom Ziel aus rückwärts vor. (PLANUNG)
  Haben zwei Wochen vor dem Datum der Party genug Leute Ihre Einladung angenommen? Sollten Sie noch weitere einladen? Ist es angebracht, die Party in kleinere Räumlichkeiten zu verlegen?
- Beobachten Sie gegnerische Züge. (PLANUNG)
  Sorgen Sie dafür, daß es keine Behinderungen durch kleine Kinder, ältere Leute oder Nachbarn gibt und daß diese Leute durch die Party nicht gestört werden.

- Merken Sie sich wenn möglich zu lernende Informationen in Form von Bildern. (ERINNERUNGSVERMÖGEN)
  Arrangieren Sie, daß Fotos gemacht werden, damit Sie und andere Erinnerungen an die Party haben.

Die genannten Punkte sind nur *einige* Beispiele für die Anwendungsmöglichkeiten gewisser Prinzipien der Spiele. Sie können sie anders anwenden und auch andere Prinzipien anwenden, die wir nicht erwähnt haben.

2. Die Urlaubsreise

Sie wollen eine Urlaubsreise machen und müssen entscheiden:
- wohin Sie reisen,
- wie Sie ans Ziel kommen,
- wer Sie begleitet,
- wann Sie reisen,
- was Sie mitnehmen,
- was Sie am Urlaubsort tun wollen usw.

Wohin sollen Sie reisen?

- Schreiben Sie alle Möglichkeiten in dieser Situation auf. (DEDUKTIVE LOGIK)
- Ziehen Sie eine Landkarte, einen Atlas, Fahrpläne von Zügen, Schiffen und Flugzeugen zu Rate. Setzen Sie KOMMUNIKATIONSFÄHIGKEITEN ein, um Informationen über Routen, Preise, lohnende Reiseziele zu bekommen.
- Überlegen Sie in Ja/Nein-Situationen, wie Sie Informationen bekommen, durch die die Möglichkeiten auf die Hälfte reduziert werden, egal ob die Antwort ›ja‹ oder ›nein‹ lautet. (DEDUKTIVE LOGIK)
  Bevorzugen Sie einen warmen oder einen kühlen Ort?
  Nah oder fern?
  Einsam oder überfüllt?
- Finden Sie eine effektive Methode, um erhaltene Informationen laufend auswerten zu können. (DEDUKTIVE LOGIK)
  Streichen Sie Abfahrtszeiten in den Fahrplänen aus, oder machen Sie farbige Markierungen auf der Landkarte.
- Setzen Sie kreatives Denken ein, um Klarheit darüber zu gewinnen, welches Ziel Sie eigentlich haben. (KREATIVES DENKEN)
  Vielleicht wollen Sie gar nicht verreisen. Sie wollen ganz einfach die Leute nicht sehen, die Sie jeden Tag sehen. Sagen Sie ihnen also, daß Sie in Urlaub fahren, und bleiben Sie zu Hause.

Wie sollen Sie ans Ziel kommen?

- Gehen Sie vom Ziel aus rückwärts vor. (PLANUNG)
  Ziehen Sie eine Rundreise in Betracht. Planen Sie, auf Hin- und Rückreise eine andere Route zu nehmen.
- Setzen Sie kreatives Denken ein, um neue Wege zum Erreichen eines Ziels zu finden. (KREATIVES DENKEN)
  Sie könnten einen Teil des Weges zu Pferd zurücklegen.
- Setzen Sie Ihre Fähigkeiten des VISUELLEN DENKENS ein, um effiziente Routen zu planen, auf denen Sie verschiedene Städte und verschiedene Sehenswürdigkeiten in jeder Stadt besuchen können.

Wer soll Sie begleiten?

- Schreiben Sie alle Möglichkeiten in dieser Situation auf. (DEDUKTIVE LOGIK)
  Fangen Sie mit Ihrem Adreßbuch an.
- Stellen Sie fest, was Beispiele, die einer Regel genügen, gemeinsam haben. (INDUKTIVE LOGIK)
  Denken Sie zurück an viele schöne Zeiten, die Sie erlebt haben. Wer war da am häufigsten bei Ihnen?

Was sollen Sie mitnehmen?

- Merken Sie sich wenn möglich zu lernende Informationen in Form von Bildern. (ERINNERUNGSVERMÖGEN)
  Schließen Sie die Augen, und versetzen Sie sich in Gedanken an den Ort, zu dem Sie reisen wollen. Was vermissen Sie, das Sie mitgebracht haben sollten? Und wo haben Sie Ihre Badesachen für den Winter hingelegt?
- Ziehen Sie alle Möglichkeiten in Betracht. (PLANUNG)
  Sie müssen nicht alles *mitnehmen,* was Sie brauchen werden. Sie können an Ort und Stelle einige Sachen kaufen, leihen oder mieten.
- Setzen Sie Ihre Fähigkeiten des VISUELLEN DENKENS ein, um Ihre Kleidungsstücke effizient in den Koffer zu packen.
- Setzen Sie Ihre PSYCHOMOTORISCHEN Fähigkeiten ein, um Ihr Gepäck ohne Anstrengung zu handhaben.

Wann sollen Sie reisen?

- Planen Sie, wie Sie Ihre Ziele erreichen können. (PLANUNG)
  Wenn Sie einen Skiurlaub machen wollen, wählen Sie eine Zeit dafür aus, in der es an Ihrem Ziel Schnee gibt.
- Schreiben Sie alle Möglichkeiten in einer Situation auf. (DEDUKTIVE LOGIK)
  Wenn Sie während einer Zeit reisen, in der man Ihren Urlaubsort normalerweise nicht besucht, könnten Sie von niedrigen Preisen und fehlendem Massentourismus profitieren.

Was sollen Sie am Urlaubsort tun?

- Setzen Sie Ihr ERINNERUNGSVERMÖGEN ein, um sich zu entsinnen,
  a) wie Sie in einer fremden Stadt zu Ihrem Hotel zurückfinden,
  b) die Namen der Leute lauten, die Sie an Ihrem Reiseziel besuchen wollen,
  c) über welche Dinge, die man dort unternehmen kann, Sie etwas von anderen Leuten gehört oder gelesen haben. (Halten Sie diese Erinnerungen gedanklich in Form von Bildern fest.)

3. Der Arzt

Der Arzt hat einen neuen Patienten und muß:
- die Krankheit diagnostizieren,
- eine Behandlungsmethode wählen,
- bei der Behandlung die Kooperation des Patienten erreichen.

Welche Krankheit hat der Patient?

- Schreiben Sie alle Möglichkeiten in dieser Situation auf. (DEDUKTIVE LOGIK)
  Hier gibt es, genau wie in dem Spiel *Die Suche nach drei geheimen Zahlen aus einer Achtergruppe,* zuerst zu viele Möglichkeiten. Schreiben Sie die möglichen Krankheiten erst auf, nachdem Sie mehrere medizinische Untersuchungen durchgeführt oder eine Reihe von Fragen gestellt haben.
- Fassen Sie die Möglichkeiten zu Gruppen zusammen, um auf effiziente Art und Weise Informationen zu erhalten. (DEDUKTIVE LOGIK UND KREATIVES DENKEN)
  Suchen Sie nach einem Symptom, das eine ganze Familie von Krankheiten widerspiegeln könnte. Indem Sie weniger Tests durchführen, sparen Sie Zeit und Kosten und verringern das Risiko des Patienten.
- Überlegen Sie in Ja/Nein-Situationen, wie Sie Informationen erhalten, durch die die Möglichkeiten auf die Hälfte reduziert werden, egal ob die Antwort ›ja‹ oder ›nein‹ lautet. (DEDUKTIVE LOGIK)
  Aus Erfahrung könnten einige Fragen bekannt sein, die die Möglichkeiten auf die Hälfte zurückführen. Zum Beispiel: »Haben Sie das schon einmal gehabt?« »Schmerzt es in der Nacht mehr?«
- Probieren Sie zuerst einfache Regeln aus. (INDUKTIVE LOGIK)
  Überprüfen Sie, ob eine Erkältung vorliegt, bevor Sie nach Anzeichen für die Schlafkrankheit suchen.
- Stellen Sie fest, was Beispiele, die einer Regel genügen, gemeinsam haben. (INDUKTIVE LOGIK)
  Welche Krankheit hatten Ihre anderen Patienten, die dieselben Symptome zeigten?

- Der Arzt muß seinen Tastsinn benutzen, um Entzündungen, Verkrampfungen usw. zu fühlen, wenn er Informationen sammelt. (PSYCHOMOTORISCHE AKTIVITÄT)
- Suchen Sie nach einem Zyklus, der die auftretenden Elemente vollständig enthält, bevor sich ein Muster wiederholt.
  Jedesmal wenn der Patient Milchprodukte zu sich nimmt, bekommt er einen Hautausschlag. Der Patient könnte gegen Milchprodukte allergisch sein.
- Gehen Sie vom Ziel aus rückwärts vor. (PLANUNG)
  Raten Sie dem Patienten zu leichter Kost, bevor bestimmte Tests durchgeführt werden.
- Ziehen Sie alle Möglichkeiten in Betracht. (PLANUNG)
  Einige Informationen könnten auf Grund schlechter Laboruntersuchungen, fehlerhafter Angaben seitens des Patienten usw. falsch oder unzuverlässig sein, so daß Möglichkeiten nicht vorschnell von der Hand gewiesen werden sollten.
- Der Arzt muß eine zweidimensionale Röntgenaufnahme als dreidimensionalen Raum sehen. (VISUELLES DENKEN)
- Der Arzt gebraucht seine Phantasie und bildet Analogien zur Anatomie von Tieren, um die Krankheit zu verstehen. (KREATIVES DENKEN)
- Der Arzt bedient sich seines ERINNERUNGSVERMÖGENS, um sich ins Gedächtnis zurückzurufen, was die Symptome des Patienten bedeuten.

Wie soll die Krankheit behandelt werden?

- Finden Sie eine effektive Methode, um erhaltene Informationen laufend auswerten zu können. (DEDUKTIVE LOGIK)
  Machen Sie wohlorganisierte Aufzeichnungen über jeden Patientenbesuch. Vergleichen Sie die Ergebnisse unterschiedlicher Behandlungen bei verschiedenen Patienten.
- Der Arzt bedient sich seines ERINNERUNGSVERMÖGENS, um sich ins Gedächtnis zurückzurufen, welche Behandlungen unter bestimmten Bedingungen effektiv sind.
- Stellen Sie fest, was Beispiele, die einer Regel genügen, gemeinsam haben. (INDUKTIVE LOGIK)
  Welche Behandlungen waren in ähnlichen Fällen erfolgreich?
- Setzen Sie beim Patienten die Milchprodukte ab, um festzustellen, ob der Hautausschlag wiederkehrt. (DEDUKTIVE LOGIK)
- Bringen Sie neue Ideen hervor, indem Sie ein vertrautes Objekt in etwas anderes verwandeln oder es auf eine Weise verwenden, in der es normalerweise nicht verwendet wird. (KREATIVES DENKEN)
  In einem Notfall wird ein Hemd zu einem Verband.
- Der Chirurg muß einen Weg finden, um das erkrankte Organ während der Operation zu erreichen. (VISUELLES DENKEN)

- Der Arzt braucht bei der Diagnose, der Behandlung und der Operation Hand- und Fingerfertigkeit. (PSYCHOMOTORISCHE AKTIVITÄT)
- Seien Sie sich bewußt, daß unterschwellige Annahmen Ideen im Wege stehen. (KREATIVES DENKEN)
  Nur weil viele Leute zur Zeit Masern haben, bedeutet der Umstand, daß dieser Patient ähnliche Symptome zeigt wie die an Masern Erkrankten, noch lange nicht, daß er ebenfalls Masern haben muß.

Wie kann der Arzt die Kooperation des Patienten erreichen?

- Sehen Sie gegnerische Züge vorher. (PLANUNG)
  Betrachten Sie den Patienten als Gegner, der vielleicht nicht gewillt ist, erforderliche Tests oder Behandlungen über sich ergehen zu lassen, regelmäßig gymnastische Übungen zu betreiben oder sich an eine gesunde Diät zu halten. Sehen Sie vorher, was der Gegner tun wird, und bereiten Sie Ihre Züge entsprechend vor.
- In einigen Situationen ist es am besten, offensiv vorzugehen, in anderen ist die Defensive besser. (PLANUNG)
  Versuchen Sie, Krankheiten sowohl vorzubeugen (durch eine passende Diät, gymnastische Übungen, Schlafgewohnheiten usw.) als auch sie zu heilen.
- Aussagekräftiges, etwas bedeutendes Material ist einprägsamer. (ERINNERUNGSVERMÖGEN, KOMMUNIKATION)
  Benutzen Sie einfache, aussagekräftige Begriffe gegenüber dem Patienten, wenn Sie ihm Anweisungen geben.
- KOMMUNIKATIONSFÄHIGKEITEN sind wesentlich, um vom Patienten für die Diagnose und die Behandlung Informationen zu bekommen und um Anweisungen für die Selbstbehandlung und Krankheitsvorbeugung geben zu können.
- Versetzen Sie sich immer geistig in den Zuhörer, wenn Sie eine Nachricht übermitteln. Von welchen Annahmen könnte der Zuhörer ausgehen? (KOMMUNIKATION)
  Der Zuhörer (Patient) könnte sich schämen, krank zu sein, und deshalb versuchen, die Symptome zu verharmlosen.

4. Der Vertreter

Ein Vertreter möchte seine Umsätze erhöhen und macht sich Gedanken über folgende Fragen:

- Wie kann ich Kunden finden?
- Wie kann ich Kunden erreichen?
- Wie kann ich Kunden überreden?

- Wie kann ich für einen gegebenen Kunden die richtigen Produkte wählen?
- Wie kann ich für vorteilhafte Verkaufsbedingungen sorgen?

Wie kann ich Kunden finden?

- Finden Sie eine effektive Methode, um erhaltene Informationen laufend auswerten zu können. (DEDUKTIVE LOGIK)
  Machen Sie Aufzeichnungen darüber, wer wann Autos von Ihnen gekauft hat, und nehmen Sie wieder Kontakt mit den Käufern auf, wenn Sie glauben, daß sie wieder zum Autokauf bereit sind.
- Stellen Sie fest, was Beispiele, die einer Regel nicht genügen, gemeinsam haben. (INDUKTIVE LOGIK)
  In welche Kategorie gehören die Kunden, bei denen ich nicht erfolgreich bin?

Wie kann ich Kunden erreichen?

- Stellen Sie sich in Gedanken den kürzesten Weg zu Kunden oder zu Einkaufsorten vor. (VISUELLES DENKEN)
- Erinnern Sie sich an effiziente Fahrtmöglichkeiten innerhalb der Stadt. (ERINNERUNGSVERMÖGEN)
- Prägen Sie sich Gesichter, Namen, Adressen usw. von Kunden ein. (ERINNERUNGSVERMÖGEN)
- Setzen Sie kreatives Denken ein, um neue Wege zum Erreichen Ihres Ziels zu finden. (KREATIVES DENKEN)
  Ich kann per Post und Telefon, in einem Laden, auf der Straße, in Flughäfen und Bahnhöfen verkaufen.
  Ich kann an *Kategorien* von Örtlichkeiten denken, wo Verkäufe möglich sind, beispielsweise *Transport:* Bushaltestelle, Zugbahnhöfe, Flughäfen, Tankstellen, Fahrradläden ...
- Seien Sie sich bewußt, daß unterschwellige Annahmen Ideen im Wege stehen. (KREATIVES DENKEN)
  Statt sich zu fragen, wie Sie die Kunden besser erreichen können, überlegen Sie, wie die Kunden Sie besser erreichen können (großes Schild an der Tür, Anrufbeantworter).

Wie kann ich Kunden überreden?

- Sie müssen in der Lage sein, das Auto oder ein anderes Produkt vorzuführen und gleichzeitig darüber zu reden. (PSYCHOMOTORISCHE AKTIVITÄT)
- Sehen Sie gegnerische Züge vorher. (PLANUNG)
  Welche Einwände wird der Kunde erheben?

- Setzen Sie sich Zwischenziele. (PLANUNG)
  Bringen Sie Kunden dazu, zuzugeben, daß sie sich ein bestimmtes Produkt *wünschen,* bevor Sie darüber diskutieren, ob sie es *brauchen* oder es sich *leisten* können.
- Gehen Sie vom Ziel aus rückwärts vor. (PLANUNG)
  Sagen Sie zum Kunden: »Wenn Sie dieses Auto schon hätten, würden Sie an einem wunderschönen Tag wie heute an den Strand fahren.«
- Denken Sie daran, welche Vorlieben die Kunden haben, mit wem Sie scherzen können, welche Witze Sie wem schon erzählt haben usw. (ERINNERUNGSVERMÖGEN)
- Versetzen Sie sich geistig immer in den Zuhörer, wenn Sie eine Nachricht übermitteln. Von welchen Annahmen könnte der Zuhörer ausgehen? (KOMMUNIKATION)
  »Ich brauche das nicht; ich kann es mir nicht leisten; das ist schwer zu reparieren; diesem Vertreter kann man nicht trauen. Ich möchte es kaufen, aber ich will nicht, daß meine Frau herausfindet, wieviel ich dafür bezahlt habe.«
- Ein Symbol kann eine gewaltige Abkürzung sein: Ein paar gezeichnete Linien können ganze Seiten ersetzen. (KOMMUNIKATION)
  Bereiten Sie Schaubilder der einzelnen Schritte beim Gebrauch des Artikels vor.
- Ganz allgemein gesagt: Setzen Sie Ihre KOMMUNIKATIONSFÄHIGKEITEN ein, um zu sagen, wie ein Artikel funktioniert, warum ihn der Kunde braucht, wie die Zahlungsbedingungen sind usw. Schaffen Sie eine Atmosphäre, in der die Kunden ohne Bedenken Vorbehalte anmelden und Fragen stellen können.

Wie kann ich für einen gegebenen Kunden die richtigen Produkte wählen?

- Überlegen Sie in Ja/Nein-Situationen, wie Sie Informationen bekommen, durch die die Möglichkeiten auf die Hälfte reduziert werden, egal ob die Antwort ›ja‹ oder ›nein‹ lautet.
  »Suchen Sie einen neuen oder einen gebrauchten Wagen?«

Wie kann ich für vorteilhafte Verkaufsbedingungen sorgen?

- Packen Sie Ihren Musterkoffer effizient, wenn Sie zu Kunden reisen. (VISUELLES DENKEN)
- Stellen Sie die Ware effektvoll in Regalen zur Schau. (VISUELLES DENKEN)
- Richten Sie den Laden effektvoll ein. (VISUELLES DENKEN)
- Stapeln Sie Warenkartons so, daß Sie sie tragen können, ohne sie fallen zu lassen. (PSYCHOMOTORISCHE AKTIVITÄT)
- Stellen Sie die Artikel so ins Regal, daß man einen herausnehmen kann, ohne daß die anderen umfallen. (PSYCHOMOTORISCHE AKTIVITÄT)

- Behalten Sie im Gedächtnis, wer kreditwürdig ist. (ERINNERUNGSVERMÖGEN)
- Setzen Sie KREATIVES DENKEN ein, um neue und bessere Ideen zur Präsentation der Ware oder zu ihrer Vermarktung (Werbemaßnahmen, Preisausschreiben usw.) zu entwickeln.
- Suchen Sie nach einem *Zyklus,* der die auftretenden Elemente vollständig enthält, bevor sich ein Muster wiederholt. (INDUKTIVE LOGIK)
  Sind die Verkäufe besser an Zahltagen, am ersten eines Monats ...?
- Planen Sie, wie Sie Ihre Ziele erreichen können. (PLANUNG)
  Halten Sie den Laden in der Mittagszeit offen, und sorgen Sie für zusätzliche Verkäufer, denn dies ist die Zeit, in der die Kunden Zeit zum Einkaufen haben.
- Erkennen Sie Muster, und teilen Sie Situationen in Kategorien ein. (PLANUNG)
  Eine Ecklage ist günstig, da mehr Leute vorbeikommen.
- Gehen Sie vom Ziel aus rückwärts vor. (PLANUNG)
  Die Leute kaufen im November Weihnachtsgeschenke. Beantragen Sie also im August einen Kredit, damit Sie im September Waren zur Aufstockung des Lagers bestellen können, die im Oktober geliefert werden.
- Stellen Sie fest, was Beispiele, die einer Regel genügen, gemeinsam haben. (INDUKTIVE LOGIK)
  An welchen Wochentagen verkaufe ich mehr?
  Welche Leute haben diesen Artikel gekauft?
  Welche Leute haben diesen Artikel nicht gekauft? (Ich werde keine Zeit mit dem Versuch verschwenden, ihnen diesen Artikel zu verkaufen, sondern will versuchen, ihnen einen anderen zu verkaufen.)
  Mit Hilfe welcher Auslagen und Werbemaßnahmen verkaufe ich mehr?
- Setzen Sie kreatives Denken ein, um Klarheit darüber zu gewinnen, welches Ziel Sie eigentlich haben. (KREATIVES DENKEN)
  Will ich mehr verkaufen oder bei jedem Verkauf einen höheren Gewinn erzielen?

Praktische Übungen

Nachdem Sie nun vier verschiedene detaillierte Situationen mit angewandten Prinzipien der Spiele durchgearbeitet haben, fordern Sie die Schüler auf, einige Prinzipien in jeder der nachstehenden Situationen anzuwenden:

Wie schaffe ich es, ein erfolgreicher Lehrer, Schüler, Vater (Mutter), Fußballspieler, Künstler, Manager, Küchenchef zu sein?

Anwendung beim Lehren anderer Fachgebiete

Im 4. Kapitel (Erkennen von Regeln) haben Sie ein Spiel gespielt, in dem die Schüler Ihre Regel herausfinden mußten, nach der bestimmte Elemente zu einer Kategorie gehören, andere hingegen nicht. Zuerst zeigten Sie ihnen eine Figur, die paßte, und eine, die nicht paßte. Dann stellten die Schüler Fragen nach anderen Figuren, und Sie haben ihnen jeweils gesagt, ob sie zur Kategorie gehörten oder nicht. Nach jeder Frage rieten sie einmal, wie die Regel lautete.

In der folgenden Lektion benutzen Sie dasselbe Grundspiel, um die Eigenarten verschiedener Länder zu unterrichten.

2. Lektion – Die Eigenarten verschiedener Länder

Hintergrund

Es gibt Hunderte von verschiedenen Ländern in der Welt. Sagen Sie den Schülern, daß sie lernen müssen, in welchen wichtigen Beziehungen einige dieser Länder ähnlich und verschieden sind.

Lernziele

- In welchen wichtigen Beziehungen ähneln sich Länder oder unterscheiden sich?
- *Welche* Länder ähneln sich – und in *welchen* Beziehungen?
- Üben der Fähigkeit, Nachschlagewerken Informationen zu entnehmen.

Unterrichtsverfahren

Sie benötigen die folgenden Materialien:
Erdkundebücher, Jahrbücher, Lexika.

1. Zuerst spielen Sie das Induktive-Logik-Spiel mit abstrakten Formen (einschließlich Varianten und Denkaufgaben), bis die Schüler mit dem Spiel vertraut sind. Lassen Sie jeden Schüler Kategorieregeln sowohl für Spiele als auch für Denkaufgaben aufstellen. Lassen Sie die Schüler gegeneinander spielen und sich gegenseitig Denkaufgaben aufgeben.
2. Stellen Sie dasselbe Spiel mit den Namen von Ländern anstelle von abstrakten Formen vor. Sie beginnen mit einem Beispiel eines Landes, das in die Kategorie gehört, und einem, das nicht hineingehört. Beispielsweise fangen Sie folgendermaßen an:

In der Kategorie: Die Vereinigten Staaten von Amerika
Nicht in der Kategorie: Frankreich
Nach einigen Runden sieht das Spielprotokoll aus wie folgt:
In der Kategorie: Die Vereinigten Staaten von Amerika, Großbritannien, Australien, Kanada ...
Nicht in der Kategorie: Frankreich, Mexiko, Niederlande ...
(Regel: Länder, in denen Englisch gesprochen wird, gehören in die Kategorie.)
Ein anderes Beispiel, das Sie folgendermaßen beginnen:
In der Kategorie: China
Nicht in der Kategorie: Frankreich
Nach einigen Runden sieht das Spielprotokoll aus wie folgt:
In der Kategorie: China, Indien, Japan ...
Nicht in der Kategorie: Frankreich, Argentinien, Australien ...
(Regel: Asiatische Länder gehören in die Kategorie.)

Wählen Sie in dieser Phase einfache, leicht zu erratende Kategorien aus. Legen Sie ein Wissen zugrunde, das die meisten Schüler bereits besitzen.

Praktische Übungen

Stellen Sie jetzt Kategorie-Denkaufgaben vor, bei denen Länder verwandt werden. Bei einer *Denkaufgabe* geben Sie im Gegensatz zu einem Spiel gleich am Anfang vier oder fünf Beispiele vor, die in die Kategorie passen, sowie vier oder fünf Länder, die nicht hineinpassen. Die Schüler haben keine Gelegenheit, nach anderen Ländern zu fragen.

a) Legen Sie zuerst ein Wissen zugrunde, das fast alle Schüler besitzen. Stellen Sie die Denkaufgaben der ganzen Klasse.
b) Danach legen Sie ein Wissen zugrunde, das wahrscheinlich nur einige wenige besitzen, und lassen jeden Schüler allein, aber unter Benutzung von Nachschlagewerken arbeiten.
c) Wenn sich die Schüler gut daran gewöhnt haben, mit den Nachschlagewerken umzugehen und eine Aufgabe zu lösen, bei der sie zuerst nicht die geringste Ahnung haben, wie die Antwort lautet, gehen Sie zu Denkaufgaben über, die Wissen erfordern, das wahrscheinlich *keiner* besitzt.
   Es folgen einige Beispiele für Kategorien, die Sie benutzen können:
   - Länder südlich des Äquators,
   - Länder mit tropischem Klima,
   - Länder mit niedriger durchschnittlicher Lebenserwartung,
   - Länder, die bedeutende Lebensmittelexporteure sind,
   - Länder, die Inseln sind,
   - ›blockfreie‹ Länder.

d) Fordern Sie die Schüler auf, das Spiel gegeneinander zu spielen und sich Denkaufgaben mit Ländern auszudenken, die die anderen lösen sollen.

Hinweise für den Unterricht

Wählen Sie *keine* Kategorien – und lassen Sie dies auch bei den Schülern nicht zu –, die nichts mit Geographie zu tun haben, beispielsweise:
- Länder, die mit einem Buchstaben von A–G anfangen,
- Länder, deren Namen mehr als ein Wort enthalten (Südafrikanische Union ...).

Solche Kategorien können Spaß machen, wenn man spielt, um die Fähigkeit ›Induktive Logik‹ zu entwickeln, sind aber nicht geeignet, wenn das Spiel geographische Kenntnisse vermitteln soll.

Bewertung der Lektion

Stellen Sie sich am Ende der Lektion selbst die folgenden Fragen:
- Welches Wissen hatten Sie bei Ihren Schülern schon vorausgesetzt, das sie in Wirklichkeit nicht besaßen?
- Welche Unterschiede haben Sie unter Ihren Schülern festgestellt, und zwar in bezug auf
  - Lerngeschwindigkeit?
  - Bereitschaft und Fähigkeit, selbständig mit Nachschlagewerken umzugehen?
- Welche neuen Möglichkeiten haben Ihre Schüler gefunden, um Länder in Kategorien einzuteilen, die Ihnen selbst nicht in den Sinn gekommen sind?
- Welche Schwierigkeiten hatten die Schüler damit, die Regeln und Strategien für das Spiel mit abstrakten Formen auf das Spiel mit Ländern zu übertragen?
- Welche Erkenntnisse haben *Sie* gewonnen, die Sie nutzen können, wenn Sie ein anderes Denkspiel modifizieren, um damit Stoff eines Fachgebietes zu unterrichten?

LITERATURHINWEISE

Caillois, R. *Man, Play and Games.* New York: Free Press of Glencoe 1961.
Hunter, M., und Russell, Douglas. »How can I plan more effective lessons.« In: *The Instructor,* Vol. 87, Nr. 2, September 1977.

Lesen Sie von den selben Autoren

Training Visuelles Denken.
Spiele und Übungen zur Steigerung Ihrer Intelligenz
Von Marco Meirovitz und Paul I. Jacobs
2005. 260 Seiten mit zahlreichen einfarbigen Abbildungen, gebunden

Lässt sich visuelles Denken trainieren? Und wie hilft solch ein Bildtraining in Situationen des Alltags? *Visuelles Denken* gibt Hilfen und Strategien an die Hand, um unser Denkvermögen zu steigern. Durch spielerischen Umgang mit Mosaiken, Puzzles, Tangrams, Polyominos und Labyrinthen werden Beobachtungsgabe, räumliches Sehen und Vorstellungskraft geschärft.

Visuelles Denken – ein Buch, das mit Hilfe des beigefügten Spiele-Sets ohne Vorkenntnisse einsetzbar ist: In zahlreichen Übungen und Anregungen lädt es mit einem »Augen auf!« dazu ein, sich geistig wach zu halten.

Weitere Titel von DuMont

Kreativ Schreiben. Handwerk und Techniken des Erzählens
Von Fritz Gesing
2004. 260 Seiten, gebunden

Neunzig Prozent Handwerk und zehn Prozent Geheimnis – das sind die Zutaten zum erfolgreichen Schreiben. Den handwerklichen Anteil kann man lernen: *Kreativ Schreiben* führt ein in die Techniken des Schreibens von Romanen und Kurzgeschichten, vermittelt fundierte Regeln und belegt sie mit sprechenden Beispielen aus der Weltliteratur. Fritz Gesings Standardwerk bietet neben der Einführung in die Grundlagen des Erzählens viele praktische Hinweise sowie Ideen zur Lösung von Schreibproblemen.

Der Klassiker des Kreativen Schreibens jetzt als gebundene Sonderausgabe.

Mathematische Rätsel und Spiele
Von Sam Loyd und Martin Gardner
2003. 431 Seiten mit 312 einfarbigen Abbildungen, gebunden

Der Denksport-Klassiker für kluge Köpfe und solche, die es werden wollen. Eine Herausforderung an Intellekt und Fantasie – und wenn die einmal am Ende sind, hilft der Lösungsteil. Spannend, unterhaltend, humorvoll ist jede Aufgabe in eine kleine Geschichte verpackt und mit den wunderbaren Originalzeichnungen illustriert.

»Reizvoll in Anekdoten verpackte Rätsel, die weltberühmt wurden.«
FRANKFURTER RUNDSCHAU

Neue mathematische Rätsel für Denker und Tüftler
Von Michael Holt
2005. 118 Seiten mit über 100 einfarbigen Abbildungen, gebunden

»Tricktactoe«, »Ratten im Tunnel«, »Quadratur der Spirale« – schon die Namen der Aufgaben zeigen, wie vielseitig und verblüffend dieses Rätsel- und Spielebuch ist. Michael Holt nimmt nicht nur die klassischen Rätsel so bekannter Tüftler wie Robert Abbot, Sam Loyd oder Henry Dudeney wieder auf, sondern hat eine Fülle neuer Fragen und geistreicher Knobeleien erfunden.
Obwohl die über 160 Aufgaben auf Wahrscheinlichkeitsrechnung, Geometrie, Zahlenstrukturen und Logik beruhen, sind sie durchaus auch mit gesundem Menschenverstand zu lösen.

Über 100 Abbildungen und Tipps des Autors geben Hilfestellungen. Zahlenrätsel, Zaubertricks, Schiebepuzzles, optische Täuschungen, Spiele mit Würfeln, Domino, Münzen, Streichhölzern und Buchstaben warten auf Ihre Lösungen.

Mathematische Zaubereien
Von Martin Gardner
Mit einem Vorwort von Alexander Adrion
2005. 176 Seiten mit über 250 einfarbigen Abbildungen, gebunden

Martin Gardner ist ein Meister magischer Kabinettstückchen und Erfinder trickreicher Zaubereien. Alle 115 unterhaltsamen Spiele und Zauberkunststücke haben etwas mit Mathematik zu tun, setzen jedoch kein Verständnis für mathematische Zusammenhänge voraus. Martin Gardner stellt Aufgabe und Präsentation vor und erläutert anschließend den »Trick« – der diese Zaubereien ohne große Vorbereitung zu verblüffend effektvollen Kunststücken macht. Spielerisch führen sie die zugrunde liegenden Gesetze aus Geometrie und Arithmetik vor Augen.

So zauberhaft kann Mathematik sein!